傳石田三成陣跡

傳小西行長陣跡

傳田中吉政陣跡

傳宇喜多秀家陣跡

明治時代大谷吉繼彰顯碑

松尾山新城遠景

傳松平忠吉・井伊直政陣跡

傳島左近陣跡

傳島津義弘陣跡

傳島津義弘陣跡

傳大谷吉繼墓

關原山中村宮上——大谷吉繼陣跡

傳關原決戰地

傳關原開戰地

所有照片皆由Wong Man Ting提供

豐臣西軍與關原之戰

「正義之師」的敗北之謎

胡煒權〔著〕

The Toyotomi west army and The Battle of Sekigahara

作者序

改變日本史的最大會戰之謎

慶長五年（一六〇〇）和曆九月十五日（西曆十月二十一日，以下本書的年月日統一使用和曆），在日本中部的美濃國不破郡關原（今・岐阜縣不破郡關原町）爆發了一場日本史上規模最大、影響深遠的大會戰——史稱「關原之戰」。

在這個面積僅僅二十六平方公里，四方被山谷包圍的狹小平地裡，交戰雙方經過數小時的惡鬥後，不僅在一天之內便決定了勝敗，而且也決定了日本歷史往後四百年的走向。

歷史性統一日本的豐臣政權在十五年後告終，威名赫赫的豐臣家族完全覆滅，取而代之的就是此戰的最大勝利者德川家康。家康在戰後兩年便開創了日本史上第四個、也是最後一個，更是最長久的武士政權，並且實現了日本史上罕有的長期太平時代。

在這場戰爭裡，德川家康以及追隨他的大名們（史稱「東軍」，本書統稱為「豐臣東軍」）成就榮華富貴，或領地倍增，或成為後來德川政權的心腹和仰賴的助力。他們當中也有不少與德川家一起安然地度過了近三百年的江戶時代。到現在，他們的子孫和家名仍然為人們所記憶，與現代日本人一起回想當年祖先的武勇故事。

然而，除了這些「豐臣東軍」的努力外，為他們成就名利作出「貢獻」的，還有在此戰中被他們打敗的「豐臣西軍」。戰敗後，絕大多數的「豐臣西軍」家破人亡，領地或被全數沒收，或被大量削減。這些以「敗軍」之名遭到沒收的領地，大多數成為了勝利者「豐臣東軍」們和德川家的囊中物。相反地，失去所有之餘，「豐臣西軍」們還得在往後的數百年裡，一直背負著「敗者」和「叛逆」之名，各種的嘲諷、指責和批難不絕於耳，甚至影響不少後世人對他們的理解與評價。

不過，這種情況隨著近年各種以日本戰國為主題的電玩和大河劇的帶動，再配合日本各道、府、縣、町、村借助觀光刺激當地經濟和發展，不少日本的歷史人物都獲得「重生」及「去污名」的機會，本書主角「豐臣西軍」的大名們便是其中一批顯著的例子。

石田三成、大谷吉繼和島津義弘等在現在依然贏得當地人民，以至不少日本國內外「戰國粉絲」的愛戴，甚至以「悲劇英雄」的形象，力壓原本的「勝利者」——「豐臣東軍」們，持續在各種戰國武將投票中，位居人氣最高的戰國武將之列。頃刻間，四百多年前的敗北似乎已經不影響到「豐臣西軍」大名們的名聲。

然而，我們必須冷靜地思考，由振興地方經濟和受到遊戲熱潮帶動起來的「平反情緒」是持平的呼聲，還是由一個極端走向另一個極端的感性行為呢？更重要的是，雖然這場影響日本國家歷史的大會戰長期吸引人們討論，但是或許令各位讀者感到驚訝的是，歷史學者對這場重要會戰的研究並不足夠！

為什麼這樣說呢？因為長期以來，史家們研究關原之戰時所利用的史料都有不少限制。首先，訴說本書主角「豐臣西軍」們行動的史料大多隨著他們的敗亡而被湮滅，即使苟存下來，遭到減封削地的部分大名，如毛利家、島津家和上杉家在後來的江戶時代，為了替祖宗洗刷「敗者」的污名，也都在官史上都進行了潤筆，或者含糊其辭，或者將問題推給他人，不利的史料亦隨之被處理，留下來的就只有不夠完整詳實的官方說法。

其次，雖然這場大戰在日本歷史上赫赫有名，但就像在本書裡將會提到的，論及各位讀者最感興趣的戰爭經過、戰術、戰略和兵力等問題，足以資用的可信資料寥寥無幾！在各位讀者目前聽到、看到關於關原之戰的各種說法裡，超過一半是來自戰後數十年的江戶時代軍記物和參與此戰事的各藩官史。

從史學角度而言，前者的說法來歷不明，可信度成疑，後者則帶有政治意圖，對於我們要解構關原之戰的來龍去脈，效果和助力都十分有限。

再者，經過四百多年來的洗滌，加上前述的「腦補」和遐思，人們早已對關原之戰產生不同的理解與想像，只是這些理解和想像裡存在不少矛盾和誤區。要將這場大戰回歸史實，釋除各位讀者的疑惑，便得從基本功重新做起：蒐集現有的史料，然後以此為基礎進行合理、冷靜的分析。

本書便是想通過上述的方法，與各位讀者一起重回那場發生在四百二十年前的大會戰裡，和我一起站在「豐臣西軍」的視角，從「為何爆發關原之戰」，到「為什麼豐臣西軍一敗塗地」等各個問題進行一場「歷史探索」。

當然，為了使不同程度的讀者都能樂在其中，有必要將整個關原之戰的起因、經過和結果重新回顧整理一番。因此，本書將與本系列的前部作品《明智光秀與本能寺之變》一樣分為兩部。

在第一部的「關原戰史」裡，我將利用最新的研究和史料，與大家一起探討關原之戰的來龍去脈，並將它分為四個章節，以利讀者了解這場大戰的起承轉合，直至豐臣西軍的大名們敗退為止。接著在第二部的「關原考疑」裡，我將會透過三個章節去探討關原之戰裡的一些熱門問題，並剖析這幫曾被貶抑，再被高舉的豐臣西軍們的虛虛實實。就在關原之戰四百二十週年的現在，讓我們一起重新回到那時那地吧！

豐臣西軍與關原之戰

「正義之師」的敗北之謎

目次

第一部　關原戰史

第一章——豐臣政權的傾倒　010

第二章——韜光養晦，高舉大旗　044

第三章——烏雲密佈，戰火漫天　112

第四章——關原決戰，諸將黃昏　202

第二部　關原考疑

第一章——豐臣西軍之謎　286

第二章——豐臣西軍敵將錄　370

終　章——慘敗關原之後　407

第一部

關原戰史

第一章——豐臣政權的傾倒
第二章——韜光養晦，高舉大旗
第三章——烏雲密佈，戰火漫天
第四章——關原決戰，諸將黃昏

第一章　豐臣政權的傾倒

「總之秀賴就拜託了！」《淺野家文書》

豐臣政權的內憂外患

一切問題的起源都來自於慶長三年（一五九八）和曆八月十八日這一天。在當年當天，一代梟雄・豐臣秀吉在伏見城（今・京都市伏見區）走完他傳奇又富爭議的一生，享年六十二歲。

豐臣秀吉這位歷史性以武力完全統一日本，結束了自室町時代末期開始，延續超過百餘年戰國亂世的老梟雄離世之時，他跟世界史上很多傳奇人物一樣，夾帶著光榮與憂愁走上他的黃泉路。

親手統一日本的光榮自不待言，但他在統一日本後僅兩年，為實現他的野心和光榮心，動員國內各地大名發動侵略朝鮮王國與挑戰明帝國的戰爭。本以為又是一場將榮譽加諸己身，揚威海外的「光榮擴張」，卻到頭來變成了一場長達七年的泥沼戰。拚死衛國的朝鮮王國與趕來保護藩屬的明帝國援軍使本來勢如破竹的日本軍進退維谷。

與此同時，豐臣政權內部也爆發了一場突如其來的政變。秀吉與外甥兼原定接班人，時任關白的豐臣秀次發生矛盾，秀吉於文祿四年（一五九五）七月初，突然以秀次圖謀不軌為由，奪去秀次所有的官職與家產，再將他放逐到紀伊國高野山幽禁。惟在數天後便傳來了秀次自殺身亡的消息。不久後，秀吉便下令將秀次的妻小統統拉到京都的三條河原斬首。

這次事件還波及到整個政壇，秀吉下令往日與秀次關係密切的大名交出誓約書，保證自身清白的同時，又發誓繼續效忠秀吉以及他剛出生的孩子秀賴。然而，此令一出，讓很多大名都大為震驚，心怕自己將受牽連。即使如此，狠心剷除了外甥和他的妻子、兒女後，秀吉仍然不能安下心來。他心裡最為惦記的，就是怎樣保證自己一旦百年歸老後，自己的寶貝兒子．豐臣秀賴仍然能夠順利接掌權力，保住豐臣政權的安泰。

自本能寺之變（一五八二）後，擊敗明智光秀，為故主．織田信長報仇，繼而處心積累篡奪主家・織田家的權力，再以繼承信長遺志的姿態，踏上統一天下之道。秀吉一直都是靠著自己的才幹、魅力以及強大軍事力量打下江山的。在這期間，他除了曾經分權給已經死去的豐臣秀次外，政權運作基本上還是由他自己大權獨攬，乾坤獨斷的。

如今，秀吉親手葬送了自己原定的接班人秀次後，當然將曾經分給秀次的權力回收過來，但那時候的他已不像當年剛剛一統日本時那樣精力旺盛了。眼下，豐臣一族人才凋零，自己極為信賴，一直在自己背後默默耕耘的胞弟・豐臣秀長早已不在人世；剩下來的，就只有胞姊的兒子們——豐臣秀保和小早川秀秋，以及自己一手養大的養子們豐臣秀勝和宇喜多秀家。然而，秀保和秀勝雙雙早死，秀秋與秀家又年紀輕輕，有能力去拱衛秀賴的親人可說是寥寥無幾，完全未成氣候。

無奈之下，秀吉眼前的選擇就只好寄望自己身邊那幫看似忠誠可靠的臣從大名，以及自己一手培養成材的家臣們了。

前田利家、德川家康與秀吉

比起與明帝國和朝鮮王國的戰事持續膠著，政權的制度改革才是秀吉急需著手解決的問題。

眾所周知，歷史性統一日本的豐臣政權是靠秀吉擊敗和迫降盤踞全國的各方勢力而成立的統一政權。統一日本後，那些早早看清時勢，乖乖服從秀吉的大名們還有二百家之多。自豐臣政權成立至秀吉行將就木，也不過十年多一點的時間，顯然，他們不過是為了自保，加上無力抵抗之下，才選擇加盟豐臣政權的，他們對秀吉和豐臣政權的忠誠度絕對算不上牢固。

雖然如此，只要秀吉一日健在，豐臣政權的本質仍然是「秀吉獨裁，萬侯追從」的構造，表面上看還是風平浪靜的。然而，隨著秀吉年邁老衰，諸大名除了觀望侵略朝鮮的戰爭何時了結外，也要開始關心「後秀吉時代」與自家命運的關係了。

在這樣的困難情況下，「舉目無親」的秀吉只好選擇相信擁有強大軍事力量，又與秀吉交往時期較長，而且在豐臣政權的階級排列上名列前茅的五個「巨頭」大名——德川家康、前田利家、毛利輝元、小早川隆景和上杉景勝。（筆者註：其他地位較高的還有已故織田信長的次子織田信雄、嫡孫織田秀信，但兩人只具虛榮，沒有

實際的政治力量）

不過要留意的是，在「秀次事件」發生之前，他們之中大抵只有前田利家與德川家康獲得了較多參與政權運作的機會，但是秀吉的基本方針仍然是由他自己獨斷乾坤，再由他的家臣團忠心地執行，絕不輕易容許其他大名置喙，干涉政權運作和決策。

諷刺的是，「秀次事件」無疑是秀吉自己招致了大名干政的結果。只是秀吉沒有立即向六大「巨頭」大名開綠燈。在初時，秀吉仍然希望先將權力下放給他最為相信的兩個人物——**前田利家**與**德川家康**。

為了讓各位讀者更好地理解後來的政局發展與本書主角——豐臣西軍們的關係，接下來有必要簡單說說兩人與秀吉的關係，以及他們在豐臣政權的位置。

前田利家可以說是秀吉長年的好友、好同僚，在次節裡提到的秀吉遺囑中，秀吉更稱利家為「從小的好友」。而且，特別值得一提的是，天正十一年（一五八三）的賤岳之戰（註：爭奪信長死後織田家主導權的戰事）就是因為原本屬於敵對陣營的前田利家陣前倒戈，直接協助秀吉殺敗了勁敵柴田勝家。自此以後，利家便成為了秀吉陣營內的重要分子，深受秀吉的信任和器重。

兩人的良好關係在利家正式加盟豐臣政權後有增無減。首先，利家的三女兒麻阿姬成為了豐臣秀吉的妻子之一，而四女兒豪姬則先成為秀吉最為溺愛的養女，後來再嫁給了同樣獲得秀吉器重和栽培的養子·宇喜多秀家。

如此一來，前田利家不僅與如日中天的豐臣秀吉結成更為緊密的同盟關係，同時也借助與宇喜多秀家結下姻親關係，以前田家進一步成為了豐臣政權裡不可或缺的成員、頂樑柱。

當然，除了長年的友情外，秀吉提拔利家也有另一層的政治考慮。剛開始統一天下時，秀吉曾重用過同樣出身織田家的同僚，且與利家一樣擁立秀吉成為天下霸主有功的丹羽長秀。另外，秀吉的胞弟·豐臣秀長當然也是豐臣政權內的二當家。

然而，丹羽長秀在天正十三年（一五八五）病死，秀長則於天正十九年（一五九一）病死後，秀吉便更加珍視利家這位長年好友的存在，更將利家的官位由從四位筑前守（註：信長生前為秀吉向天皇請來的官位）一直提升至位列公卿級別的正三位大納言，再在天正十六年（一五八八）賜予利家「豐臣」姓。

這些都是豐臣政權裡的「巨頭」們，如鄰國的上杉景勝、毛利輝元、小早川隆景和德川家康皆有同等的待遇。因此，秀吉將守護愛兒秀賴的重責託付給前田利家，顯然是自然不過的事了。

反觀另一邊的**德川家康**又如何呢？在天正十二年（一五八四）初夏的小牧長久手

之戰後，德川家康雖然贏得局部軍事勝利，但權衡利害，以及難以單獨對抗統一半個日本的豐臣政權，於是他便選擇與盟友織田信雄一起向秀吉屈服，加入豐臣政權。

但與前田利家不同的是，德川家康通過不卑不亢的外交交涉，贏取了秀吉最大限度的讓步和妥協，迫使秀吉交出母親大政所為人質，又讓親妹朝日姬（又名「旭姬」）離婚，改嫁成為家康的新正室，變相使家康成為了豐臣家的一員。

德川家康成為曾經對抗豐臣秀吉，卻又能全身而退，又躋身政權核心內的唯一人物，在加盟豐臣政權後立即轉身成為秀吉統一關東、東北地區的重要擔當，積極協調後北條家、關東豪族和東北地區的豪族內附。

天正十八年（一五九〇）夏天，豐臣政權與後北條家徹底鬧翻後，家康以豐臣政權的一員，與前田利家等一同受秀吉之命，出兵協助消滅了後北條家，又降服了奧州最大的新興勢力伊達政宗。後來於同年（一五九〇）末和天正十九年（一五九一）爆發於本州北部的大崎葛西一揆和九戶一揆時，又作為主將之一去平亂和協助善後。

及後，身為「妹夫」的家康更獲得秀吉加賜「豐臣姓」，官位升至正二位的內大臣，一躍成為當時豐臣政權之中地位最高的大名。不僅如此，秀吉死前更指令愛兒秀賴與家康的孫女千姬（三兒子．德川秀忠長女）結婚。秀吉的用意很明顯就是希望通過兩人的婚姻，使豐臣家與諸大名中最強大的德川家結成關係更為緊密的政治同盟，

豐臣家系圖

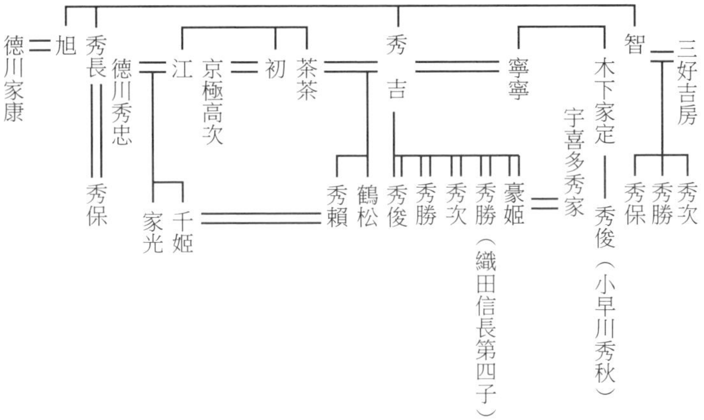

藉以希望家康更加熱心地輔助豐臣秀賴這個孫女婿。

雖然我們知道後來德川家康在秀吉死後無視秀吉遺願，全力篡奪豐臣政權，但起碼在秀吉生前重視、重用家康的事實倒是千真萬確的。

以上可見，前田利家與德川家康加入豐臣政權的經過，以及加入後的情況不盡相同，但在秀吉眼裡，兩人是在秀次死後少數可以充分依賴的重要人物。隨著秀吉死期日近，兩者的地位差距也與前述的上杉景勝和毛利輝元越拉越遠。不過，在後面我們會提到，隨著秀吉死期將近，前田利家與德川家康之間的政治地位差距也逐漸拉開，在秀吉死後差一點引發巨大矛盾……。

忠心不二的「五奉行」

任命六個巨頭大名為「顧命大臣」，是秀吉解決秀次死去後，避免權力出現斷層的一個應急措施（註：小早川隆景於慶長二年病死，最終只有五巨頭）。然而，這不代表秀吉已經將權力下放和分割給這幾位巨頭大名，哪怕是獲秀吉提拔參政的利家和家康。

這是因為秀吉手下還有另一張牌——對他忠心不二的家臣團，例如本書在後面將會提到的福島正則、加藤清正等。在這些家臣之中，便有一直在秀吉身邊，負責直接執行、傳達秀吉指令的「奉行」（執行官）。他們就是石田三成、長束正家、增田長盛、前田玄以、淺野長政和富田一白（註：富田一白在關原之戰前一年病死），最終這五個人將在不久後的關原之戰裡，做出重大的作用和影響。

秀次的倒台和滅亡，意味著權力全數回歸到秀吉手裡，也意味著這幾個一直在秀吉跟前的「奉行」獲得了更多的權力和影響力，尤其在當時侵略朝鮮的戰爭正處於膠著狀態，秀吉礙於諸多困難和巨頭大名的阻撓，一直無法親赴朝鮮指揮，只好由這些奉行代為前往，負責督戰和傳送戰況給秀吉。

諷刺的是，這個安排間接導致了當中的石田三成、長束正家、增田長盛和前田玄以與在前線作戰的加藤清正、長岡忠興和黑田長政等將領在戰功和報告戰況的問題上產生矛盾，引爆了秀吉死後的政治動盪。

在這個局面之前，起碼在秀次被迫死之後，石田三成、長束正家、增田長盛、前田玄以、淺野長政等十名奉行，與德川家康、前田利家、毛利輝元、小早川隆景、上杉景勝和宇喜多秀家這六個「巨頭」大名組成的聯合團隊，負責取代秀次和協助秀吉穩住局面。當中最為重要的，就是他們帶領其他三十多家大名分別以個人或連署方式，向秀吉和剛出生不久的秀賴提交誓詞。

各人的誓詞基本上大同小異，如：

一、**萬事將順守太閤陛下（秀吉）的法度和指示，不可有違。**

二、**對阿拾殿下（秀賴）不可存有異志，必須對他全心奉公忠誠。**

除了誓詞外，秀吉在秀次一族被處決後翌日，即文祿四年（一五九五）八月三日，下達了豐臣政權成立十多年以來，第一個也是唯一的全國性的法令——《太閤御掟（法令）》（共五條）和《太閤御掟追加》（共十條）。

《太閤御掟（法令）》裡最值得留意的便是首兩條：

一、禁止諸大名私自締結婚約

二、禁止諸大名私自交換誓約

另外，《太閤御掟追加》（共十條）中的第六條提到了前面提到的奉行和巨頭大名的功能：

如大名因事提請裁決，提訴狀必先提交給「十人眾」。「十人眾」按情況召喚當事的雙方，以便聽取各自的說辭；同時大名提出訴訟之事重大，必須同時通知該「六人（德川家康、前田利家、毛利輝元、小早川隆景、上杉景勝和宇喜多秀家）」。六人經過討論後，如認為有必要，可提請太閤裁決，並聽從其決定。

無論是締結婚約還是交換誓詞，都是秀吉預防大名們在政局不穩時，大名們為了自保，背著秀賴締盟立約，結黨營私。以後來的局勢發展而言，秀吉這一個預防措施可說是有先見之明。

同時，秀吉通過前述的《太閤御掟追加》第六條，首次說明了石田三成等奉行們（「十人眾」）和家康、利家等六大巨頭（「六人」）在「後秀次時代」裡，參與政事和輔助秀吉管治的方式和位置。

然而，諷刺的是，這兩個法令在秀吉生前定立，也全賴秀吉的政治力量去維持，即使他已經授權「十人眾」與「六人」輔政，秀次死後的豐臣政權應該可以穩定下來，去除不安。然而，「十人眾」與「六人」的協調和關係和睦是必不可少的。

不過，在下一節裡我們可以看到，秀吉死去後，「十人眾」與「六人」之間的協調能力顯然未過「試用期」，很快便出現了裂痕。更為諷刺的是，親手撕開這個裂痕的，便是「六人」中的領班，而且是眾人之中實力最強、秀吉死前最為信任的德川家康。

秀吉殞命，風雨飄搖

慶長三年（一五九八）八月十八日，豐臣秀吉病逝。為免政局不穩，秀吉在死去之前下令奉行要對外隱藏自己的死訊。八月五日，秀吉在僅有的意識下，向家康等五大名和三成等五名奉行下達遺囑，對自己死後，十人的工作做出最後的指示。

一、家康、利家、輝元、景勝和秀家遵守秀吉的遺言，同時五方各自結親，以確保五家關係更加深厚

二、秀吉死後的三年內，家康必須長駐京都，必要時可指示秀家代為行事

三、家康留守伏見城統領政務，前田玄以、長束正家和五名奉行內的其中一人留在伏見輔助家康

四、剩餘的兩名奉行負責大坂城的守護工作

五、秀賴他日移到大坂城後，所有大名的妻、子都一律移居大坂城下各自的官邸

另外，秀吉又在死前十天，即八月八日再次指示德川家康等五位大名，以及前述的五名奉行，即石田三成、增田長盛、長束正家、前田玄以和淺野長政提交誓書（註：富田一白在當時病重，退出政壇，並於慶長四年十月底病死），然後五大名與五奉行再互相交換誓書，發誓在秀吉死後，繼續同心協力，遵守秀吉的遺命去輔助秀賴。

同時，秀吉也好像為了向這些人交代自己為何信任他們一樣，在臨終前向眾人說明了自己對五位大名的點評，並由奉行家臣之一的淺野長政筆錄下來。前節提到的家康和利家便順理成章地出現在開首位置：

內府（家康）多年來正直不阿，近年更與太閤關係甚密，因此，太閤殿下決定讓秀賴公成為內府的孫女婿。太閤命令內府扶持秀賴公……

大納言（利家）是太閤殿下從小的好友，太閤殿下深知其品性正直，因此任命大納言為監護人，盡心扶持秀賴公……

家康與利家之後，秀吉重點提到了兩人的繼承人——德川秀忠和前田利長。兩人在次序上比較同屬顧命大臣的毛利輝元、上杉景勝和宇喜多秀家還靠前。秀吉說：

江戶中納言（秀忠）已然成為秀賴公的岳父，內府公也年事已高，一旦內府抱恙之時，中納言當如內府公一樣竭力為秀賴公盡忠（下略）。

鑑於大納言（利家）也年事已高，容易生病，命令肥前守（利長）同任秀賴公的監護人，乃是最適合不過了（下略）。

讓人好奇的是，為什麼秀吉會先提及秀忠與利長，先於更有地位和經驗的輝元和景勝呢？這顯然是表示秀吉推想與自己年紀相若的利家和家康也將不久之後離開人世，真正能夠輔助秀賴的，當然是下一個世代的人材。

按照秀吉重視、重用家康和利家的前提而言，自然也期待他們兩人的後繼人秀忠和利長能夠維護這個方針。所以，這篇點評再次確認了秀吉心裡其實將德川家和前田家的地位放在毛利家、上杉家和宇喜多家之上。

因此，我們常以為「五大老」就是五個巨頭大名平等地共同輔助秀賴，但事實所見並非如此。而且更重要的是，這篇點評的內容提到德川家康與秀忠父子先於前田利家和利長父子，按照當時的慣例，這顯示了貴為豐臣家外戚的德川家地位是略高於身任秀賴監護人前田家的。

那麼，秀吉又是怎樣評說宇喜多秀家、上杉景勝和毛利輝元的呢？有趣的是秀吉提到自己一手栽培的秀家，也先於毛利輝元與上杉景勝，而且秀吉還給予秀家一個重要任務：

備前中納言（秀家）自幼由太閤殿下養育成人，故定必不會捨秀賴公不顧。故令其既可躋身「御奉行」五人（家康、利家等五大名）之中，也可兼聽「長眾」（石田三成等五名奉行）之職，不偏不倚地執行諸事。

雖然宇喜多秀家論年資、力量均在五大名中是最淺又最弱的，但對於秀吉而言，正由於秀家年紀尚輕，又與秀吉親近，更是自己一手養育成人的青年才俊，足以成為輔助秀賴的力量。因此，秀吉特別將秀家定位為「御奉行」（五大名）與「長眾」（所謂的「五奉行」）之間的橋樑和中樞。

換言之，在秀吉的「死後計劃」裡，秀家與前述的前田利長、德川秀忠皆為擔負「豐臣次世代」的頂樑柱。因此，秀吉雖然提拔秀家這個歷練不多的年輕武士，但絕不打算將他置於老一輩的家康、利家等人同列；甚至可以說，秀吉期待秀家與前田利長、德川秀忠一起將成為秀賴時代的重臣。

接下來，秀吉終於提到了毛利輝元和上杉景勝。不過，相比起家康、利家與秀家，秀吉只用了很概略的筆墨去點評輝元和景勝二人：

景勝和輝元皆為正直之人，故太閤殿下命二人扶持秀賴……

究竟為什麼秀吉對輝元與景勝如此輕描淡寫，又是否代表他對二人不被重視呢？這相信只能問秀吉本人了。不過可以肯定，在秀吉的「死後計劃」裡，輝元與景勝自有角色，但他們的重要性的地位始終不及利家和家康。

豐臣秀吉死後的政治架構

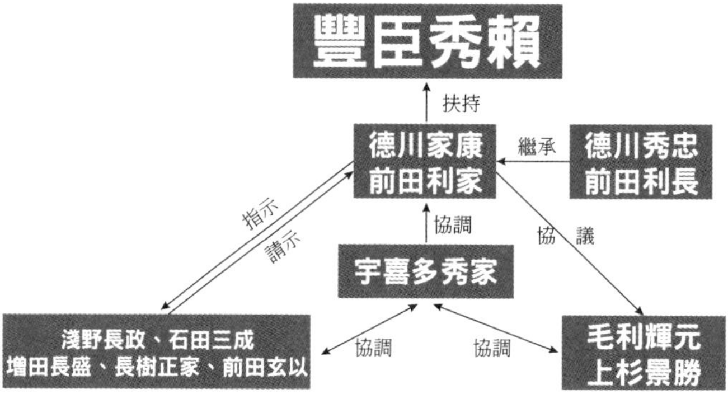

在遺囑的後半部分，秀吉指示三成等奉行家臣在決議上必須先跟家康和利家相議，獲得兩人指示後再行事。當秀吉死去後，家康立即入駐京都的伏見城代理政務，利家則以秀賴監護人的身分入駐大坂城，保障秀賴和大坂城的安全，而且准予利家可以進出大坂城的天守，充分反映了秀吉對利家（以及利長）的信任。

換句話說，家康是代理豐臣政權政務的總負責人，與負責守護秀賴的利家一起總括豐臣政權的決策，而石田三成等奉行家臣則繼續負責豐臣家的諸家政，才經由家康和利家裁許後執行。

因此，家康、利家、輝元和景勝代表著日本國內最大的四大大名，以保證秀吉死後的豐臣政權繼續擁有廣泛正統性和公信力。然而，一般俗稱「五大老」的五大名之間存在地位、職能上的差距，實際上是跟右頁圖那樣存在「家康＋利家」與「輝元＋景勝」和「秀家」的兩個等級。

位於最高層的德川家康和前田利家還負責與石田三成的五名奉行家臣討議豐臣家的內部事務，但秀吉表明了五名奉行「凡事必須先得到內府（家康）和大納言（利家）的指示，再斟酌行事」。所以秀吉死後，豐臣政權的命運可以說是完全寄望在家康和利家身上。

然而，諷刺的是，秀吉死後不足十天，由他苦心佈置的權力交接安排已然被人為歪曲和破壞，「後秀吉時代」的權力鬥爭隨即開始，直至兩年後的關原之戰，完成整個清算為止。

「關原回想」之一

「夢また夢」——細讀豐臣秀吉的遺言與愁緒

在此拜託汝等五人眾（「五大老」）擁護我兒秀賴，直到他成年。除此以外，別無

殘思。再次懇摯拜託你們五人了，拜託拜託！詳細內容雖已指示五臣（「五奉行」）代為說明，我心仍難以釋然。

這是秀吉在死前兩週的八月五日，秀吉給他最信任、最具實力的五名大名寫了著名的遺書。內容簡單而直率，一言概之就是「秀賴就拜託你們了」。這封書信的五名收信者，按次序為德川家康、前田利家、毛利輝元、上杉景勝及宇喜多秀家。

眾所周知，除了末席的秀家外，其餘四人都是當時日本國內坐擁最多領地的大名，雖然薩摩島津家、奧州伊達家等也是領地不少的領主，但畢竟是秀吉打仗使其屈服的外臣，交情較淺，自然不可比擬。

反觀，秀家雖然年資尚淺，但畢竟是秀吉的養女婿，父親也是秀吉早年相知相交的宇喜多直家，地位、關係就是不一樣。

這位死期將近的老英雄唯一放心不下的，就是當時才八歲的幼兒，其他的事情都彷彿可以置之腦後，甚至可以說，秀吉一生打拚的成果，都託付給他唯一的希望——秀賴繼續去發展。為此，秀吉已經做盡一切的努力，為愛兒掃除大部分可能的障礙。然而，後世的我們知道因為秀吉的死亡，以及德川家康的抬頭，秀吉這個心願及努力都一一付諸東流。

客觀而言，秀吉在死前不到一年，覺悟到自己的病情沒法好轉，才急急地轉變自己的想法，開始籌措自己死後，豐臣政權的統治安排，在那個時候，在秀吉周圍，除了在朝鮮奮戰不懈的家臣外，有能的近臣及最強大的家臣諸侯都在，然而，近臣們實力有限，強大諸侯居心叵測，更能信賴的家族卻寥寥無幾，原本一直為自己出謀獻策的得力助手們也早已不在人世。現在正步向黃泉路上的秀吉已經無法跟天命相鬥，唯有把這一絲絲的希望交託給這幾個人，這可以說是一場無奈的豪賭。

對秀吉來說，能力有餘、實力不足的近臣們不足為慮，然而強大的諸侯們，除了那「五巨頭」外，全國各地的大小諸侯們只是一度被迫屈服於自己威勢下，他們的向背想必在當時的秀吉心中，也是難以放心的。當然放在眼底下，最重要也是最難放心的就是最強大，而且最有人望、人脈的兩個人：德川家康和前田利家。

可能有人會說「中國地區最強大的毛利輝元不也有相同的地位嗎」，然而，比起輝元，秀吉原本更為知交的其實是他的三叔小早川隆景，而且輝元跟上杉景勝一樣，雖然都是最早從屬秀吉的強大大名，但始終秀吉也一直沒有讓他們參與到政權決策來，秀吉頂多是借助輝元及隆景對西日本的地利、物流熟悉，讓他們作為侵略朝鮮的總顧問及實際的擔當，分工上與家康、利家還是有所不同。

至於上杉景勝，秀吉晚年對他的期待則是作為奥羽、關東、北陸三地的中樞，配合廣袤的領地牽制三方，在秀吉最晚年還一度推動景勝與家康兩家結緣，互相呼應的同時也保持平衡（但秀吉死後，結親的交涉中止）。對景勝，秀吉也是到了最後才提拔上來，情況跟輝元相似。

雖然秀吉的確有想到比較遠的將來的計劃，但我們明白，也知道了結果是「變化總比計劃快」，秀吉撒手人寰後，「好友」、「正直」的前田利家的確隨自己而去了，他的兒子利長卻沒能回應秀吉的期待，因為另一個支柱，「耿直」的內府德川家康在秀吉死後已經迅速抬頭，而秀吉重點點評的各重臣中，除了養女婿秀家堅決遵守承諾外，相對沒有獲得秀吉重視的輝元、景勝也只是做了象徵性的對抗而已。

究竟是一向有人緣、擅長籠絡人心的秀吉到最後才所託非人，還是說恰恰是他看人正確，因為他最為倚重，也是最為提防的德川家康的確在他身後乘勢而起了，只是秀吉苦無機會和辦法對家康下手而已。

無論如何，這位促成日本統一的英雄人物在八月十八日死去，遺下的只有滿滿的遺憾、不安和以下這首非常有名的辭世詩：

露と落ち、露と消へ（え）にし、我が身かな、難波の事も、夢のまた夢（我如露般落下，如露般消散，所有事猶如夢中之夢）

筆者註：有些中文網頁及小說會將「難波」翻譯、理解為「大坂」，其實「難波」只是「なにわ＜は＞」的同音字，原意是指「所有」、「凡事」的意思，如是指大坂的話，直接用便可，不必故意用「難波」來代替。

收拾殘局，拉幫結派

秀吉死後，家康、利家遵照秀吉的指示，分別入駐伏見城和大坂城。至於他的葬禮則按他的遺願，在極隱祕的情況下簡單進行，而且沒有對外發布消息。

事後，家臣們便按秀吉的指示，靜悄悄地將秀吉的遺體運到京都東山的阿彌陀峰（今‧京都市東山區）上埋葬，在阿彌陀峰下的平地上則有秀吉生前早已苦心為自己建築的方廣寺大佛殿，以及整個京都中心區域，就好像要在死後，繼續留在京都守護他的天下和朝廷一樣。

在秀吉死後，擺在豐臣政權面前的最大課題，就是幫秀吉收拾侵略朝鮮的殘局。隨著發動戰爭的始作俑者‧秀吉死去，歷時七年之久的侵略朝鮮戰爭已然失去了意義。

對於所有人而言，戰爭在秀吉死去一刻起，便失去了繼續下去的必要，是時候讓仍然留在朝鮮半島，抵擋住明帝國和朝鮮王國聯軍奮力反擊的大名、將士盡可能地安全回國，還要防範明、朝兩國乘勝追擊，反過來揮軍來襲。

八月二十五日，家康和利家為首的「顧命」大名們派出使者，指示留在朝鮮的將士盡快與明、朝兩方議和後撤退，另外又命令石田三成、增田長盛和淺野長政等奉行家臣到九州博多（今・福岡縣福岡市）統籌接應工作。

然而，除了漫長難辦的撤兵工作，受秀吉重大囑托的顧命大臣關心的還有更重要的事要做，那就是拉幫結派，為自己陣營儲備力量。有趣的是，率先進行這個明顯違反秀吉生前結黨禁令的，不是一般人立即想起的德川家康，而是本書的主角，後來集結成為豐臣西軍的反家康派。

八月二十八日，即撤兵工作開展後僅三日，五大名之一的廣島城主毛利輝元向五名豐臣家奉行中的石田三成、增田長盛、長束正家和前田玄以提交誓書，當中提到：

若今次太閤殿下任命的「五名奉行」（即一般稱的「五大老」）之中，存在跟你們四人（三成、正家、長盛、玄以）不同調的人，即使他沒有對秀賴公圖謀不軌，我也將與你們同一陣線，向秀賴公奉公（《毛利家文書》）

值得留意的是，這篇誓書是最終版本，原本輝元草擬的誓詞裡的相關部分，只是曖昧地提到：

與其他扶持秀賴公的人同心協力，至誠地向秀賴公奉公，今後亦不會忘記太閤殿下的遺言

經過石田三成潤筆後，毛利輝元最終同意了前述的最終版本。顯然，這個誓書的最大焦點是輝元與三成等四人已然結成同盟，明確提到針對對象，而且無需對方做出不利於秀賴的行動，只要三成等人認定對方是危險分子，毛利輝元便會與他們同一陣線，在忠於秀賴的大義名分下，排除對方。

顯而易見，這個「對方」便是德川家康。問題是，為什麼三成等人會想到拉攏毛利輝元呢？簡單來說，就是因為毛利輝元與石田三成和增田長盛有交情。在侵略朝鮮的時候，三成和長盛曾包庇毛利軍在戰場上的失當，使毛利家免受秀吉斥責。對於毛利輝元而言，三成和長盛的深厚人情以及他們二人在政權內的影響力，都是毛利家值得與他們結交和合作的理由。

站在三成等人的角度而言，各人大多數不過是十多萬石的中級領主，兵力極為有限，而五個大名之中，毛利輝元的兵力和實力僅次於德川家康，而且按照秀吉生前的指示，輝元與叔父．小早川隆景負責統轄西國的諸大名（註：隆景於慶長二年病死，統轄西國的任務全數落入輝元身上）。自文祿四年（一五九五）以後，輝元便受秀吉之命，長期留在京坂執勤，故此輝元的存在對豐臣政權而言，也是不可忽視的黑馬。

因此，即使輝元在秀吉的囑托中獲得的重視程度不及家康和利家，但三成等人相信，利用自己與輝元的交情，配合毛利家雄厚的軍事實力，仍有可能於他朝一日與實力最強的德川家康對抗。

既然三成等人甘願破禁，與輝元結盟，那三成等人在當時又有沒有跟其餘的前田利家、上杉景勝和宇喜多秀家結盟呢？遺憾的是以目前的史料上看，沒法找到任何蛛絲馬跡。

不過，輝元的誓書顯露出，三成等四人與家康之間的矛盾已經在急速激化，三成等人的步伐絕對不輸家康。

事實上，在輝元提交誓書後不久，九月初，京坂之間便傳出三成等奉行與家康鬧出不和，但很快五大名與五名奉行再次交換誓書，重新確保關係未完全破裂，勉強保持穩定。

然而，在時人眼裡，這個十人體制的失衡，以至崩塌只是時間問題。與向來的說法不同的是，導致失衡、崩塌雖因家康而起，但卻並非全由德川家康一人所導致的。

無論如何，秀吉死後，一切事情皆沒有按照他的遺願和佈局而行，反而很諷刺地，他的死亡如同按下了鼓動政權內各方勢力開始走動、結黨的按鈕一樣，使一切的矛盾和不安一一表面化。

可是，這裡要留意的是，三成等四名「奉行」在拉攏輝元的同時，也面臨著敵對勢力的反制，其中一個對手便是同為「奉行」，而且輩分和經驗更高的淺野長政。淺野長政是秀吉大妻子．北政所的弟弟，從很早階段便為秀吉的天下出心出力。

根據密切留意日本當時局勢的耶穌會傳教士們的報告，踏入慶長四年（一五九九），石田三成與淺野長政的關係惡化，而且開始各自形成派閥：

治部少輔（三成）和淺野彈正（長政）……終於將隱藏在心中對對方的憎惡爆發出來，同樣地在朝鮮指揮作戰的將領們之間，也因為與朝鮮國的締結停戰，以及撤兵回日本的問題上沒法達成一致，因而造成不和……於朝鮮，聽從小西行長的人們都通過締結新盟約，與治部少輔（三成）結盟，而不跟他們結盟的人們則與淺野彈正同調。

……兩派之間已經不再隱藏對彼此的憎恨，反目成仇，他們先後到達京都後，便開始互相批難，糾集對方的罪嫌。其中一方的彈正派正傾盡全力，試圖打倒敵對陣

營。家康以及其他大名雖然曾經嘗試讓各方捨棄仇恨，重新建立友誼……但還是沒法成功。（《耶穌會一五九九年日本年報》）

由於耶穌會與三成派的小西行長和毛利秀包（毛利元就第九子）關係密切，他們收到的情報具有高度的準確性。同時，雖然在報告中沒有明示石田三成與淺野長政為何會反目成仇，但考慮到淺野長政曾因為秀次事件受牽連，一度被秀吉趕出權力核心，一直到了秀吉死前才重獲重用；而三成等四人則恰恰在這個空窗期裡獲得秀吉更大的重用。

不只如此，長政之子淺野幸長也因為在侵略朝鮮的戰爭裡，和其他武將如長岡忠興、黑田長政等人在戰功、戰況報告上跟石田三成等奉行鬧出矛盾，心生怨恨。如今，淺野長政東山再起，與三成之間的矛盾無疑是綿延數年的新舊積怨下的結果。奉行之間的矛盾已然激化，而且他們更各自拉攏與自己親近的大名到自家陣營，秀吉死後不足半年，豐臣政權內部已經開始四分五裂，只是情勢上仍然未有表面化。

慶長四年（一五九九）一月初，秀賴按照秀吉的遺囑，在監護人前田利家的保護下，從伏見城移居大坂城，並且接受諸大名的正月賀拜。同時，秀吉的死訊也終於公告天下，官方的悼念活動也隨之開始。

公開秀吉的死訊也意味著奉秀賴之名的政務運作正式開始。首先的工作便是安撫人心，慰勞並犒賞參與侵略戰爭的大名，以圖強化秀賴的聲望。

就在這個時候，德川家康也開始了他的拉攏工作。原本按秀吉的指令，家康要留守伏見，而且三年內不得離開京都，家康便乾脆將計就計，在京都伏見開始頻繁活動，先後拜訪了薩摩國（今・鹿兒島縣西部）大名島津義久（龍伯）、奉行之一的增田長盛，還有土佐國的長宗我部盛親等人。

接著，家康更公然打破秀吉禁止大名私婚的規定，分別將自己的家族宗女們嫁與秀吉外甥・福島正則的養子・福島正之、老家臣蜂須賀一茂（家政）之子・蜂須賀豐雄(至鎮)；又讓自己的六兒子松平忠輝迎娶陸奧國的大名伊達政宗長女・五郎八姬。

以上面已經出現的拉幫結派而言，家康這個明知故犯也不過「跟風」而已。但是，由於三成等人自認為自己的行為只是為了政權安穩，與一心自私為己的家康存在本質上的不同。而且，家康本身因為位高權重，一舉一動早已備受關注，成為眾矢之的，是三成等人眼中必須早日剷除的危險分子。

所以，家康與前述三家大名結親的事傳出後，同年一月十九日，立即刺激了三成等奉行，以及另一個重臣前田利家，還有其餘三名大名的神經。兩方都分別派出使者前往伏見，責問家康公然違規的原因，意圖藉機削家康的銳氣。

不過，事件最終還是沒有到達全面爆發的地步。正當兩方將近到達臨界點之際，家康的重臣，後世俗稱「德川四天王」之一的榊原康政聞訊後率兵入京，以防利家等人對家康不利。與此同時，豐臣家的家臣黑田長政、藤堂高虎等人也率小部隊到伏見，以保家康安全。

他們之所以會袒護家康，無非是因為希望家康能夠為他們爭取朝鮮戰爭裡的戰功獎賞和權益，平反當中的污名，用現在的話而言就是「維權」。他們大多在戰爭中，因為被指戰鬥不力或失誤而受到斥責，矛盾指向了三成等人身上。

當然，他們還不至於已經向家康輸誠，站在他們的角度而言，保住家康這個有權有勢，可以為他們「維權」的大人物，都是有利無害的順水人情。

由於擁護家康的軍力集結，前田利家和石田三成為免事態失控，決定對事件不予追究，並又再以交換誓書的方式，重新確認互相拋開成見和矛盾，繼續一同盡心扶持秀賴。到了第二天的一月二十日，京坂一帶暫時回復平靜。

雖然這次事件得以平息，但以它的本質而言，家康公然地干犯秀吉生前的禁令，明顯理虧在前，利家與三成等人手握大義名分，卻礙於兵力和事前準備均不足，所以不願在這個情況下，立即將局勢升溫至劍拔弩張的狀態，最終在形式上，他們忌於家康方的軍事力量，採取了妥協和解的方法。

即便如此，事態早已朝著對立的方向發展，家康陣營與反家康陣營的形成和對壘只是時間問題，而使得這個局面提早到來的，就是因為唯一有力阻止事態惡化的關鍵人物——前田利家於事後不久便倒下了。

前田利家之死與伏見騷動

慶長四年（一五九九）二月，前田利家眼見自己即將步入鬼門關，難以堅守秀吉遺言和囑託。為了修復豐臣政權內部的矛盾，使之能夠繼續保持穩定，前田利家不顧自己已得重病，主動去展開「破冰之旅」。

利家通過有姻親關係的長岡忠興（忠興長子．忠隆之妻為利家之女），與家康方協調後，先派出長子前田利長到伏見與家康通訊，自己則於同月二十九日暫時離開常駐的大坂城，乘船前往家康所在的京都伏見，與家康會面。

另一邊的家康聞訊後，也立即動身，前往船隊必經的淀之橋本（今．京都府八幡市）迎接利家的船隊。這個動作向對方宣示了支撐著豐臣政權的兩大巨頭冰釋前嫌，克服了早前私婚問題所產生的矛盾。

到了三月八日，家康為了回禮，便以探病為由，主動離開伏見，前往大坂城下的前田利家官邸。當時的前田利家已經陷入重病狀態，但仍然忍著病痛，迎接家康的到來。

據利家的近臣村井長明的回憶錄所載，共進餐飲後，利家便主動跟家康說明了自己的心境和遺願：

……大納言對內府說：「我快要永久休假（死去）了，肥前守（利長）便拜託你了」，內府聞後泣然難止。（《陳善錄》）

三月八日在前田邸的面談是兩人今生最後的會面。五日後的三月十三日，回到伏見的家康寫信給利家作最後的慰問。家康在信中提到：

聞知閣下抱病，於是前來探望，幸見閣下氣色欣然，我也稍感放心了

然而，利家的病情實際上早已回天乏術了。利家病危的消息在三月底傳出後，京坂兩地一陣騷然。到了閏三月三日早上，前田利家病逝，享年六十二歲。利家的死亡不僅大大打擊了秀吉生前構思的維穩措施，秀吉期待「兩巨頭」互相牽制的局面也隨之崩盤，家康一方獨大的結果已是不言自明的事實。

對於一直極力防範家康的三成等人而言，利家在秀吉死去後僅半年便撒手人寰，既是危機，也是機會。利家倒下後，家康表面上一人獨大，不少在朝鮮戰爭中受了委屈，或者心有不滿的大名也因此選擇追隨家康。

即使如此，若家康以外的九名核心成員（前田利家之位由其子前田利長繼承）選擇一致對應，不與家康合作的話，就算家康再有天大的本事，也難以輕易突圍。再者，只要家康急於在利家死後原形畢露，也將成為眾矢之的，容易被受孤立。

表面上看，利家的死去對反家康陣營而言，本應不至於大受打擊，但問題是利家之死卻引發了另外一個大的問題，使三成等人措手不及。

利家死後，「兩巨頭」體制已隨之瓦解，家康成為了唯一的政權代言人。三成和輝元等反家康派正準備組織反制措施之際，黑田長政、長岡忠興、蜂須賀家政、藤堂高虎、福島正則、加藤清正和淺野幸長七位大名於利家死後四日，即閏三月七日突然結集少量兵力，從大坂殺進伏見，矛頭指向石田三成、增田長盛和前田玄以（一說長束正家），即所謂的「豐臣七將襲擊石田三成事件」。

後世德川幕府的官方說法說，七名大名針對的只有石田三成一人，而三成利用自己的智慧，故意逃進家康的宅邸裡，並且成功獲得想將計就計，挑起豐臣政權內部矛盾的家康提供庇護。這個說法不過是江戶時代彰顯家康的政治智謀而誤傳出來的說法，並非史實。

不過，七位大名對三成等人在朝鮮戰爭中，向秀吉做出對他們不利的報告而心懷不滿，倒是不爭的事實。尤其是黑田長政、長岡忠興和蜂須賀家政三人更是首當其衝，一直苦無機會向三成等人報復。

站在石田三成等人的角度而言，他們或許只是站在忠於秀吉的立場，盡量將實情報告，但同時也出於自身的政治考慮，做出了政治判斷，如包庇了前述的毛利軍，以及在平壤城之戰（一五九三年）中慘敗的小西行長。

無論如何，事件已經爆發，京都突然陷入不安之中。按照當時生活在京都的貴族日記所載，三成與長盛、玄以得知黑田長政等人奔襲而來，獲得了交情甚篤的常陸國大名・佐竹義宣護送和接應，加上前田玄以又是負責協助家康守護伏見城的負責人之一，於是他們便從大坂逃入無主的伏見城內各自的屋邸裡避難。

另一邊緊追而至的七名大名到達伏見後，隨即遭到駐守在伏見城的德川家康，以及秀吉之妻北政所（寧）阻止繼續行動。閏三月八日，事件暫時得到平息，七大名的行動沒有得逞，但同時不意味著三成等人全身而退。

為了平息七人的怒火，經過家康等人的協商後，結果石田三成被勒令剃髮謝罪，並且退出政壇，於自己的居城・佐和山城（今・滋賀縣彥根市）裡閉門思過。而且，三成還要交出自己的長子石田隼人正給家康作為人質，以及石田家的代理當家。

另一邊，一直想平反的黑田長政、長岡忠興等人則獲得平反和相應的褒賞。七大名的主張獲得政權的全面認可，而且無須為引起這場騷動負責。相反，石田三成成為了整場風波的替死鬼，承擔所有罪責。

不過，這也不代表七大名大獲全勝，因為他們想要的不只是平反和維權，還有對三人進行報復。但是，最終只能迫使三成一人背負所有罪名和引退，前田玄以和增田長盛卻安然無恙。

特別是增田長盛與德川家康關係一直良好，不難想像他能夠全身而退，多少與家康偏袒有關，而這份人情在後來的局勢發展裡將繼續產生作用。

第二章　韜光養晦，高舉大旗

「太閤公的法度被如此肆意地違背和無視，我們還能相信什麼呢？」（《內府違規諸條》）

野心初現

正所謂「大難不死，必有後福」，三成雖然被迫引退，但在私底下，他的行動卻沒有受到大的影響，因為他還有一批志同道合的大名願意為他走動。如大谷吉繼、小西行長和前面提到的毛利輝元。

三成被迫引退後，曾委託小西行長等人與輝元接觸，並對輝元說：

這次想對我不利的人全部失敗了，他們只能束手無策，既然如此，是時候由我方

進行反擊，希望輝元火速地召集兵馬到尼崎（今‧兵庫縣尼崎市）附近張陣。（《毛利家文書》）

對三成不利的人，當然就是指黑田長政等人。他們被迫聽從家康和北政所的裁判，無法親手制裁三成等人，或者起碼給予三成等人更重的懲罰。對於三成而言，自然是一個幸運。現在，身在佐和山的他便開始了組織自己的同志，正是向日漸專橫的家康和那些想對他不利的人展開絕地反擊的好機會。

不過，另一邊的德川家康已經做好了準備，而且比三成他們更早展開實際行動，盡可能地削弱、排斥其餘四大名的力量，最終使自己能夠完全獨攬豐臣政權的控制權。

閏三月二十一日，德川家康與目前實力排第二，身負重托的毛利輝元交換誓書，兩人相互保證不會對對方圖謀不軌。原本身為「顧命大臣」的五大名互相交換誓書，也算是違反秀吉生前的禁令，但目前利家剛死，七大名公然糾彈奉行，局勢已經走向失控，日本東西最強的兩大家族——德川家與毛利家為了不讓局勢再度惡化，以及向對方派出定心丸，以作安撫，在公在私都有必要有所動作，不能再拘泥於秀吉的遺訓。

有趣的是，輝元在誓書中說視比自己年長十一歲的家康為「父兄」，而家康則視輝元為「兄弟」。這個差異顯示了家康與輝元自知兩人的地位存在差距。

更重要的是，輝元通過誓書，暗示了自己願意向家康做出一定的妥協，不願在現階段與家康對敵。這個判斷不單是輝元和毛利家單方面做出的，背後更有石田三成、大谷吉繼等人的智慧。

事實上，當日三成被迫下台時，家康曾私下與輝元進行溝通。當輝元得知三成成為替死鬼時，輝元向家臣表達了無奈和可惜之意，更一度落淚，為之歎息。

但是，當三成以引退換來保住性命之後，水面下的拉攏工作也隨之展開，立即尋求輝元履行當日的承諾。不過，同樣為三成被迫背黑鍋感到不滿的豐臣政權骨幹家臣・大谷吉繼（若狹國敦賀城主）則勸輝元不要輕舉妄動，避免與家康硬碰硬，使局勢瞬間升溫。

因此，輝元一方面開始與三成一方走近，一方面又因為沒有十足把握和準備，所以他當天的誓書中，仍然選擇向家康服軟。可以說，家康表面上迫使了輝元和毛利家屈服，但事實上這只是輝元等人的緩兵之計。

雖然如此，家康仍然繼續壓迫其他「顧命大臣」、拉攏其他大名的計畫。首先在同年四月，家康再一次違反禁令，與陸奧國的強大大名伊達政宗，以及薩摩國的島津義弘、忠恆（後來改名「家久」，以下統稱為「忠恆」）父子交換誓書。這次跟之前出

毛利家的姻親關係

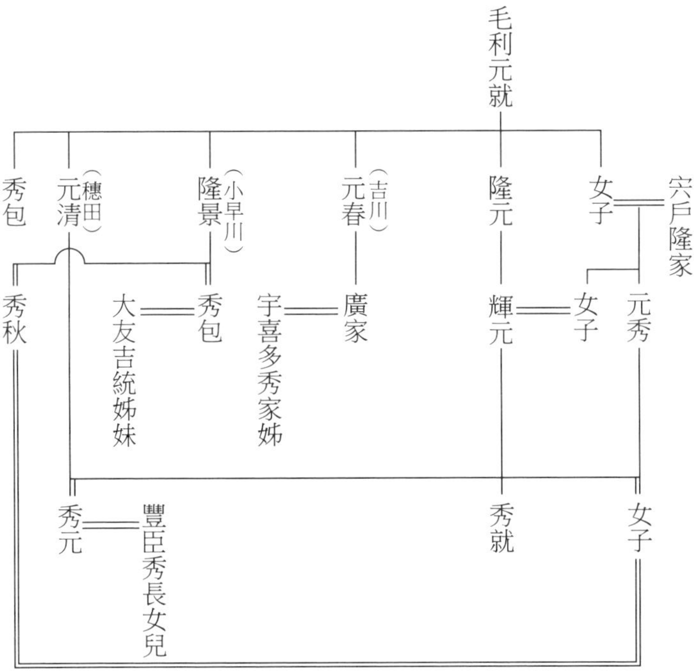

於穩定局勢，和輝元交換誓書不同，是公然拉幫結派之舉。只是，這次已經沒有人再聯結一起，彈劾家康了。

進入慶長四年四月至八月，除了薩摩國爆發了「庄內之亂」（註：島津家家臣伊集院忠真與島津家爆發衝突）外，表面上局勢大致平穩。不過，家康削弱、干擾有力大名妨礙自己專橫的行動並沒有就此停下來。上述的薩摩國庄內之亂中，家康利用自己是政權代理人的身分強勢介入了原屬於島津家的內政，並且一直擾攘到翌年（慶長五年）初春才告平息。

接著，家康又介入了毛利家的內政問題。在秀吉生前，毛利輝元遲遲沒有生出子嗣，於是便認領了堂弟・毛利秀元（輝元四叔父・毛利元清之子）當養子兼繼承人，而且獲得了秀吉的認可。可是，到了文祿四年（一五九五）十月，輝元終於等來了他夢寐以求的親生子降臨，也就是後來的毛利秀就。

跟豐臣秀吉處理兒子豐臣秀賴與外甥豐臣秀次的情況一樣，秀就的出現導致了輝元急需解決安置秀元的問題。只是，麻煩的是秀元的繼承人身分是得到了秀吉認可，秀吉也曾指示日後有需要時，輝元須妥善地安置秀元，不至於使他受委屈。因此，怎樣「妥善」地使秀元「不受委屈」成為了輝元的課題。

然而，這個讓秀吉也份外關切的事情一直拖到秀吉死前也沒有結果，而秀元也一直對於輝元沒有給出讓自己滿意的答覆，即從毛利家的領地內，交割部分領地給自己，作為他被廢除繼承人身分的補償，感到焦慮不安。

事情一直拖到慶長四年中，即輝元與家康交換誓書後不久，家康又再找上門來，要求毛利輝元履行秀吉的遺命。由於毛利家內部懷疑秀元暗通家康來向輝元施壓，毛利家高層一度陷入緊張狀態。幸然，在重臣的調解下迫使秀元妥協，以接受了輝元提出的分割方案，來證明自己沒有跟家康串通，問題才暫時平息，但毛利家為此大為折騰，由與三成親近的安國寺惠瓊帶領下，更加警戒家康，間接促成了大半年後，毛利輝元成為豐臣西軍總帥的結果。

暗殺家康計畫

時間回到慶長四年九月九日的重陽節，家康從伏見來到大坂城謁見秀賴。當日，三奉行之一的增田長盛突然向家康告發，前田利長的家臣．土方雄久和秀賴的近臣．大野治長聯合其他人合謀在大坂城內刺殺家康。此外，據其他史料，合謀人還包括本應與家康關係不錯的奉行之一淺野長政。由於是長盛的告密，家康十分重視，隨即加強了守衛，率重兵進入大坂，最終刺殺計畫沒有成功。

雖然行動無功而返，或者說消息真假無法證實下慢慢不了了之，但刺殺家康的消息傳遍大坂和伏見後，同月底，因禍得福的家康再獲喜訊。他成功得到了秀吉遺孀．北政所的同意，從原本受命看管的伏見城，轉到大坂城內原本北政所所在的西之丸居住，北政所則移住京都，為秀吉守靈。

自此，家康開始來回大坂和伏見之間，代秀賴處理政務，可以說是將豐臣政權的腹地視作自家的庭園一樣。而見風轉舵的大名也開始蠢蠢欲動，從伏見向大坂走動，以圖接近家康。

至此，家康藉代理之名，竊據豐臣政權幾近成為事實，眾大名以至觀望局勢的其他階層都明白，家康距離成為有實無名的新統治者，只有一步之遙，當時更有人改稱入主大坂的家康為「天下殿」；同時，這些人也在觀望那些敢怒不敢言的反家康派下一步的行動。

九月初，剛接替亡父成為「顧命大臣」的前田利長與上杉景勝在完成紀念秀吉一週年死忌的拜祭活動後，分別啟程回到加賀金澤城（今．石川縣金澤市）和會津黑川城（今．福島縣會津若松市）。

自九月至同年底，流傳在京坂之間的一個傳聞，再次在短暫的水面上泛起漣漪。當時，傳出正身在加賀的前田利長與德川家康不和，關係甚為險惡，而且一度傳出了家康有意出兵討伐前田家。

然而，如同後面所述，除了「不和」有一定可信性外，其他都只不過是流言蜚語。那麼，家康和利長之間究竟為了什麼出現矛盾，現時已無從得知，傳統的說法指這是因為上述的暗殺家康計劃的黑幕是前田利長所致，因為策動暗殺的首謀之一土方雄久是前田家的人，而另一個有嫌疑的淺野長政也曾跟前田家有姻親關係（註：淺野長政長子・淺野幸長曾與利家的女兒有婚約），最終牽扯到前田利長身上。

但在可信的史料裡，除了曾有類似的流言外，便沒有確實的記載。另外，加賀前田家的史料則提及利長當時膝下無子，家康曾提議交出自己的五兒子・萬千代（武田信吉）作養子，但事情也不了了之。

不過，根據當時在大坂的島津義弘的書信，家康在九月中下旬下達了這樣的命令：

時肥後守大人在加賀國，內府令其不得上京，一旦強行前來，將命大谷吉繼和石田三成的家臣到越前（今・福井縣）與京都的邊境阻止（利長）入京。（《島津家文書》）

無論如何，家康阻止利長上京的消息不久後也傳到利長耳中。利長雖然沒有強行上京抗議，對家康的用意也甚為猜疑，但礙於自己處於被動，又沒有十足信心與家康對抗，最終只是下令加強領內的防衛工事，以備萬一，沒有做出實際行動去回應家康的留難。

結果，兩方的磋商和暗中角力一直到第二年的慶長五年五月才以利長向家康妥協的方式告終。不過，讓人驚訝的是，除了前田利長之外，家康還命令加藤清正上京，而且派人在淡路島附近，以防清正硬闖來到京坂。

問題是，為什麼家康要刻意阻撓利長和清正上京呢？第一，家康正進一步獨佔政權的控制權，最害怕的就是利長挾持亡父利家的聲望，帶領已對家康不滿的大名們前來打亂。

至於清正，雖然一般會認為他是鐵定的「家康派」，但事實上在慶長四年當時，清正與家康仍然不算十分親近。這個後來被島津義弘評為「行事時有妄動」，又仍然忠於豐臣家的人對於正在奪權的家康而言，自然也是一個不可輕易控制的不安分子。

總之，不用家康說明詳細的理由，從以上推測，我們都不難想到家康無非是為了減少自己奪權時的阻力，才設法阻止利長和清正上京。

隨著隆冬來臨，身處北陸雪國的利長也無法上京，而清正也因為整理日久欠管的領地，根本無法抽身離開。於是，直到慶長四年結束為止，家康的計劃順利地進行，並未遇到重大的挑戰。

前田利家死後，家康隻手遮天，反對派沉默不語，表面上政局看似風平浪靜，是家康一邊倒的勝利，但到了關鍵的慶長五年（一六〇〇），一直敢怒不敢言的反家康派將找到反擊的機會，並朝著決戰的方向前進。

宇喜多騷動

來到慶長五年正月八日，在大坂發生的一件事件，強烈地震動京坂之間，使政壇為之震撼。肇事起因便是躋身顧命五大名之一，備受秀吉期待的宇喜多秀家的家臣團發生內訌。

人言中村次郎兵衛於本月五日夜被殺了。最近，中村背棄備前中納言（秀家）的重臣們，恣意妄為之故也（《鹿苑日錄》同日條）

中村次郎兵衛本是加賀前田家的家臣，秀家與秀吉的掌上明珠，同時也是已故前田利家四女兒．豪姬結婚時，他便以陪嫁之臣的身分，伴隨豪姬來到宇喜多家。然而，中村次郎兵衛名為陪嫁，實際上則是挾帶著秀吉與利家的重託，來幫助秀家強化當家統治權力的人員。

中村次郎兵衛來到宇喜多家後，立即獲得秀家重用，成為家中炙手可熱的紅人。然而，這個情況卻引起了宇喜多詮家（秀家堂兄）、岡越前守、戶川達安和花房秀成為首的重臣們不滿，最終引發了這場大騷動。

雖然事件的主角中村次郎兵衛一度傳來死訊，但事實上他逃過一劫，後來回到前田家。這場殺傷事件原本應由身為當家的秀家親自解決為上策，但由於當時秀家代替轉到大坂的家康鎮守京都伏見，無法及時處理，而且事件影響重大，關係到宇喜多家最高級的重臣們。最為棘手的是，事件後這幫重臣立即逃到詮家的宅第裡困守不出，一方面與還在了解情況的秀家對峙起來，另一方面則尋求與宇喜多家關係不錯，又分屬豐臣政權重臣之一的大谷吉繼居中斡旋。

於是，曠持日久的情況引起外部勢力的介入，如有與秀家親近的大谷吉繼，以及和肇事重臣有交情的德川家康家臣．榊原康政等人。

顯而易見，因為榊原康政的關係，這事件也很快便引起了德川家康的留意。特別是這場騷動不僅僅是普通大名家的內亂，而是堂堂「顧命」大名家爆出內亂的重大政治事件。以當時家康的佈局來看，這在私而言，絕對是一個千載難逢的好機會，去窺探宇喜多家的虛實，藉機盡量削弱其家的力量。

在公而言，當時其他同等級的「顧命」大名——毛利輝元動向未明，上杉景勝與前田利長均不在京坂，身為實際上唯一有資格和能力的當權者，家康也沒有視而不見的道理。總之，這場擾攘多日的騷動正朝著對秀家不利的方向發展。

結果，在家康的強勢介入下，首謀者之一的宇喜多詮家獲得秀家的寬恕，得以留在宇喜多家，而戶川達安、岡越前守和花房秀成則被判處流放之刑，離開了宇喜多家。值得注意的是，戶川達安被流放之地是家康領國內的岩槻（今．埼玉縣埼玉市）；花房秀成和岡越前守則到了大和（諸說）。

雖然這次騷動沒有持續擴大為更嚴重的流血事件，但這幾個堪稱獨當一面的重臣同一時間離開了宇喜多家，在大半年後發生的那場決戰裡，這將為宇喜多家帶來決定性的影響和禍根，很大程度上決定了宇喜多家的命運。

征伐上杉

宇喜多家的內訌於一月平息後，宇喜多秀家受到重大打擊，而在事件中坐收漁利的德川家康可算是賺盡政治利益，而且使宇喜多家元氣大傷。同一時間，另一個事件就好像時間表排定好一樣，在宇喜多騷動後不久便發生了。

自前田利家死後，「顧命」大名中的前田（利長）、毛利、宇喜多都先後發生內部問題，一一被家康抓準機會，介入到各家裡去。剩下來的上杉景勝也於慶長五年四月被家康盯上了。

在這之前，有必要先為讀者們說明一下，德川家康與上杉景勝在秀吉死去前後的關係。在秀吉統一日本過程中，景勝與家康先後加盟了豐臣政權，兩家基本維持良好的關係。

前章也提到秀吉在死前，曾經指示五名「顧命」大名互相結親，以加強羈絆，同心協力輔助秀賴。只是，秀吉具體的安排是怎樣，又或者是否真的切實地執行已不得而知。

唯一有跡可循的，就是上杉家與德川家在奉行之一的增田長盛的穿針引線下，差一點結成姻親，而且還曾引起了毛利輝元的憂慮。不過，由於爆發豐臣七將糾彈石田三成等人的騷亂，這樁交涉便不了了之。

前節已經提到石田三成在家康的主導下，成為了整個事件唯一的替死鬼，這個結果不僅使得毛利輝元甚為不滿，跟輝元一樣，與三成關係不俗的上杉景勝也似乎受到影響。三成被迫引退後不久，輝元便與景勝私底下接觸，提防家康專橫。

只是，礙於史料的限制，我們未能確認後來輝元與景勝積極維持這個聯繫。同時，這也不意味著景勝與家康的關係已然惡化。對於家康一步一步排擠其他大名的行為，景勝也似乎沒有做出積極的干預。

總的來說，慶長四年（一五九九）八月下旬，上杉景勝與首席重臣直江兼續一起回到會津為止，兩家在明面上是沒有隔閡的。

那麼，為什麼進入慶長五年四月，兩家的關係突然急速惡化呢？要留意的是，其實整個事件欠缺足夠的可信史料去窺探其起因，因此，我們目前無法完全搞清楚各個環節的因果關係。接下來，我們姑且先按後世的編纂史料來述說一下事態的發展經過，再利用零亂的一手史料來考量真相。

首先，在慶長五年年二月下旬，上杉景勝重臣之一的藤田信吉突然率領一族、家臣二百多人離開上杉家，逃到下野國（今・櫪木縣）後，向德川家康尋求庇護。

接著在三月，位於會津西鄰的越後國春日山城主（今・新潟縣高田市）堀秀治的重臣・堀直政向德川家康告密，指上杉家領內有不尋常的舉動，如大量動員去進行土木工事，似有不軌企圖。

我們暫且將藤田信吉的問題先放一邊，先來談談堀直政的告發。上杉家動員進行大量建設的問題在當初似乎不是大問題。事實上，上杉家在慶長三年春天受秀吉之命，從老家越後遷到會津後不足半年，秀吉便撒手人寰。上杉景勝身為「顧命」大名之一，自然不可能在這緊急關頭回領地去。他跟重臣直江兼續一直待到慶長四年八月下旬，才有機會回到新領國。

按照秀吉生前的指令，大名家在沒有批准下，是不可以私自在領地裡大搞基建的。但是，考慮到上述上杉家的情況，似乎是情有可原，因此也沒有人去追究。另一方面，德川家康的繼承人．德川秀忠在三月時，已然知悉上杉家正在領內進行建設，在寫給景勝的信中也表示出理解之意。

更重要的是，堀直政告發的說法只出現在上杉家的史料、軍記小說，以及後面提到的「直江狀」裡。如果真有這樣大動作，足以驚動遠在百多公里外，又沒有跟會津直接接壤的堀家的話，那麼與會津接壤的其他大名也應該會報告才對，但在史料上卻絲毫沒有這個跡象。

因此，我們在後面可以看到，家康與景勝之間出現的矛盾，最大的焦點其實不在於領內基建的問題上。

那真正的問題是什麼呢？這裡我們是時候要將前面提到的藤田信吉出走事件拿出來。藤田信吉逃到家康的領國後一時沒有任何動向可循，他逃出上杉家的原因也是撲朔迷離的。一般相信他是因為當時的上杉家完全由直江兼續以及他的黨派控制，出身他國的他日漸被兼續孤立，最終出走以求發展。

同時，藤田信吉在關原之戰後，獲家康封賞為一萬石的大名，於是有些史學家認定藤田信吉因為挑起事件，讓家康有機會去壓制上杉家立下功勞，才會得到封賞。換言之，史學家推測藤田信吉於二月下旬逃入家康手裡後，便告發上杉家有不軌舉動，使家康有機會出手。

不過，這裡我們要留意，藤田信吉是否真的告發，已是無從查考。除了上杉家的史料（「直江狀」，詳見第二部）外，基本上藤田信吉全無存在感，他的名字也不再出現於史料上。

綜觀更為可信的一手史料，家康手上唯一可握的大義名分，就是景勝身為「顧命」大名之一，到了慶長五年初春仍然沒有上京，向主君秀賴行禮賀拜。

實際上，當時在京坂，景勝沒有上京的事早在四月初便成為話題。四月八日，島津義弘在寫給兒子島津忠恆（家久）的書信裡提到：

由於景勝不上京出勤，增田長盛和大谷吉繼多番斡旋，但還是無果而回。（德川家臣）伊奈昭綱將於本月十日出發前往奧州（會津）

到了四月二十七日，義弘寫給兄長島津龍伯的書信中又提到：

鑑於長尾大人（景勝）遲延上京，（家康）知悉後已派伊奈昭綱為使者，連同豐臣家的奉行派出的使者，於十日從伏見出發前往會津。他們預計會在六月回京報告……據稱，內府公（家康）因應（上杉家的）回答內容，或會親自率兵討伐。

兩封書信的內容裡，有三點值得注意的。第一，上杉家是因為延緩上京而遭到指責。第二，在此前，增田長盛和大谷吉繼已經為這事做了一些調解工作；第三，義弘在第二封書信中提到家康與豐臣家的奉行聯手派使者前往會津一查究竟。

關於第一點，現今的我們很容易便會認為這根本是家康故意為難，完全不成理由。但撇開感情論來說，已經是豐臣政權代言人的家康絕對有資格，以「共主」秀賴之名，要求表面上屬同級的上杉景勝早日前來，與秀賴見面。在當時的武家規矩裡，臣下緩怠，沒有準時謁見主君，會被視為不忠之舉，嚴重者將被主君和其他家臣視為有意謀叛，會遭到圍攻。

因此，先不論家康背後的企圖，以上述義弘的書信裡可以看到，「遲到」絕非家康單方面的神經過敏，當時的武家也同以問題視之。

至於第三點，就更加值得我們留意了。因為不只是家康派出使者，豐臣政權的奉行也派出使者與伊奈昭綱同道去質問景勝，而根據另一封義弘的書信得知，代表豐臣方的其實是毛利輝元、增田長盛和大谷吉繼。這意味著景勝遲延上京已然不是家康單方面找碴，豐臣政權的奉行們也認識到當中的問題性。因此，這更加說明了這次的矛盾在一開始並非如我們所想的那樣，只是家康的陰謀。

這個最後的第三點十分重要。因為德川、豐臣兩方派出的使者已於四月十日前往會津；而且從第二點裡可以看到，豐臣奉行們在四月八日之前已經嘗試調停，如果按這個結果逆算過來的話，我們可以推定上杉景勝上京遲延的問題很可能早在慶長五年的年初便已經醞釀了。

既然前面提到藤田信吉是在二月中下旬才離開上杉家，到達關東的德川領，而家康等人當時一直在大坂。按照當時的交通和通訊速度來計算，即使藤田信吉真是在進入家康領地後便向家康告密（或者說誣告），前後不足三十天的時間裡，從關東下野將「消息」傳達到大坂，再經過家康等人判斷，由豐臣家先派出使者去說情，來回一次後再決定再派使者。

這樣的多次來回從時間上而言，完全由藤田信吉告密引起的可能性其實並不高，更遑論我們沒有可信的史料足證信吉真的向家康「告密」了。

到了五月中旬，伊奈昭綱一行人從會津啟程回京，並將上杉方的回覆率先轉達給留守江戶城（今．東京都千代田區）的德川秀忠。據秀忠所言，昭綱獲得上杉景勝答應不日上京辯解。當時的事態似乎是有所轉機的，但當時間到了四月底至五月初，情況又再出現反覆。

四月下旬，前述的大谷吉繼、增田長盛想打破僵局，與毛利輝元的外交代言人．安國寺惠瓊商議後，為了加強壓力和分量，三人更找來了生駒親正、中村一氏、堀尾吉晴這三個豐臣家的老臣，再加上同屬奉行的長束正家和前田玄以一起，請求家康暫緩向上杉家作出動作。這件事也通過安國寺惠瓊，通知了與奉行們早有協定的毛利輝元，而且獲得輝元的支持。

五月七日，大谷吉繼、增田長盛、長束正家、前田玄以、生駒親正、中村一氏和堀尾吉晴連署給家康，以下列原因，要求他以大局為重，不要出兵會津：

一、秀賴年幼，需要家康坐鎮上方來繼續穩住局面。

二、直江兼續的言行惹家康生氣是可以理解的，但仍然希望家康不要在本年內出兵，萬不得已也請延至明年（慶長六年）春再出兵。

三、太閤公死去以來，諸多事情都在家康的指揮和忍耐下得以和平解決，這次貿

然出兵，恐會破壞國內難得的和平局面。

四、因為近年的歉收，導致大軍出征所需的軍糧調達困難，萬一戰事拖到雪季，到時缺乏軍糧將更危險。因此，還請家康延至明年春再出兵為尚。

豐臣奉行們的苦勸與其說是為了偏袒上杉家，倒不如是想避免家康東去後，京坂會再次出現混亂，特別是家康自專橫起來後，想藉機進行反擊之人本就不在少數，繼而出現一發不可收拾的局面。

再者，按照秀吉死前的遺囑，所有大事都應由「顧命」大臣們一同商討解決，即使事實上已經變成了家康獨大的局面，但其他的人仍然希望在「忠於秀吉」的理想與「家康獨大」的現實之中取得平衡，維持局面和順，盡全力去維持和遵守秀吉的遺訓。

可是，到了六月初，家康還是不顧大谷吉繼等人的勸阻，堅決要親自率兵討伐上杉家。其中一個原因似乎是因為上面提到直江兼續的出言不遜，即一般指的「直江狀」，但事實上這不過是一個表面理由，更重要的因素是來自於前田利長的表態。

在討伐會津問題鬧得火熱之際，一直留在加賀金澤，與德川家康冷戰的前田利長終於在五月底與家康達成和解協議。前田利長將親母芳春院（松姫，利家正室）以及前田家重臣各自派出的人質一起送到江戶城，以示希望與家康和解的誠意；另一方面，家康則允許利長的正室玉泉院（織田信長之女）和胞弟前田利政回到加賀。

一般而言，前田利長送出親母到江戶當人質之舉，意味著前田家完全向德川家康屈服，自行降格成為德川家的附庸。因此，前田利長也在後世的評價裡，成為備受譏諷的「軟弱官二代」。

送出母親做為對方人質的確是示弱的表現，但我們必須同時留意到，利長送出母親的結果，是迎回了自己的正室和胞弟回家，代表前田利長在大坂方面（甚至是豐臣家裡）已經沒有後顧之憂，只需一心與家康合作，而家康又最終勝利的話，前田家便可同樣得到全面的勝利。

恐怕利長在慶長四年底，與前田家的重臣們經過深入討論後，決定將一家前途和命運押向德川家康。但是，隨著局勢的發展，已有在必要時犧牲老母等人質的覺悟，這想必也是與前田利家共度甘苦多年的芳春院為了保全家族的苦肉之計。

無論如何，前田利長提出和解，意味著家康出兵討伐上杉景勝的政治阻力大減。同時，得到前田家的配合下，迫使上杉家屈服的勝算也大大增加。因此，為了最大限度利用這個有利形勢，家康必須盡快處理上杉家，自然不會接受奉行們的延期要求。

到了六月上旬，家康隨即指示與會津接壤的下野（今．櫪木縣）、陸奥（今．青森縣、岩手縣、宮城縣和福島縣）、出羽（今．秋田縣和山形縣）和越後（今．新潟縣）四國的大名如前田利長、堀秀治、村上義明、溝口秀勝、佐竹義宣、相馬義胤、秋田實季等人準備動員。

此前，家康已經命令伊達政宗和最上義光兩人率先回國準備，但又同時告戒以上各人不可輕舉妄動，須等到他率領的本隊到達後，再按指示行動。至於家康本人則決定在六月十六日出發離開大坂，經江戶再北上會津。

六月中旬，「家康以景勝叛逆而出兵」的消息已經傳遍京坂兩地。大軍經過之地的整備工作也緊急地進行，以便大軍順利行進。另一邊的上杉家也在六月初收到了家康決定出兵來襲的消息。六月十日，上杉景勝在寫給家中重臣的書信中，說明了自己對這次危機的看法。景勝在信中提到（《越後文書寶瀚集》）：

這次上京不果的原因，第一家中疲憊，第二領國內管理妥當需時，我已回覆豐臣奉行們，我方將延遲到今年秋天才上京。但由於心存逆心之輩不斷對上方進讒言，導致上方一轉，要求我等立即上京，否則將興兵討伐。雖然早已想到如此，但既然我等從沒有謀反之心，早已有即刻上京的覺悟，也強烈要求上方審判進讒者。豈料上方只反覆要求我方無條件上京，而且立下限期，催促我方立即動身。

我方遭到如此壓迫，無論如何上京已是不可能的了。如此一來，（上方）也等於

廢棄往日曾交換過的誓書，承諾和交情也起不了作用，糾彈進讒者的要求也被無視。如此時刻，我已徹底地想清楚了。

所謂「家中疲憊」是指前年（慶長三年）才剛從越後老家遷到會津，百廢待興，家臣的生活和工作還沒有完全安頓好，容易產生混亂，這些都有待景勝和兼續細心安排和斟酌。對景勝而言，難得可以回領地指揮，如今又突然要離開，自是覺得無奈萬分。

第二的「領內管理」問題也是基於同樣的出發點，景勝向豐臣奉行要求酌情處理。考慮到豐臣奉行的使者是與家康的使者一同前往會津的。上述上杉景勝的辯解也與前述秀忠所收到的訊息一致。因此，我們可以斷定，這次上杉家上京問題一開始是獲得豐臣政權與家康方的諒解，朝著好的方向發展的。

但是，當使者回京轉述後，旋即又因為「進讒者」的關係，上杉方再次被要求盡快上京解釋。這個「進讒者」是誰已不可考，也沒有重大的意義，但按照景勝這樣的表述，可以推測出兩個可能：一個是景勝本人也不知道誰才是「進讒者」，另一個是這個「進讒者」並非藤田信吉（最有可能的是堀直政），否則在家臣面前，要凝聚團結和士氣的話，明確地指控藤田信吉為不忠的「進讒者」，會是更容易和更合理的做法，根本無須隱瞞。

另外在自白的下半部分裡，景勝批評上方最終不接納他的辯解，執意為難上杉家的做法。要留意的是，既然豐臣、德川兩方都派出使者，那麼從上面的字面來說，景勝批評的對象不一定只指家康一人，上面提到的「往日曾交換過的誓書，承諾和交情」也可以包含豐臣奉行和家康在內的「顧命」大臣。

所以，筆者認為在六月十日為止，景勝恐怕是感覺自己完全被豐臣家和家康孤立，只好破釜沉舟，背水一戰。

到了六月十六日，家康謁見秀賴後，於當日率兵離開大坂，前往伏見，並且命令家臣鳥居元忠、松平家忠等人竭力守備好豐臣政權控制京都的象徵——伏見城，以免有人生亂，奪取伏見城。

家康交代好留守的指示後，便於六月十八日出發離開伏見。在這之前，家康還命令增田長盛和長束正家調達糧草。這看來是正常不過的操作，但事實上命令豐臣奉行去調達兵糧，再一次強化了家康的出兵乃獲得了豐臣政權授權，是本著大義名份的正當軍事行動，只是從後來的事態發展來說，再專橫的家康也無法任意掌控這個正當性的解釋權。

七月一日，家康回到江戶城，其他留在京坂的大名也陸續於六月下旬從上方出

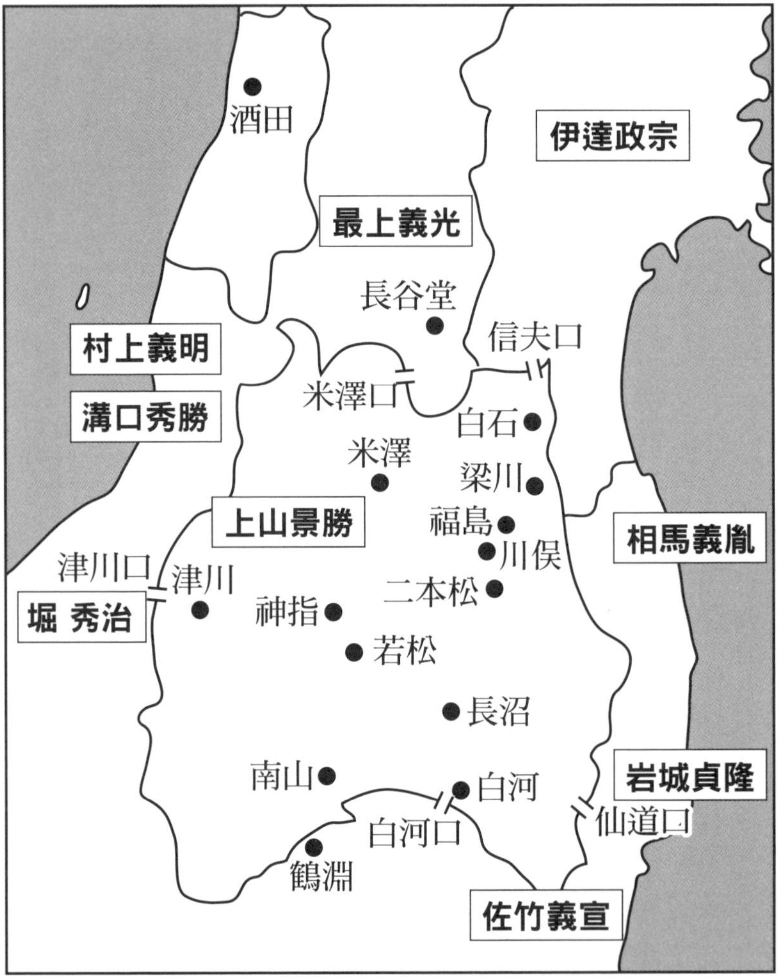
酒田
伊達政宗
最上義光
長谷堂
信夫口
村上義明
溝口秀勝
米澤口
白石
米澤
梁川
上山景勝
福島
相馬義胤
川俣
津川口
津川
堀 秀治
二本松
神指
若松
長沼
岩城貞隆
南山
白河
仙道口
白河口
鶴淵
佐竹義宣

「會津征伐」的關係地圖

發，跟隨家康東征。他們於江戶與家康會合後，再各自出發，與家康一起出征會津。隨後，家康向隨軍大名下達軍令，禁止各家軍隊掠奪、打鬥和騷擾沿途的商、民、村、鄉等。

另外，家康命令早已在國內等待指令的北方大名們包圍上杉領，伊達政宗守著上杉領的東北口、最上義光率領出羽國的大名負責正北口、常陸國（今．茨城縣）的佐竹義宣負責東南口，前田利長和越後諸大名則負責西口，配合家康和秀忠父子率領的主力軍從正南口進擊，從五方面團團包圍上杉領，然後視上杉景勝的行動再決定下一步行動。

另一邊，處於內線防守狀態的上杉景勝為了準備迎擊五路大軍來犯，首先要重點防範家康父子進軍的正南方，即白河郡的白河關（今．福島縣白河市），下令建設防禦工事，又派出較多的重臣坐鎮南方，力防家康突破。另外，景勝分別派守將屯駐其他四口；其中景勝比較用力防範的，就是伊達政宗進軍的信夫郡和伊達郡（今．福島縣福島市、飯坂町等）。

信夫、伊達兩郡，還有當時由上杉家控制的置賜郡原本均是伊達家長年統治的「祖傳之地」。天正十九年（一五九一），秀吉命令伊達政宗離開三郡，改封到陸奧國岩出山城，所以，伊達政宗非常希望藉協助家康討伐上杉家，爭取推翻秀吉的決定，討回這些「祖傳之地」。

上杉景勝當然十分明白政宗的心思，因此將第二批主力放在東北口，重點守備白石城（今・宮城縣白石市）、梁川城（今・福島縣伊達市）和福島城（福島市），迎擊必然來犯的伊達軍。

至於其餘的三口，上杉景勝與直江兼續則另有安排，詳細情況以及跟伊達政宗的戰鬥留待本部第四章再談。

總而言之，家康率領的討伐軍與背城借一的上杉家在慶長五年七月進入了對峙狀態。家康決定於七月二十一日從江戶出發，朝會津進發，與各軍會合。就這樣，只需家康的命令一下，一場波及整個東北、北關東以及北陸地區的大戰將立即打響。

然而，就在這個箭在弦上，不可不發的時候，一直在京坂等待時機，韜光養晦的反家康派終於抓住機會，悄然地在德川家康背後發動反擊。

三成舉兵，輝元呼應

一直以來的傳統說法都指，進入七月上中旬，即家康到達江戶後，對家康的專橫一直唯唯諾諾的豐臣奉行長束正家、增田長盛和前田玄以在石田三成和大谷吉繼的鼓動下，開始蠢蠢欲動，與兩人一起組織起反擊家康的活動。而且，他們隨即向一直與他們在暗地裡保持合作關係的毛利輝元招手，催促輝元出兵協助。那麼，事實上是怎樣的呢？

自家康出發後，增田長盛、長束正家和前田玄以三名奉行一直到六月下旬，依然在執行家康討伐會津的指示，協助處理後勤等事宜。到了七月十二日，三人寫信給毛利輝元，以秀賴之命的名義，要求他盡快前來大坂：

因大坂有須處置之事，受秀賴公之命，請閣下盡快前來大坂，具體情況將由安國寺惠瓊傳達。惠瓊本應去迎接閣下前來，然而，最近這邊有事亟待與之相談，故他最終無法動身，期待閣下早日到達

有關這封書信的性質，史學家之間一直頗有爭論，大致上分成兩派意見。其中一派的意見就像傳統說法那樣，認為這是三奉行正式召請毛利輝元來大坂舉兵，反擊家康的「命令」；另一派意見則認為三奉行只是讓輝元前來，填補家康不在的政治真空，無需也無法作出過多的解讀。

當中的關鍵就是怎樣解釋開首的「因大坂有須處置之事」一句。如採第一種說法，那麼「有須處置之事」便是指「希望輝元擁戴秀賴，一起打倒家康」，如採第二種說法，那麼同句就是指「希望輝元穩定家康不在時的局面」。

從結論而言，第一種的解讀看來是較為合理的，因為五天後，三奉行便向一眾大名傳達了著名的《內府違規諸條》（後述），糾彈家康在秀吉死後的種種不義之舉。五天之內三奉行的立場便有如此巨變，著實讓人難以理解和接受。

不過，有以下兩點是值得我們留意的。首先，據當時陪伴在家康身邊的侍醫板坂卜齋的記錄《慶長年中記》所載，七月十二日，也就是三奉行要求輝元前往大坂同一天，三奉行之一的增田長盛寫信給德川家康，並且在七月十九日到達江戶，並立即轉呈給家康。家康閱後便命令家臣抄送信件，發送給已經率先到達下野國宇都宮（今．櫪木縣宇都宮市）的諸大名。

那麼，增田長盛的書信寫了什麼呢？在信中，長盛報告了大谷吉繼本來奉命率兵跟隨家康前往會津，但當到達美濃國樽井（今．岐阜縣垂井町）時，因為抱病而留在當地休養，同時又向長盛報告了石田三成出兵的消息。另外，長盛又向家康報告十二日當時，大坂內外傳出各種流言蜚語，人心浮動。如有新情報，會陸續向家康報告。

另外，《慶長年中記》裡在此條記載的翌日，即七月二十日，從大坂陸續傳來了留在上方的大名在七月十二至十四日，分別向家康報告了當地不穩的消息書信，當中就包括了長束正家與前田玄以。

這個記載意味著什麼呢？首先，如果結合板坂卜齋的記載，以及前述三奉行請求輝元前來大坂的書信來看，三奉行很大可能是在同一天內既向家康報告上方不穩，同時又要求輝元前來。

如果三奉行已經決定了要跟三成等人一起打倒家康，根本沒有必要向家康報告上方的情況。因此，三奉行起碼直至七月十二日或十三日為止，立場還算是中立的。

假如是這樣的話，那他們又為什麼在五天後，便徹底地反轉立場呢？最大的原因還是因為毛利輝元的神速反應。三奉行於七月十二日發出的書狀大約在七月十五日送達輝元所在的安藝國廣島城（今．廣島縣廣島市）。同日，輝元迅速做出了兩個動作。第一是寫信給肥後國的加藤清正，轉達了三奉行請求他到大坂之事，以及邀請清正也動身前往大坂。第二就是在當日，輝元立即決定出發前往大坂。

根據毛利輝元的家臣佐佐部一齋的回憶錄《一齋留書》記載，當日收到三奉行書信後，毛利家對於是否應邀前往大坂一事各持正反意見，但最終輝元於當日便決定動身出發，前往大坂。

考慮到這並非輝元單獨赴會，而是要調動毛利家的軍隊經海陸兩路前往三百多公里外的大坂。這行動牽涉到毛利家的後勤、船隻、補給，還有隨隊家臣也要做出相應的準備工夫。因此，不少史學家都認為，輝元當日就能夠出發，顯示他和毛利家高層早在事先做好了萬全的準備。

那麼，為什麼輝元會事先做好準備呢？最大的關鍵就是一直待在上方的毛利家外交僧．安國寺惠瓊。根據同為毛利家家臣的吉川廣家（輝元的堂兄弟）的報告，惠瓊在七月十三、四日曾與大谷吉繼和石田三成接觸，事後回到大坂，一直等到輝元於七月十九日到達大坂，再與輝元會合。

另一方面，輝元下令前往大坂的同時，下令毛利一族率兵火速動身，結果這批先鋒部隊只用了兩日便到達了大坂城下毛利家的宅第。輝元的養子毛利秀元率先到達大坂，並且在十七日進駐了大坂城西之丸，更驅逐在那裡留守的德川家臣。

到了七月十九日，輝元進入大坂城，吉川廣家形容此舉「天下之事將一一由主公來裁斷」。可見，當時緊隨輝元其後，率兵前往大坂的毛利家臣，不少都認為這次的行動目的，就是協助輝元掌控豐臣政權（甚至是天下）。

綜合這些動向和時間性，我們首先可以大膽推斷安國寺惠瓊與吉繼、三成在十三日的見面應是約定好舉兵反擊家康。當然，早在惠瓊與兩人見面之前，毛利輝元已經做好了隨時出發的決定和準備，那麼這個三方會面與毛利軍的行進理應是沒有直接關係的。直接點說，在這之前惠瓊跟輝元之間很可能已經有了默契，佈好了大致的棋局，三奉行的請求只是一個「暗號」而已。

即使從狀況證據而言，輝元很可能是早有準備的，但我們仍然沒有任何證據判斷三奉行在七月十二日時已經知道了惠瓊、三成和吉繼的計畫，甚至在當日已經決定加入反家康的行列。

站在三奉行的立場而言，在家康出征會津後，缺乏軍力的奉行們需要毛利家那樣的強大軍事力量去繼續穩住京坂，因此，招請輝元盡快到來本是理所當然的事，更是必須的政治決定。

只是，當三成、吉繼和惠瓊談好，再配合輝元與毛利軍即將神速到達的消息傳來後，原本仍尚算中立的三奉行旋即陷入了被「反家康派」包圍、脅迫的局面。作為當時最能夠代表豐臣政權發號施令的關鍵人們，反家康陣營必須全力確保他們會加入，才能保證打倒家康的行動擁有最大的正當性——豐臣政權的授權。跟家康專權時一樣，弱少的三奉行在當時也只能附強自保。這也能解釋為上述的七月十二日至十四日，三奉行分別寫信向家康報告上方出現不穩的情況，因為當時的他們還是中立的。

回到主題，隨著毛利軍即將到達的消息傳出，京、坂、伏見三地的流言蜚語此起彼落，已經到了當地人們惶惶不可終日的地步。七月十四至十七日，京坂兩地已經出現混亂。一些原本已經出發追隨家康出征的將領，如後述的脇坂安治等突然退回來，大事發生只是時間問題。

第一個犧牲者

到了七月十七日，即毛利秀元強行進駐大坂城西之丸當日，局勢隨即惡化起來。首先，當天發生了軍隊以豐臣奉行眾的名義，來到長岡忠興宅第，要求長岡忠興家臣交出人質不果，最終導致忠興之妻阿玉（明智光秀之女）以及家臣一同自殺抵抗，更自行燒燬宅第的事件。

兩日後，反家康陣營另派軍隊前往丹後國（今・京都府西北），目標指向身在田邊城的長岡幽齋（長岡忠興之父）。

相信到這裡，大家會問：為什麼反家康陣營會拿長岡忠興一家作為打響反擊家康陣營的第一炮呢？從結論而言，其實從一開始三奉行的目標就很可能只有長岡忠興。這個推測在這件事發生後，三奉行寫信給別所吉治的書信中明確提到：

越中守（忠興）毫無忠節之功，但卻得到內府（家康）的幫助，奪取了太閤大人賜予福原長堯的領地；今次內府出兵討伐毫無過錯的景勝卿，越中守亦為其出力，舉家相助，我等實在無言以對

這裡提到的福原長堯是石田三成的妹夫，當年在朝鮮戰場以軍監身分指責忠興等人作戰不力，獲秀吉嘉許，從忠興手上收下其部分領地。然而，豐臣七將糾彈三奉行的事件發生後，家康藉平息七將的怨憤，將該領地還給忠興，多少帶有賣恩、拉攏忠興的味道。

另外，石田三成於七月底寫給真田昌幸的書信中也提到了有關長岡家的問題：

在太閤逝世後，越中守為首的數人糾結成黨，乃擾亂天下的始作俑者，我方遂調兵急襲丹後，奪其居城，再包圍其父幽齋之城，不下數日，將可陷之

以上的兩條史料都反映了三奉行和石田三成對長岡忠興有著特別的執念。因此，七月十七日軍隊號稱奉三奉行之命，包圍長岡邸宅的事件並非隨機和偶然的。長岡家根本就是他們一早定好的對象。究其原因，除了上面提到三奉行跟石田三成對忠興在秀吉死後，急速靠近家康以獲取利益，擾亂秩序之事不滿之外，更重要的是忠興靠向家康本身的意志殊大。

秀吉雖然死去，但還有前田利家在，家康仍然沒有辦法立即奪權，而忠興剛好與前田家、豐臣家有姻親關係，忠興與阿玉的長子．忠隆之妻是前田利家之女，而前面已經提到，前田利家的另一個女兒麻阿是秀吉的妻子之一。換言之，長岡、前田、豐臣三家有著這個子女姻親關係，對於豐臣政權來說，忠興也算是半個「自己人」，對於前田家來說更是直接的子女親家。

當利家與家康在慶長四年初鬧矛盾時，忠興本是站在前田家一方，與德川家康進行協商，希望和平解決兩家之爭的。結果，利家與家康和解不久後，利家便病死，隨即引發七將糾彈事件。長岡忠興是其中一個活躍分子，與黑田長政帶頭鼓動起事，以及接受家康主導的判決。換句話說，忠興算是間接促成了家康將三成驅逐出政壇的助力之一。

另外，上面提到利家的繼承人前田利長與家康冷戰數月後，交出老母等人作為人質。在這之前，作為曾經調解前田家與德川家矛盾的中間人，政界也傳出長岡忠興涉嫌對家康不軌的風聞，但忠興很快便交出小兒子細川忠利作為人質，送到江戶城，以證自身清白。

結果上就是忠興完美地從中立派，完全投向了家康的懷抱。這些行動站在豐臣政權的角度而言，當然都是背叛、出賣的行為。因此，三奉行與三成對忠興的批難，以及兵圍長岡家的事件是完全吻合，前後一致的行動。

也就是說，自從三奉行與三成決定起事扳倒家康，就計劃好要拿「關鍵人物」忠興的一家作為頭炮，兵圍長岡家完全是計劃好的軍事行動，與其他一起隨征的豐臣東軍無關。這個推測從下面的阿霜（阿玉侍女）回憶錄的相關內容裡也得到了旁證：

當對方（＝奉行）向我家要求人質時，（長岡家重臣）小笠原昌齋與石見守大人跟阿玉夫人說，他們打算回答對方說：「我家現在並無相應的人員可作人質，忠隆公、興秋公（忠興次子）都已經去了東國了，忠利卿（忠興的三兒子）則在江戶做人質，所以現在我們這裡已經沒有人可以做人質了。如果怎樣都要我家交出人質，那請讓我們通知幽齋公，讓他趕來當人質好了，但需要點時間。」

上面的內容裡有一個奇怪的部分，不知道讀者有沒有發現？

那就是當時奉行一開始要求長岡家交出人質，並沒有指名要阿玉，而長岡家當初也想到要交出人質的話，忠興的兒子們，甚至是老父幽齋才是理想人選，斷斷不是阿玉本人。後來，奉行方發現沒有男人質可抓，才想到了要求阿玉來充當人質。

因此，奉行一開始很可能是想抓走忠興的兒子們，阿玉只是無奈下的副選，結果，奉行們要求長岡家交出阿玉不果，長岡家的家臣與阿玉決定堅守邸宅，最後再以死相抗。

在當時為數不多的史料，又或者好像阿霜這樣的當事人的回憶錄裡，都只是共通地記載了長岡邸宅被圍之事，我們常聽到的其他豐臣東軍的家眷，則毫無史料可查。

以上的內容都合理地反映了奉行是衝著長岡家而來的，而長岡家的家老跟阿玉都明白這點，所以才決定寧死不從，在邸宅內玉石俱焚。所以，我們可以相信其他東軍將領中，除了成功趁機出逃的加藤、黑田兩家的妻眷外，均沒有出現任何險情或反抗，這並不是因為他們消極面對，束手就擒，而是因為他們從一開始便不是奉行派兵針對的目標。

那麼，長岡家老與阿玉雙雙殞命後，石田三成等人又是怎樣反應的呢？八月五日，三成寫信給盟友真田家時便提到了阿玉之死：

我方派員要求越中守之妻當人質時，留守長岡邸宅的長岡家臣誤以為我方要求她自殺領罪，於是下令全家上下自行了斷，又放火燒燬了他們的邸宅，最終越中守之妻也因此喪命了

從三成的書信中可以看到，他承認了要抓阿玉為人質，但雙方溝通出錯下，才釀成慘劇的。不論是三成狡辯，還是真的出現誤會，阿玉堅拒為人質，拚命抵抗而死的結果，是千真萬確的。

只是，綜觀目前留下的三成書信，還有家康陣營的書信，都沒有提及奉行與三成有計劃地抓捕人質的內容，而這封八月五日的書信裡，三成刻意向盟友解釋阿玉之死，而不提其他家的情況，更加能讓我們再次確信大河劇裡常常提到的豐臣西軍徵集豐臣東軍大名的家眷為人質，最終不小心地迫死了阿玉之說，是有誤解之嫌。

長岡家成為反家康行動中的第一個犧牲品後，反家康陣營軍隊隨即出動向丹後田邊城進發，除了該城位處京都的西北角，具有戰略意義和價值外，更重要的是它屬於反家康陣營眼中釘——長岡忠興之父．幽齋所在之地。

另外，反家康陣營的軍事行動已然明瞭，奉命留守伏見城的鳥居元忠、松平家忠等人也察覺到事態急變，立即加強伏見城的守備，不讓他人進入。至此，整個大坂、京、伏見三地的不安局面已經到達一個臨界點。

《內府（德川家康）違規諸條》的盲點

到了七月十八日，已經倒向反家康陣營的三奉行向全天下大名傳達了著名的《內府違規諸條》，力數家康的種種罪行，合共十三條：

一、五名御奉行（即所謂的「五大老」）和五名豐臣家重臣（原語為「年寄」，意為「重臣」，即所謂的「五奉行」）已互相交換誓書，但不久後，家康便排擠兩名豐臣家重臣（淺野長政與石田三成）。

二、以討伐前田利長為名，威迫利長交出人質，使其受盡壓迫。

三、上杉景勝並無過錯，家康卻違反太閤之法，奉行等雖屢屢苦勸，依然不聽，興兵討伐。

四、不但違反「秀賴公成年前不賜予封祿」的協定，私自賜予大名封錄，而且還

將封祿賜予無忠無節之輩（暗指長岡忠興）。
五、趕走太閤生前任命的伏見城守將，換入自己的家臣來駐守。
六、家康違背禁止與「顧命」大臣和五名奉行以外的任何人交換誓書的約定，與多家大名交換誓書。
七、肆意入住北政所的居所（註：大坂城西之丸）。
八、家康入住西之丸後，建造天守閣，儼如大坂城的本丸一樣。
九、諸大名的妻小乃豐臣政權的人質，但家康讓自己黨羽的妻小各自回到領地。
十、太閤明文禁止大名之間私自通婚，家康與大名家聯姻之事可謂多不勝數。
十一、唆使、煽動年輕武士結黨。
十二、原本明令政權的政務由五名「顧命」大名一起協商決定，家康卻獨斷專權。
十三、因為自己妻室的親族關係，肆意免除了京都石清水八幡宮的檢地（丈量土地）。

在最後，三奉行加添了以下一段文字作為這份彈劾家康文告的完美結尾：

以上本應按照誓書而行的規定，家康絲毫沒有做到，太閤公的法度被如此肆意地違背和無視，我們還能相信什麼呢？既然我們每個人都因為家康專橫而自身難保，在這情況下，還能很好地守護、扶持秀賴公嗎？

以上充滿悲鳴、義憤難膺的說辭用來呼籲、喚醒那些仍然忠於豐臣政權的諸侯們的良知，理論上也是尚算足夠的。不過，三奉行除了這篇長長的彈劾狀外，還另外寫了一封內容相若的書信給西日本和豐臣政權派系的大名，附在彈劾狀之上。書信中提到：

緊急來信，今次討伐景勝之事，內府公違背誓書和太閤公的法度，且捨秀賴公於不顧，執意出兵會津。我等經商議後，決定興兵討伐內府。內府公各種違規之事，可參看附帶的彈劾狀。如閣下也認為這是正確的，且沒有忘卻太閤公昔日的恩典，則請閣下立即明示效忠秀賴公之志。

這份《內府違規諸條》和書信現存超過六十多份，可以推斷當時實際上三奉行發送了為數更多的信件，期待各方諸侯響應，甚至很可能也寄送給從屬家康陣營的大

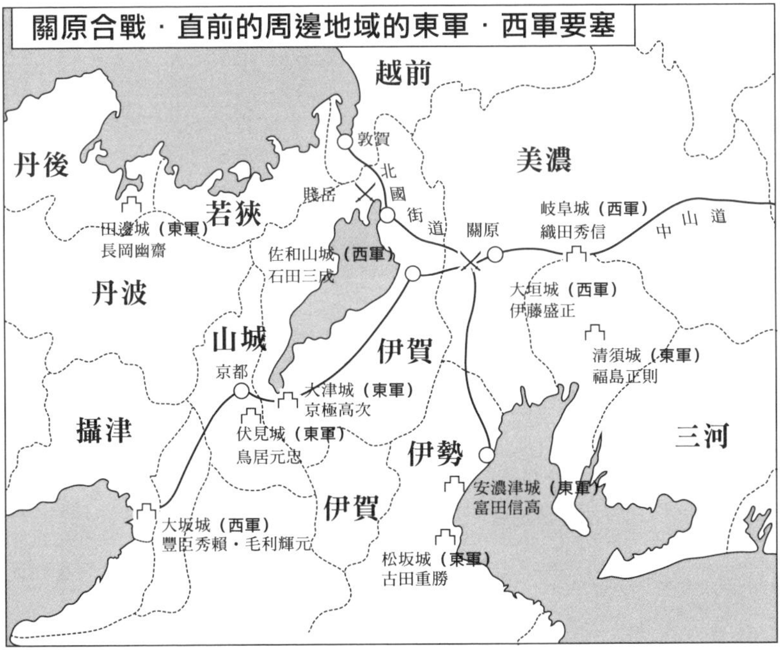

關原合戰 ・ 直前的周邊地域的東軍、西軍要塞

名，希望他們倒戈（不過現時沒有發現，不排除已在後來因政治原因被銷毀）。

值得留意的是，上述的書信似乎只發給三奉行相中的諸侯，而《內府違規諸條》則流傳更廣，就連當時在京的貴族、僧侶也知道它的存在，顯示出三奉行以及背後的反家康派並不只將家康專橫的問題視為武家社會內部的問題，而是整個政權，以至日本國上層社會的共同問題。

另外，據京都醍醐寺座主．義演的《義演准后日記》記載，長束正家和增田長盛在七月十八日也將《內府違規諸條》抄寫一份，發送到江戶，對象不用說，就是這次被彈劾的當事人——德川家康。

相信不少讀者對以上的經過和《內府違規諸條》也是略知一二的，但是，《內府違規諸條》內容裡的陷阱是需要我們留意的。平心而論，《內府違規諸條》裡的不少部分分屬事實，家康也是責無旁貸的。不過，《內府違規諸條》合共十三條大罪的是非曲直是否完全得當？最顯然的反面例子就是裡面第十條提到的家康私自與伊達、福島等大名通婚問題。

無疑，這是家康違規在先，不過要留意的是，我們在第一章裡已經提到，這事早已通過家康與前田利家等人，包括三奉行和石田三成再次交換誓書以達成和解，雙方都同意就此冰釋前嫌，繼續一同守護豐臣秀賴。現在《內府違規諸條》又再重提舊事，多少都略嫌有出爾反爾之感，顯然帶有強烈的政治目的。

至於第六條的擅自與他家大名交換誓書一事，家康確實有做，但不要忘記第一章提到三奉行與石田三成也私自在秀吉死後不久，便跟毛利輝元交換了誓書，而且將假想敵鎖定為德川家康。

另外，家康與前田利長產生矛盾，最終迫使前田家交出人質也是事實（第二條），而且，前節已經提到，家康作為交換條件，容許利長之妻、弟回家，與利長團聚，這也是犯規，即是《內府違規諸條》的第九條提到私自讓大名妻少回國的指控。但是，這樣說的話，犯規的便不只是家康，接回妻、弟，同為「顧命」大名之一的前田利長也理應同罪。

還有，討伐上杉景勝的部分（第三條）在事實上也是得到了豐臣政權的授權，更有三奉行為家康調達軍糧等事宜。因此，如果要追究起來，發出《內府違規諸條》的三奉行也負有一定的責任，只是不比家康的重而已。

總的來說，《內府違規諸條》是一份帶有強烈政治宣傳目的的彈劾文，但是細緻地追究起來，三奉行、石田三成和毛利輝元也多少犯有裡面類似的過錯，底子算不上清白。

那麼，為什麼反家康陣營仍然不顧被人質疑「雙重標準」之嫌，仍然要向各大名發出這個彈劾狀呢？

答案其實很簡單，那就是因為其他大名大部分根本不知道這些內情。在秀吉死前，諸大名的確受秀吉之命，宣誓效忠秀賴，而且知道大名之間不可私自聯姻和結盟的規定。

不過，至於家康、利家等五個「顧命」大名和三成等五名奉行互相交換的誓書，以及處理家康私婚，乃至家康與景勝和利長之間的問題，其實一直都沒有一個「官方消息」解說。也就是說，眾大名頂多就是聽到一些小道消息，卻無法從政權的最上層裡得到確切的答案。

最好的明證就是當家康與利長有隙，以及家康討伐景勝時，長期留在大坂的島津義弘在寫給兄長和兒子的書信裡，都只能說「不知是什麼緣故」來說明兩件事的成因，足見當時的政局其實不如我們想像那樣清楚明瞭。身在其中的島津義弘尚且如此，身在局外，或者當時不在京坂的其他大名對情勢的掌握程度，就更加可想而知了。

其次，就算大名們多少知道一些內幕，但現在三奉行是以「秀吉的恩義」，以及「對秀賴的承諾和忠誠」作為感召，大名們對事態真相的了解與否，並非三奉行以及反家康陣營在乎的問題，他們要求的是無條件的絕對效忠和加盟而已。

因此，雖然彈劾狀充滿漏洞和問題，但三奉行頂著「豐臣政權」和「守護秀賴」兩個光環，只要秀賴、其母淺井氏（茶茶）又或者具有權威的北政所不出面否認，三奉行和反家康陣營將順利獲得最大的正當名分。

另一方面，一直在水面下活動，協調反家康行動的石田三成終於在七月十八日率兵入京，參拜豐國神社。至此，三奉行與三成結合起來，意圖推倒家康已是眾人皆知的事實。

由於反家康陣營已經控制了大坂，並以豐臣秀賴為號召，呼籲大名們加入陣營也是更加輕而易舉，被家康弄得焦頭爛額的宇喜多秀家，以及一直留在京坂的島津義弘已經加盟。

截至七月十八日，已經控制了大坂的反家康陣營開始了他們的軍事行動，而家康陣營在上方的最後據點伏見城也是岌岌可危，七月十九日，毛利輝元的大軍號稱六萬人殺進大坂。同日，死守伏見城的德川守軍派人燒燬了三奉行在伏見城內的宅第，而以毛利秀元為主的反家康陣營軍隊，連同直屬豐臣秀賴麾下的鐵炮（火繩槍）隊剛開始圍攻伏見城。

自七月二十三日起，另一名與豐臣家有淵源的大名·小早川秀秋也加入了圍攻伏見城的行列。晝夜不停以火繩槍為主的攻擊已使伏見城內的德川守將疲憊不堪，隨著守兵每天折損，伏見城的陷落已是時間的問題。巨大的槍炮聲震耳欲聾，就連十公里外的京都市區也能清楚聽到，引來貴族、僧侶和百姓抱著旁觀者的心態，紛紛走到高處，遠眺伏見城的攻防戰。

經過近兩週的猛烈攻擊後，八月一日，伏見城終於被反家康陣營攻陷。其中，鳥居元忠力戰至最後一刻，知道已經是回天乏術，於是與松平家忠、內藤清長等守將一起在城內自殺身亡，元忠的首級被出身雜賀的鈴木重意拿下，而伏見城內一千七百名守卒也全數戰死（《義演准后日記》）。

至此，德川家康在大坂、京都的據點已經悉數被反家康陣營奪回。隨著伏見城破，響應反家康陣營的大名也陸續增加，而且大部分是位於西日本的大名。

從那天起，以大坂和西日本為中心的反家康陣營，與身在東日本、以家康為中心的家康陣營形成了「東西對峙」的局面。曾經以「官軍」身分出戰的家康和麾下的大名們頓時成為「賊軍」，與奪下大坂和政權控制權的「新官軍」為「誰是正義」展開新階段的鬥爭。因此，我們可以說，伏見城破的八月一日足以視為豐臣政權正式分裂成東、西兩陣營的關鍵日子。

所以，本書在接下來的內容裡，將「反家康陣營」轉為稱作「豐臣西軍」，而「家康陣營」則稱為「豐臣東軍」。

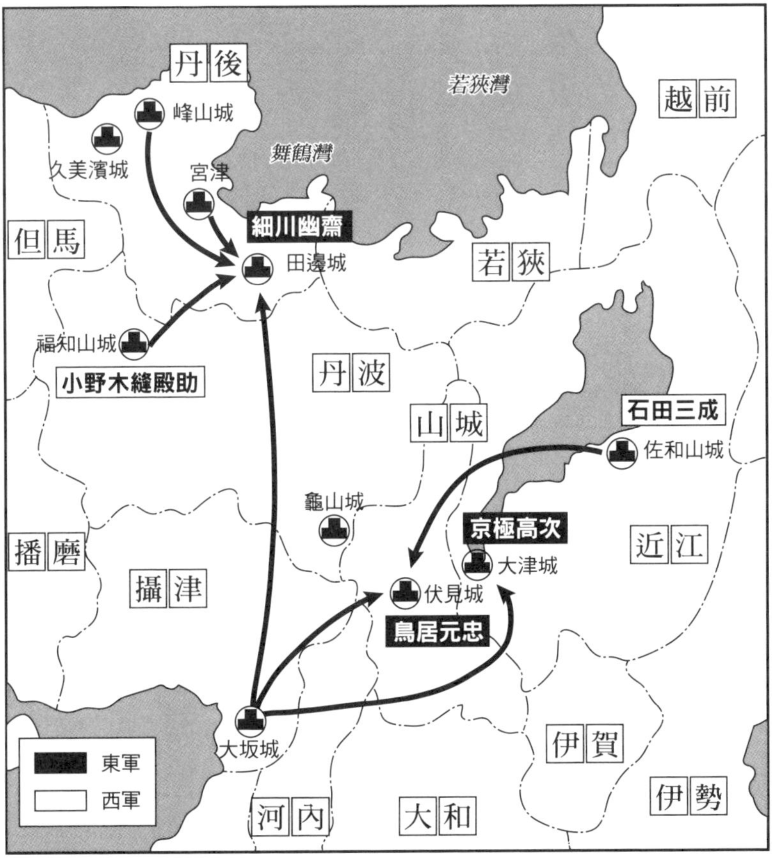

豐臣西軍於近畿地區的行動

「關原回想」之二——

死而後已的鳥居元忠

鳥居元忠（Torii-Mototada，一五三九——一六〇〇）生於三河，父祖代代侍奉松平家，元忠比主君德川家康年長三歲，從小便與家康一起長大，感情上分屬手足兄弟。

說到鳥居元忠，各位讀者大概也只能想起打響了關原之戰的伏見城之戰，其他有關元忠的事蹟也幾乎可以說是乏善可陳。的確，作為世代效忠松平（德川）家的老臣家族，又被後世列為「德川十六將」之一，相比聲名遠播的「德川四天王」，鳥居家的功績雖不至於說是微不足道的，但在當前德川家普遍人氣不足的情況下，加上原本三河武士們的作風便是樸實無華，他們的事蹟就更加難以受人關注了。

慶長五年六月中旬，德川家康決定率兵討伐會津的上杉景勝，當時京坂兩地已經有多種流言蜚語，認為家康遠走東北，京畿定必出現不穩。然而，家康卻還是只留下少數親兵留守京都，並且大多派去鎮守伏見城，而鳥居元忠便與松平家忠、內藤清長擔任了守城大將，當時元忠的領地為下總國矢作城（今・千葉縣香取市）約四萬石。

空穴來風未必無因，家康已遠在關東，三成等西軍也終於在七月中趁機舉兵，第一個戰略目標就是要拔掉德川方鎮守的伏見城。石田三成以毛利輝元的名義派使者要求元忠等人交出城池和無條件投降，遭到了元忠等人的嚴正拒絕。據稱元忠當時對使者說：

我等奉君命守城，縱然是豐臣家的命令，我等如沒有我君家康公的命令，絕不獻城投降。我等從猛將如雲的德川家中，獲挑選來守城，縱有百萬之軍來襲，我等亦不退不逃，速請足下攻城，感受我等武勇！

另一方面，元忠自知命不久矣，於是便在當夜寫下了遺書，命人送給了長子．鳥居忠政手上。這封遺書堪稱為三河武士以忠示眾的典範。在遺書中，元忠告知兒子忠政西軍的大軍即將來攻，但是伏見城堪稱為易守難攻的名城，敵軍也不會輕易得手。

然後，元忠便寫到自己作為家康家臣的感言說：

我對手下家臣們說，身為家康公之臣，絕不放棄該守之城，捨難惜命，示弱於敵。我等要以這次的義勇，向天下的武士示範從容赴義的根本……知恥的武士絕無貪

生怕死之道，何況忠君捨命本為武士之責，我等如今之舉，足以讓真正之武士所羨

除了訴說自己為人臣、為武士的哲學本心，元忠作為人父，在遺書後半部分也不忘在死前教諭兒子忠政。元忠說：

為父死後，你要替父善待眾弟，按其本性讓彼等各盡其能效忠主公。汝等兄弟必須和睦團結，我家先祖代代忝受德川家之恩而立，必須與德川家榮辱與共，居安思危，絕不仕二主而忘本。不可為領地所惑，為一時的不滿足而忘卻舊恩，即便只是一時心存異志，也不為人道。縱使日後天下皆與德川家為敵，我家子孫永世不降他家求存

即使自己的性命已經危在旦夕，元忠還是希望自己忠君奉公的精神能夠成為自家子孫的家訓，世代永存。據江戶初期鳥居家的家傳記載，天正十四年（一五八六）家康臣服豐臣秀吉時，秀吉便決定給家康一眾家臣加冠晉爵，拉攏人心，但元忠便以「自身不才，不受他家之恩，不忘不仕二君」為由拒絕了秀吉的好意。

不論這是不是事實，元忠重視「忠君」的為臣之道是不爭的事實。在遺書的最後部分，元忠再次告誡忠政身為武士之道：

武士惜命怕死，只會寸功不立。生為武家心無忠志，只望一身富貴之輩，必外媚他家，內圖奸謀，捨義而不知恥，終必有辱武士之名

正所謂無本立足，便沒辦法全力以赴，元忠在遺書中也教導忠政作為一方封侯，以及一家之主的心得，他說：

謹守身教，正守禮儀，主從上下和睦，為君者要對臣下多施憐憫，賞罰分明，輕重得宜，絕不可親疏有別，偏親徇私

最後，元忠以一句話總括了自己做人處事的原則：「為人之道，以實為本」。即使元忠沒有說明，但不難想像，他說的「實」就是真誠真心的忠君之意。雖然如此，我們都知道元忠最後在大軍圍攻下，與其他城將城兵一起戰死在伏見城內，伏見城也被攻陷。

順帶一提，大家可到京都的養源院，窺看當時伏見城城兵們壯烈犧牲的情況，那裡保存了據說是沾上了城兵血跡的木板，後來成為養源院的天井，就是所謂的「養源院血天井」。

德川家康在關原之戰大獲全勝後，家康感念元忠的戰死盡忠之功，封賞其子．鳥居忠政到陸奧平城（今．福島縣磐城市）十萬石。後來到了元和八年（一六二二）山形藩最上家因為內部政治對立被除封後，鳥居忠政再次獲得增加封賞，從平城轉到山形二十萬石。

元忠這種以戰死換來子孫繁榮的例子，不僅是活生生地演繹出三河武士忠勇拔群的精神，也成為在當時，以及後來重視無條件忠君奉公的江戶時代，幕府教育所有武士的楷模、江戶時代新創的武士道的藍本。

情勢轉變

當京坂的豐臣西軍敲開了討伐家康的軍事行動時，遠在數百公里外的德川家康和正在等待攻打會津指示的豐臣東軍礙於傳訊技術問題，當然不可能立即掌握上方的實際情況。

自七月初起，家康一邊接收上方的情報，一邊繼續指示北國和奧羽的大名對上杉領進行包圍，以及相關的軍事指令。到了七月二十一日，家康終於率兵前往前線基地．宇都宮，準備與其他討伐軍會合，在這之前，他的繼承人．德川秀忠已經在七月十九日率先出發，在兩天後的七月二十一日到達下總國古河（今．茨城縣古河市）。

一般的說法指家康的軍隊於三日後的七月二十四日到達下野國小山（今．櫪木縣小山市），那時候，其他隨征的大名已經陸續抵達宇都宮的前線。直至那時為止，各種報告上方情勢不穩的情報紛至沓來。究竟那時候家康收到了怎樣的消息呢？在史料上無法一一確認。

不過，按照現有史料以及這些史料的發出時間推算，那時候除了上述的增田長盛、長束正家等來自上方的報告外，已然成為敵人的毛利家也有發消息給家康。

在家康到達小山的十天前，即七月十三日，毛利家的重臣益田元祥、熊谷元直和戶元次連署一封書信給家康的重臣榊原康政、本多正信和永井直勝。內容是有關毛利家收到自家的外交使僧安國寺惠瓊於早前到近江佐和山城與大谷吉繼、石田三成會面，然後聲稱收到毛利輝元的指示回到大坂。益田元祥等人對惠瓊跟三成和吉繼見面一事大為吃驚，為了幫輝元撇清關係，以免毛利家與德川家發生誤會，於是三人決定率先通報給德川家，承諾日後再以輝元名義另作通報。

翌七月十四日，另一名毛利家臣．吉川廣家也向榊原康政報告了類似的情報。這兩封來自毛利家的書信意義重大，因為它表示了毛利家內部對於與三成、吉繼合作一事，帶有保留的態度，並且試圖將責任推給安國寺惠瓊，為毛利家逃脫嫌疑。

換句話說，即使事實上輝元並非不知情，但他在決定加入豐臣西軍的事情上，似乎有意避免與家臣、一族直接進行溝通，以免在舉事前出現不必要的爭議。然而，這個決定將成為不久後毛利輝元和毛利家史上最大的誤事，而且左右了兩個月後關原之戰的結局。

一般從上方（京坂）傳送訊息到江戶，需要約五至七天時間。這兩封來自毛利家的書信如無意外的話，理應在七月下旬（二十日至二十二日前後）送達家康的手裡。問題是家康具體在什麼時候知道這消息的呢？依照現有的史料來推測，很可能是在七月二十日或以前，也就是在出發離開江戶之前。

七月二十一日，即將到達宇都宮的長岡忠興寫給家臣的書信裡便透露，家康在此前已經跟他說，接到情報指三成與輝元很可能已經合謀的情報。先不論情報是否便是來自於毛利家臣的書信，總之，我們大抵可以推斷，家康已大概掌握石田三成和大谷吉繼正打算與毛利家內以安國寺惠瓊為首的一派起事，毛利家也似有不穩的舉動，但當時最有嫌疑的首謀者仍然是三成與吉繼兩人。當時家康就算擔心三奉行的態度取向，也還沒可能得知他們三人已然倒戈，因為家康在二十一日當天，應該還沒辦法收到四天前才公告天下的《內府違規諸條》。

那麼，家康在這種情況下，又有什麼回應，同時他又是什麼時候知道了上方已經生變，以及伏見城已經陷落的壞消息呢？

七月二十三日，家康寫信給出羽國山形城主．最上義光。家康在信中告知義光「治部少輔（三成）和刑部少輔（吉繼）向多方發信，而且傳來各種相關情報」。對此，家康命令義光，以及出羽國的大名莫要輕舉妄動，必須等待他的命令才可行動。另外，家康還對義光強調：

至於大坂方面，我已經指示對應措施，他們與我方同一陣線，我附上三奉行發給我的書信給你，以示證明。

一直以來，學者們對這封書信，都存在一個疑問：「家康究竟有沒有對義光說謊？」那麼，為什麼史學們會有這樣疑問呢？

因為一些學者指家康很可能在知道三奉行已經變節，仍然故意地向義光強調三奉行仍然與自己同一陣線，似有「此地無銀三百兩」的味道。他們又認為家康想必也考慮到各種的謠傳也從四方八面傳到不同地方，包括圍攻上杉領的奧羽地區，所以才會故意這樣說的。

另外，也有史家認為，即使家康斷定當時義光還沒能收到上方已亂的情報，但這事早晚會傳到日本全國，家康這樣做是提早打「預防針」，以免義光和那邊的大名自亂陣腳，繼而影響全局。

不過，前面提到三奉行是在七月十八日才發送抄本給家康的，到江戶最快也要五至七日的時間。所以，在七月二十三日當時，家康理應還不知道，自然也無法故意說謊。相比起來，打「預防針」之說則比較合理和具有實際需要。

那麼，家康是大概什麼時候知道情勢已變，然後又做出怎樣的調整呢？

「小山會議」的虛實

一直以來，我們都聽過在當時，家康與已經到達小山附近的諸將在七月二十四日召開了史上著名的「小山會議」，並且得到福島正則為首的大多數諸將一致同意，放棄繼續攻打會津，一起轉向西方，反攻上方。這件傳奇的故事一直被認為是強烈地影響了後來關原之戰結果的重大轉捩點，也間接地左右了豐臣西軍大名們的人生結局。

然而，近年開始有學者認為「小山會議」的發生和當中的情節都只是出自江戶時代親德川幕府的軍記物杜撰出來的虛構故事，完全不足為信，但是，也有學者認為即使「小山會議」的情節不是真的，也不代表「小山會議」沒有發生。還有，如果沒有一場會議去採得眾議，德川家康又怎樣決定之後的具體安排和戰略，使一眾大名都聽其差遣呢？

那麼，「小山會議」究竟是真是假呢？

為了不偏離本書主題，長篇大論的考證就此省略，從結果上來說，筆者認為眾人聚首一堂的「小山會議」存在的可能性的確是比較小的。為什麼這樣說呢？綜觀目前僅有的史料來看，除了肯定家康與一小部分大名到達小山外，其他大名或者在宇都宮，或者在其他地方。換言之，從史料上無法充分還原「家康與眾大名於小山聚首一堂」的場景。

歸根究柢，上面提到一般的說法指家康在二十四日到達下野國小山，但事實上在史料上，只能確認家康在七月二十八日在那裡。也就是說，七月二十一日至二十七日為止，沒有史料直接正面地提到家康和他的軍隊究竟在哪裡。而在其他的史料裡，則提到家康曾經到達了原定的前線基地．宇都宮。

例如參與豐臣西軍的豐後國（今．大分縣）的大名大友義統之子．大友能乘在當時隨家康出征會津，他在關原之戰後，寫了一封感謝家臣陪同自己行動的書信，當中提到：

今次內府公出陣，從下野國宇都宮至大坂，你一直奉侍在側，苦勞不淺

另外，幾個參與上杉征伐以及後來關原之戰的大名如黑田長政和福島正則的相關史料裡，都不約而同地提到，或暗示了家康曾在宇都宮。例如：

時治部少輔密謀之事傳到內府公耳中，當時內府公正想進軍至景勝居城．會津邊境附近，其軍到達下野小山，而台德院公（德川秀忠）則軍至宇都宮。宇都宮乃進出會津的入口，故內府公到那裡進行穩妥的配置……（《黑田長政記》）

石田治部少輔謀反……以安國寺（惠瓊）為使者，著請輝元盡早到大坂。這事被

傳達至宇都宮，家康公說「先討景勝，後向上方進軍，眾大名之妻均在大坂，於今應盡早回師上方」……（《福島大夫殿御事》）

雖然這兩份史料不算是第一手的原始史料，而且引文前後的內容十分簡略，但配合大友能乘的史料，都引領出一個共同的事實，即我們大致可以推斷家康經過小山後，曾到宇都宮，並且在那裡安排好針對上杉景勝的軍事配置後，再在二十八日回到小山，然後七月底再回到江戶。

接著下一個問題是，家康真的沒有與隨征的諸大名開會商討嗎，如果是這樣，家康到底又是怎樣跟他們確認回師上方的決定呢？

上面已經提到家康很有可能在七月二十日前後已經知道上方有變，而在七月二十六日，家康向越後的堀秀治等人通報，隨征的大名們已陸續回師上方。意味著在七月二十六日，家康已經下達了「停攻上杉，回師上方」的決定，而且各大名也在二十六日當日或之前離開下野國。

問題是，這些大名是一起出發的嗎？答案是「否」的。七月十九日，家康已經命令福島正則先行指揮自家的軍隊西上，但後來又要求正則到當時家康所在的江戶面談機要。

其他的大名則由於是各自率軍前往下野，各軍隊的速度和路線受到道路和人數的影響，自然是參差不齊。例如前面提到長岡忠興已於二十一日左右率先到達宇都宮（《細川忠興軍功記》），二十四日回師西上。反觀同樣出征的淺野幸長（淺野長政長子）則是七月二十三日到達小山，在二十八日之前才離開宇都宮，到達下總國結城（今．茨城縣結城市）。還有，另一名隨征的大名池田輝政（家康的女婿）則屬於最後才離開的一批，大約在七月二十九日才正式回師西上。

因此，按照以上的時間來反向推算，眾大名應該沒法在短時間內聚集在一起，何況進行會議呢？家康應該是在宇都宮和小山兩地分別地向眾大名傳達軍令，讓他們各自西上，回師尾張國（今．愛知縣）附近集結，再視豐臣西軍的動向，進行下一步行動。

總的來說，從以上的經過所見，「小山會議」在時間和實際操作上是極為困難的，「家康在小山與眾大名開會一致轉向反攻」或許只是後人為了方便理解，以求順理成章的故事而已。

義旗剛舉，打擊即至

回過頭來看看豐臣西軍的行動情況。當遠在下野國的豐臣東軍紛紛決定轉向反攻時，將大坂和豐臣政權控制在股掌之中的豐臣西軍，早已開始了針對豐臣東軍的軍事掃蕩，以及盡可能地拉攏、呼籲其他大名加盟，同時也盡快對無意加盟的大名進行打擊，迫使他們。其中一個主要對象，當然就是正要面對家康來襲的上杉景勝。

七月十五日，即發出《內府違規諸條》前兩日，已經加入豐臣西軍的島津義弘寫信給上杉景勝。雖然信中沒有直接提到「打倒家康」的文言，但義弘則提到「要實踐對秀賴公的忠義」，向景勝展現出善意，暗示了有意聯合上杉家，一起針對家康和豐臣東軍，進行軍事合作。

八月一日，豐臣西軍順利攻陷了伏見城，意味著豐臣西軍在打倒家康，從京、坂驅逐家康勢力的行動取得了重大的成功。不過，這不過是一個開端，豐臣西軍的最大目標仍然是以軍事行動將德川家康打倒，徹底地不讓他能夠再次獨擅專權，削弱甚至消滅德川家也是他們的選擇之一。

為此，擺在豐臣西軍面前的戰略目標有三。其一是趁家康未發現有異，並且率領隨軍出征會津的大名們殺回來之前，確保京坂和周邊地區都完全成為豐臣西軍的控制區。

其二是盡可能拖延家康與豐臣東軍回師的速度，換取第一個戰略目標得到更多時間來完成，其中一個已經實行的計劃，便是與會津的上杉景勝聯繫，期待上杉家在奧羽地區拖住家康與豐臣東軍，在後來，當豐臣東軍西上時，則希望上杉景勝隨即南下，進行追擊。

最後第三個目標則是通過這兩個戰略目標的達成，使邊緣地區如九州、奧羽的大名們乘勢加入豐臣西軍，導致豐臣東軍陷入孤立無援、四處皆敵的困境，從而迫使豐臣東軍內部瓦解，喪失與豐臣西軍敵對的力量。

當然，要達成上述的三個目標，存在不少的難題和挑戰。當時的通訊技術十分落後，要以最快速度掌握己方軍和敵對的豐臣東軍動向，存在十分大的困難。同時，在豐臣西軍的手裡，也並無足以驅使所有中立的大名無條件加入的力量。更坦白地說，他們心裡也沒有對這些仍然處於觀望態度的大名抱有信心。

在當時，巨人秀吉倒下後，諸大名既想藉機為家族圖利，同時也在觀察下一個強人會否出現。即使端出豐臣秀賴作為號召，諸大名為了保證家族的前途安全，不到關鍵時刻是不會完全地倒向任何一方的。

事實上，就在豐臣西軍高舉反家康大旗後不久，以毛利輝元為首的豐臣西軍在近織展開攻勢，以圖強化對京坂區域的控制之時，在眼皮底下遇到一個棘手的問題。那就是原本已經加入豐臣西軍的大津城主．京極高次突然倒戈，明示自己加入豐臣東軍的立場。

京極高次是傳統武家名門，兼近江國北部的領主．京極家的當家。京極家自戰國時代的初期，便處於弱勢，一直受到自己家臣，後來成為當地的戰國大名淺井家照顧、供養。淺井家滅亡後，京極家靠著自身出自名門的價值，平安度過了織田信長的時代。

京極家到了豐臣秀吉時代，終於迎來了春天。高次的親姊姊．龍子成為了秀吉的妻子，其寵愛程度甚至與著名的茶茶（秀賴生母）不相上下。因此，京極家與京極高次，還有他的弟弟．京極高知也「家憑姊貴」，分別成為了近江大津城的城主和信濃伊那郡（今．長野縣飯田市）的領主。

不僅如此，高次獲封的大津城本是守護進入京都的東面關門，以及琵琶湖西南岸的水陸連接要地，在戰略的地理位置上十分重要，足見豐臣政權對京極家極為重視，而且，高次更在秀吉在世時，獲得位列貴族高位的機會，又迎娶了與親姊爭寵的茶茶（淺井氏）之妹．阿初為妻。這樣一來，京極家與豐臣家，還有淺井家的關係變得更加牢固。

以上所見，京極家的中興可以說是全靠龍子而來，也可以說是靠著攀附秀吉所獲得的。或許是這個原因，豐臣西軍們似乎沒有懷疑過高次的立場，而高次在表面上也沒有表露出異樣。豐臣西軍高舉反抗德川家康的大旗後，京極高次一直以豐臣西軍的身分行動，但他其實早有加入豐臣東軍的打算，為他穿針引線的正好是他的胞弟・京極高知。

京極高知當時跟隨家康出征會津。具體的接觸已是無從稽考，但大約在七月中下旬，即家康開始接到上方不穩的情報時，高知似乎已與兄長高次聯絡，而且約定堅決成為家康的盟友。家康則希望京極高次盡力守著大津城，直到家康與京極高知等豐臣東軍回師前來解救。

然而，一直在豐臣西軍之中的高次沒有機會脫離，只好一直等待機會至九月初為止。那麼，為什麼高次、高知兄弟受盡秀吉恩寵，卻紛紛加入豐臣東軍的陣營呢？

關於高次與家康的接觸源於當日家康率軍出京，前往會津的途中路徑大津，便已經與京極高次談好，但是，沒有確切的證據。當中最大的原因還是因為秀吉死後，豐臣政權內權力架構已經改變，豐臣秀賴的生母・茶茶與北政所繼續留守豐臣政權，但原本受盡寵愛的龍子與秀吉之間並無子女，龍子在秀吉死後，也只能回到娘家終老。

換言之，京極家與豐臣家的關係算是告一段落，往日受到的榮澤恩惠也會隨著兩家關係疏遠而減少。久而久之，京極家的地位將隨之降低。最終，高次很可能只可依附著妻子的關係，維持京極家的家運，但似乎在高次、高知還有龍子三姊弟的心中，這並不是最好的結局。

站在京極家的利益而言，尋找新的發展機會是當務之急。這時候，身為伊那郡領主的弟弟．高知便發揮了作用。高知與家康是什麼時候建立起關係已不可考。考慮到高知的領地毗鄰家康擁有的關東領地，屬於受家康節制的領主之一。加上高知雖然出身名門．京極家，但所受到的恩典卻遠不如其兄。因此，近水樓台的高知選擇與當時的第二號人物德川家康接近，自是不難想像的事了。

總而言之，在七月中下旬的時候，豐臣西軍的身邊已經隱藏了京極高次這個隱形炸彈。以現在的史料來看，毛利輝元領導的豐臣西軍對京極高次起疑心，或者說擔心京極家會變故的，是在七月底的時候。

那時候正值伏見城已經處於危在旦夕之時，為了繼續執行上述的三個戰略目標，豐臣西軍除了繼續擴大自家陣營的勢力圈外，也要嚴防豐臣東軍的反攻。自七月中下旬起，京坂之地一直傳出家康已經準備率豐臣東軍，向上方殺來的消息和流言。

在那個時代，消息和流言既無法肯定，也無法否定，都必須去做出對應，以防萬一。對於豐臣西軍來說，豐臣東軍殺回來是早晚的事，已在他們的預料之中。但是，

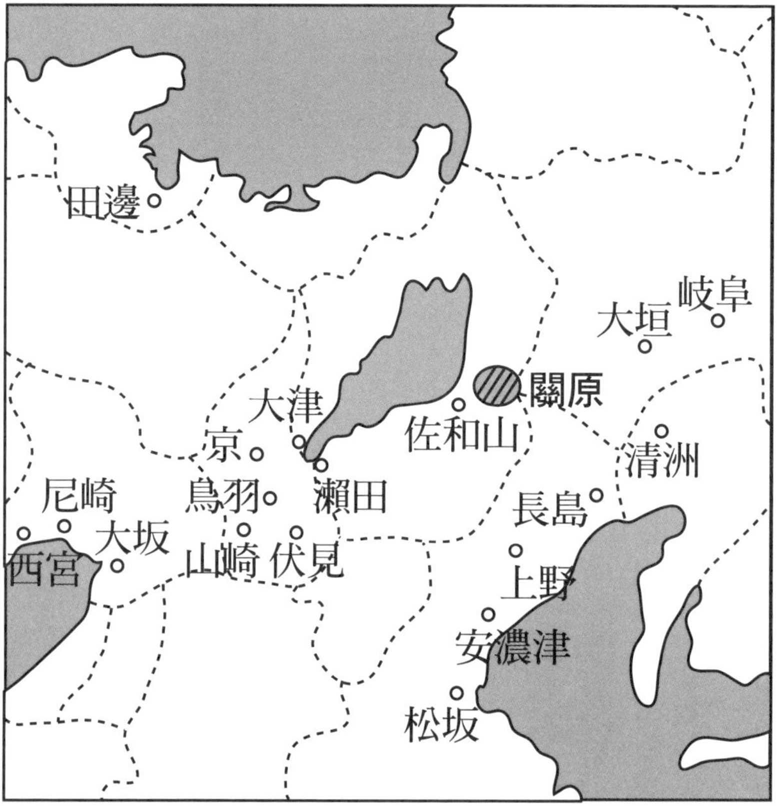

關原之戰近畿地區的關係地名

為了避免出現猝不及防的情況出現，豐臣西軍在圍攻伏見城的同時，也決定要加緊對京坂的控制，以及防範任何與豐臣東軍互通鼻息的勢力沿東山道或東海道，由東往西地闖進來。

七月底，毛利輝元派出家臣到近江國瀨田（今・滋賀縣大津市）修築橋樑瀨田橋，以及在那裡駐紮兵力守備。瀨田（史料上也寫作「勢田」）位於琵琶湖西南端、京極高次所在的大津城的東南方。瀨田所在的瀨田川自古代以來便是京都東端、南近江與外界的天然分界線。

站在上述的戰略角度而言，已經穩守京都的豐臣西軍要防止敵對勢力沿琵琶湖南岸向西進京的話，瀨田川和瀨田橋便是最後的防線。不僅如此，豐臣西軍直接派兵到本屬於京極家領地的瀨田進行軍事工事，也意味著豐臣西軍的指揮部對於京極高次的忠誠度有保留，又或者說他們早已將自己的調度，凌駕在高次的領主權之上。

無論如何，毛利輝元在七月底到瀨田修橋駐兵，對當時的京極高次而言，定必構成巨大的心理壓力。然而，豐臣西軍想對京極高次施加壓力，防止他做出不利豐臣西軍的行動，此舉在後來證實了既顯示了他們低估了京極高次這個人物，而且最終成為一個失敗的決定、致命的失誤。

第三章　烏雲密佈，戰火漫天

「今次石田治部（三成）、大谷刑部（吉繼）反逆之事，我感到萬分無奈。」

——蜂須賀家政

毛利輝元的野心

當豐臣西軍還沒法發現京極高次這個計時炸彈時，毛利輝元、宇喜多秀家、石田三成、小西行長和大谷吉繼牽頭的豐臣西軍指揮部繼續去拉攏各方勢力加盟。除了第二章提到的上杉景勝，他們還寫信給前田利長，希望前田家也懸崖勒馬，放棄繼續向家康妥協示弱。

另外，豐臣西軍又寫信給分屬豐臣家近族的木下利房（小早川秀秋之兄），還有島津義弘的兒子島津忠恆（後來改名「家久」，本書統一為「忠恆」）。前者是豐臣西軍希望利房以豐臣近族的身分，加入豐臣西軍，有利於強化正當性，以及牽制小早川秀秋。後者則是希望薩摩島津家能夠全力支持已經加盟的島津義弘。

當時島津家正苦於前節提到的「庄內之亂」，而且自從豐臣時代起，島津家的精神領袖島津義久便為了當年敗給秀吉一事，一直與豐臣政權保持距離，改由二弟・義弘和其子・忠恆（義久女婿、候任的島津家當家）來維持與豐臣家的聯繫。

因此，自起事以來，島津家大部分兵力都留在薩摩，義弘手上只有區區數百人的兵力，到後來也不過增加至一千餘人，而且基本上是全靠義弘親自寫信，以及利用個人魅力，呼籲在領地的家臣自發參戰，島津家的主力兵力還留在薩摩絲毫未動。

由於這個原因，豐臣西軍希望的不是義弘個人，而是島津家的整體加盟。因此，指揮部在八月初寫信給島津忠恆，迫使他能運用影響力，打破島津家冷眼旁觀的狀態。

在展開前田利長和島津家的遊說工作時，繼續擴大、鞏固以京坂為中心的勢力圈仍然是當務之急。然而，隨著擴大勢力圈的工作展開，對應工作也以倍數增長，本想以毛利輝元和宇喜多秀家兩大名，與石田三成、大谷吉繼和豐臣三奉行為中心的統一指揮系統也越來越沒法維持下去，取而代之的是根據負責的部分，各自地與對應的大名進行交流，再跟其他指揮部成員磋商。

可是，基於豐臣西軍的指揮部成員之間，在軍力上存在極大的差距，石田三成和豐臣三奉行等人再加上受家臣內亂打擊的宇喜多秀家、兵力嚴重不足的島津義弘，也根本無法節制坐擁絕對軍事優勢的毛利家。他們只能寄望毛利輝元依然心存對豐臣家的忠誠，以及與他們的往日交情，繼續堅守著初心。

不過，毛利輝元也並不是毫無顧慮的。我們在前節已能看到吉川廣家和毛利家重臣們對家康的態度存在分歧，恰恰輝元在調節家臣的不同意見上，未有做出積極的工作。在後面可以看到，毛利輝元試圖在豐臣西軍與豐臣東軍兩方左右逢源，盡量不得罪任何一方。

進入大坂城後，毛利輝元最為關心的，便是借助現有的政治現實，以及豐臣奉行們對毛利家的期望，為毛利家謀取最大的利益。七月下旬，輝元派家臣到瀨田完成軍事工事後，於八月初立即指派吉川廣家、安國寺惠瓊、毛利秀元以及益田元祥等重臣，配合長束正家等豐臣西軍一起進入伊勢國，攻擊那裡的安濃津城，以便控制附近的重要港口安濃津（今．三重縣津市）。

安濃津位於伊勢國（今．三重縣）中部，與尾張國的知多半島（今．愛知縣知多市）對望，是尾張灣（今日的愛知灣）西部的交通物流要地。安濃津城主富田信高是數年前死去的奉行之一．富田一白之子，原本已經跟隨家康東征，但收到了上方不

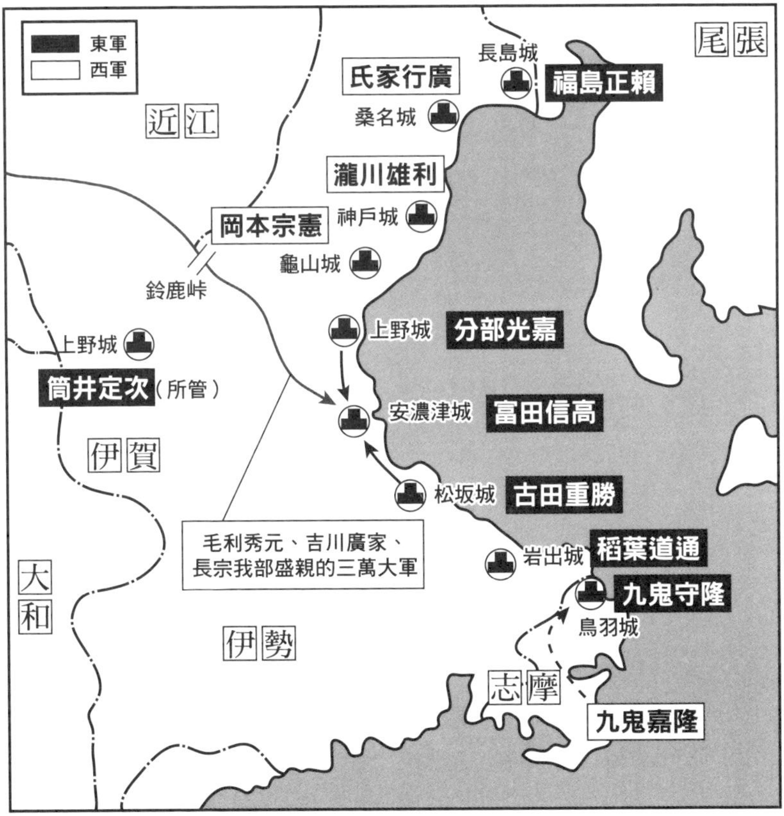
東軍
西軍
尾張
長島城
福島正賴
氏家行廣
桑名城
近江
瀧川雄利
神戸城
岡本宗憲
龜山城
鈴鹿峠
上野城
分部光嘉
上野城
筒井定次（所管）
安濃津城
富田信高
伊賀
松坂城
古田重勝
毛利秀元、吉川廣家、
長宗我部盛親的三萬大軍
岩出城
稲葉道通
九鬼守隆
鳥羽城
大和
伊勢
志摩
九鬼嘉隆

伊勢國的對戰圖

穩，三成與輝元合謀的消息後，決定與鄰近的上野城主・分部光嘉、松坂城主・古田重勝一起急速趕回領地守備。

當時的伊勢國基於地緣政治因素，大多數的領主都偏向豐臣西軍，及時趕回來的富田、分部和古田三家立即發現自己陷入孤立無援的困境。只有十分少兵力的三人之中，分部光嘉與富田信高決定集中力量，一同死守信高的安濃津城；而古田重勝則死守自己的松坂城（今・三重縣松阪市），盡量拖延時間，等待豐臣東軍回師。

另一邊以毛利大軍為首的豐臣西軍目標十分明確，就是要將這幾個豐臣東軍的據點拔掉，使木曾川以西的日本大部分都成為豐臣西軍的勢力範圍。另一方面，由肥前領主鍋島勝茂、土佐國（今・高知縣）的長宗我部盛親為首的分隊在拿下伏見城後，也一同南下，劍指古田重勝的松坂城。

可是，毛利軍出擊後不久，卻出現一個問題。其中一個奉命前往伊勢的家臣・毛利秀元要求輝元多派兵力一起進入伊勢，確保盡快處理伊勢的豐臣東軍。問題是，當時的輝元已經將毛利家臣分派各地，沒有多餘兵力增補。這個問題使秀元行軍緩慢，遲遲沒有進入伊勢投入戰鬥。

更糟糕的是，安濃津城易守難攻，城主富田信高等人僅以不足二千的兵力，決定守城不出。豐臣西軍不想太早折損兵力，於是實行包圍戰術，迫使富田信高盡早投降獻城。可是，毛利秀元的軍隊遲遲沒有到位，包圍作戰的威力被削弱，間接拖長了包圍戰的時間。

到了八月中，毛利秀元被輝元多番催促下，終於加快了南下伊勢的速度，但延誤戰機的態度卻惹得早已等待良久的毛利家臣十分不滿，益田元祥的家臣更與毛利秀元的家臣發生口角衝突。這樣前後擾攘大半個月後，毛利軍為首的豐臣西軍終於在八月二十四日決定改為力攻安濃津城，以減少時間成本。

三日後的八月二十七日（一說八月二十五日），城孤兵寡的安濃津城終於屈服於毛利大軍面前，城主富田信高和一同守城的分部光嘉接受隨豐臣西軍到來的高野山名僧．木食應其的勸告，剃髮謝罪和開城投降，被安全護送到高野山上。但遠方的松坂城主古田重勝則在幾天前的八月二十四日（諸說）抵抗不住鍋島勝茂等人的攻擊，開城投降。

安濃津城陷落後，毛利軍火速佔領了該城，不讓豐臣奉行處置，毛利輝元和毛利家借助豐臣西軍的起事，為自家圖利的計劃終於在八月底顯現出來。不過，安濃津城之戰絕對不是一場輕鬆的戰鬥，投入不少兵力的毛利軍在此戰中也死亡不少，而且由南下至完成攻擊，整整用了一個月時間。

從結果上來看，這場安濃津之戰以及松坂城之戰阻礙了豐臣西軍以最短時間完成擴大勢力圈，完全控制近畿的戰略。這個失誤不僅給予豐臣東軍移動的時間，同時也導致了豐臣西軍內部出現更多更大的隱憂。

毛利軍入侵阿波、讚岐

就在豐臣西軍打響了掃蕩京坂周邊地區的豐臣東軍的軍事行動時，毛利輝元的毛利軍分隊已經做好了出征四國的準備。首個目標便是蜂須賀家統治的阿波國（今・德島縣）。

輝元選擇率先入侵阿波的原因，是因為在豐臣西軍決定舉旗反家康前的七月十六日，即《內府違規諸條》公布前一天，身在大坂的豐臣家老臣・蜂須賀家政察覺到毛利輝元密謀與石田三成、大谷吉繼合謀之事。為此，家政寫了一封勸告信給毛利輝元的近臣・堅田元慶，希望他勸輝元懸崖勒馬，不要做出家政看來是不利於毛利家前途的事。

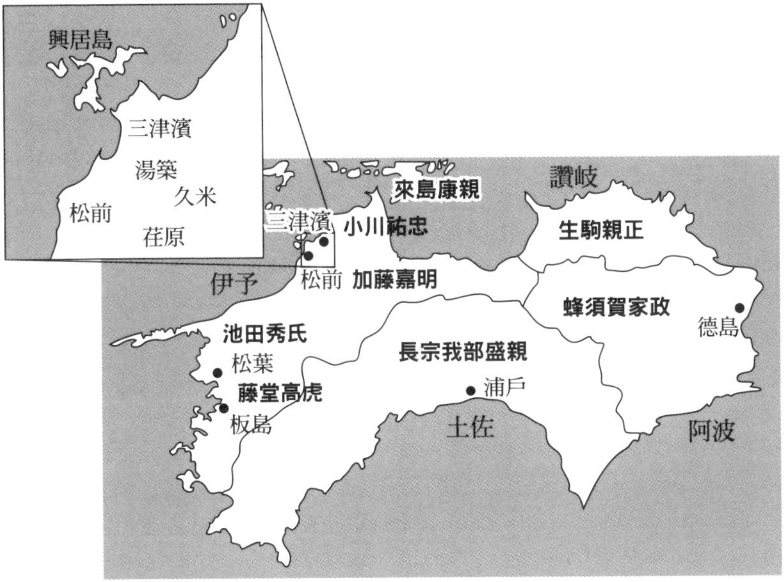

關原之戰前的四國地區

今次石田治部（三成）、大谷刑部（吉繼）反逆之事，我感到萬分無奈。我聽聞輝元公也有意與他們聯手，我實在感到十分憂慮。如果這是事實的話，將會招致世人的批判。

的確，近年內府公（家康）做了一些不當的行為，但是話雖如此，我從未眼見耳聞內府公曾對秀賴公做出不忠不誠之事。然則，貴家執意要做出違亂天下之事，實在叫人歎息，我敬請輝元公再三思量。我知道提出這樣的勸告，恐怕會驚動貴家，但我多年來與貴家的交情甚篤，故才決定直言

規勸，懇請閣下轉告輝元公。（《毛利家文書》）

為什麼蜂須賀家政會突然向毛利輝元提出警告呢？眾所周知，家政是秀吉的老朋友兼老臣．蜂須賀正勝（小六）之子。正勝在天正十四年（一五八六）五月病故前，家政已經代替老父，繼續扶持秀吉實現統一天下的大業。

正勝死去的兩年前，即天正十二年（一五八四），秀吉與毛利輝元實現和解，結束自信長晚年的對戰關係。家政與老父正勝還有黑田孝高（如水）一起擔任羽柴（豐臣）家的外交官，負責協調、維持秀吉與毛利家的合作關係。例如出兵四國、平定九州、一直到出兵關東，消滅北條家等，都由家政與孝高一起聯絡毛利家。

因此，家政提到與毛利家「多年來交情甚篤」，便是源於這個背景因素。由此可見，毛利、蜂須賀和黑田三家的關係在秀吉生前曾經維持著一段良好的關係。

雖然秀吉於天正十三年（一五八五）平定四國後，家政因功成為阿波國領主，因而減少負責毛利家的外交工作，但仍然與毛利輝元和小早川隆景保持良好關係。

然而，入侵朝鮮後，黑田孝高、長政父子因為在侵略戰中作戰失利，孝高被迫下野退隱，失去了負責毛利家外交工作的職權，改由當時已增加與毛利家接觸的石田三成全權負責，同時也與大谷吉繼建立起良好的關係。

由此可見，毛利家與豐臣家的外交關係史裡，摻和了豐臣政權新舊家臣的權力交替變遷，這一前一後的恩誼在很大程度上左右了毛利家的命運。輝元決定聯合三成與吉繼一起扳倒家康，而現在又面對家政重提舊誼，力阻輝元繼續反家康的行動。

然而，神速趕赴大坂的行動已經明示了毛利輝元自身的回應，就是無視家政的規勸，而對輝元來說，家政的相勸反過來成為了豐臣西軍確認蜂須賀家立場的最大明證。

前面我們已經提過，家政與孝高一樣，因為當年入侵朝鮮時遭到石田三成等軍監指責犯下指揮失誤之過。秀吉大怒之下，家政也被迫下野，而且漸漸遭到秀吉疏遠。家政為了保住父親與自己辛苦得來的阿波國，決定淡出豐臣政權，同時在秀吉死前，家政已將家運託付給德川家康。

因此，家政不顧犯上違反秀吉禁令之險，推動長子．蜂須賀豐雄（後來改名「至鎮」）與家康的外孫女結親，而且在出征會津時，讓豐雄跟隨在家康左右，名為孫女婿，實際上是充當人質，就是要向家康明確地表示了蜂須賀家堅定擁戴德川家的立場。

可是我們知道，當家康東去後，京坂的情勢急變。家政與家康聯姻、交出兒子隨軍東征，還有七月十六日的規勸信，均足以視為與反家康的豐臣西軍敵對的行為。結果，家政的苦勸反使蜂須賀家陷入險地。

當時家政身在大坂，只讓年少的豐雄帶少量兵力出征會津，家臣大部分則留在阿波。豐臣西軍認定家政「通敵」後，一方面對他實施軟禁，不久後家政剃髮謝罪，被送到高野山。

另一方面毛利輝元與增田長盛、長束正家和前田玄以立即以豐臣政權的名義，命令留在大坂的蜂須賀家臣轉為豐臣秀賴的直屬軍隊，而且趁阿波的蜂須賀家還沒有來得及提防，輝元另派一支由村上元吉、村上景親兄弟率領的能島村上水軍，還有佐波廣忠為首的毛利軍頂著豐臣政權授權的大義名分，火速南下阿波，在七月二十九日佔領了蜂須賀家的主城．德島城（今．德島縣德島市）。

至此，豐臣西軍在蜂須賀家幾乎沒有來得及進行反應前，順利地完全解除了他們的武裝，防範他們作出抵抗。不僅如此，輝元更發出具體指示，命令村上兄弟等人處置佔領阿波國後的善後工作。顯然，豐臣西軍起初是以輝元頂著「顧命」大名的名義，與三奉行一起下達派兵攻入阿波的命令，但到了完成佔領後，阿波國卻儼如輝元任意宰割的魚肉一樣，成為了毛利家的新領地，全權由毛利家「託管」，一直到關原之戰結束為止。

毛利家以狂風掃落葉之勢拿下阿波國的同時，南方的土佐國長宗我部家已成為豐臣西軍一員，北鄰的讚岐國（今．香川縣）和西鄰的伊予國（今．愛媛縣）北部則同樣成為了毛利軍下一個掃蕩目標。

當時的讚岐國由豐臣家老臣．生駒家統治。與蜂須賀家政一樣，當時生駒家的當家．生駒親正原本也是從小跟隨秀吉馳騁天下的老臣。比家政幸運的是，親正一方面成為讚岐國的大名，一方面仍然獲得秀吉留用，在政權內與「顧命」五大名和豐臣奉行們一起扶持秀賴。

不過，隨著秀吉死去，石田三成、增田長盛等少壯派的崛起，分屬老臣的生駒家同樣面對著家族前途的抉擇問題。結果，親正與家政一樣，將家族命運押在德川家康身上，命令長子．生駒一正率領生駒家主力跟隨家康出征會津。

因此，豐臣西軍起事時，生駒家的主力已經不在讚岐，而親正本人則帶著留守身旁的家臣等待著豐臣西軍前來興師問罪。

親正與家政的命運一樣，同樣是被迫剃髮謝罪，走上高野山隱居，而他的讚岐國也跟阿波國的命運一樣，被帶著大義名分的豐臣西軍火速佔領。此外，留在親正身邊的少數家臣和生駒軍也跟留守大坂的蜂須賀家一樣，被迫轉化為秀賴的直屬軍，一同參加了攻擊長岡幽齋死守的丹後田邊城的戰事。

阿波國和讚岐國在短時間內落入豐臣西軍的手裡，加上土佐國（今．高知縣）的長宗我部盛親已經加盟豐臣西軍，四國之內只剩下西隅的伊予國內的豐臣東軍了。

不用說，負責掃蕩伊予國內敵人的工作，自然還是毛利軍來負責。不過，這不只是因為毛利家的野心致使的，事實上，比較阿波國和讚岐國，毛利家與伊予國的淵源早在偉大的毛利元就時代便已開始。

由於與本書主題沒有直接關係，有關戰國時代毛利家和伊予國的關係史，請參閱筆者的前著《日本戰國・織豐時代史》，在此不另作冗述。

伊予攻略的敗績

在秀吉完成征服之前的戰國時代晚期，伊予國內其中兩個傳統領主——西園寺家和河野家先後被豐臣政權消滅，失去了領主的身分。而且伊予國的面積比阿波國和讚岐國遼闊，在秀吉的安排和經過兩次的調整，伊予國最終由五個領主分領，即小川祐忠、加藤嘉明、藤堂高虎、來島康親和池田秀氏。

到了豐臣西軍決起時，小川祐忠、來島康親和池田秀氏很快便決定加盟，加藤嘉明（松前城主）和藤堂高虎（板島城主）在當時已經率領主力跟隨家康東征。由於小川祐忠、來島康親和池田秀氏只是弱小的大名，即使決意加盟豐臣西軍，也無法靠一己之力征服敵對的加藤嘉明和藤堂高虎領地。

因此，平定兩地的工作，自然是由與伊予國淵源深厚的毛利家親自動手。事實上，任命前述的五個領主分治伊予前，出身毛利家，生前深受秀吉器重的名將．小早川隆景曾經在天正十三年至天正十五年（一五八五～一五八七）的兩年間短暫伊予國的中、南部，取代原來一直統治當地的名門．河野家和部分原屬西園寺家的領地。

隨著隆景後來轉封九州筑前國（今．福岡縣北部），以及於慶長二年（一五九七）死去，原屬隆景伊予中、南部成為了加藤嘉明、藤堂高虎和池田秀氏的領地，而在當地曾經為隆景效力的小領主則轉而成為三人的家臣。

基於這樣的歷史背景，毛利軍主導的豐臣西軍看準加藤、藤堂兩家的主力不在，留在伊予當地的只有臣從時間不長，又與毛利家（小早川隆景）有過恩誼的當地中小領主層，以及那些在隆景離開伊予後，沒有轉仕加藤、藤堂兩家的村落小領主，他們均未完全信服兩家的統治，處於去向、立場未定的狀態。於是，輝元決定以「先策反，後力攻」的方法，希望以最少的成本和代價拿下加藤和藤堂兩家領地。

輝元與叔父毛利元康（元就的八兒子）和前面提過的近臣堅田元慶決定派出身

中、南伊予，又曾經效忠隆景，現為毛利家臣的曾根景房陪同完成佔領阿波、讚岐的村上水軍等毛利家臣一起南下伊予，遊說當地的加藤、藤堂家臣發動武裝起事，推翻自家新主君的統治。

自八月中旬起，曾根、村上等人受命主要以謀略來促成加藤、藤堂兩家家臣謀反，待兩地的武裝起事爆發後，再派兵協助。而且，為了更快的促成其事，毛利家更邀請留守土佐的長宗我部家臣待時機成熟，以及主君．盛親的指示後，協助伊予的毛利軍南北夾擊，一舉掃平這兩個豐臣東軍的據點。

毛利家這個「先策反，後力攻」的策略從理論上和邏輯上都是合理非常的決定。不過，這個策略其實對於豐臣西軍而言，也有否定自身的大義名分的意味，而且到了現實執行上，也沒有順利成事，完全出乎意料毛利家的估算。

為什麼說毛利軍的策略等於使豐臣西軍自我否定自己的大義名分呢？一如前述，小早川隆景以至加藤嘉明和藤堂高虎兩人入主中、南伊予的前提，是由於秀吉否定了西園寺家和河野家的統治。

現在，毛利家主導的豐臣西軍進入伊予，在沒有明示嘉明和高虎罪狀下，要求中、南伊予的加藤嘉明和藤堂高虎家臣用實際行動推翻主君，使兩地成為豐臣西軍的囊中物，恰恰等同於親手否定了秀吉當年的安排和配置。

說得更直白一點的話，毛利輝元為了勝利，正在致使豐臣西軍將「公戰」矮化為「私戰」，將「匡扶豐臣政權」的口號否定豐臣政權作為公權力的存在。遺憾的是，我們現在無法得知石田三成和豐臣三奉行對於這種狀況的態度和感想，然而，正如本書先前提到，隨著戰爭範圍向西擴大，坐擁絕對軍力優勢的毛利家在有意無意間將「匡扶」與「私利」混淆在一起，只要豐臣西軍最終失敗而回，在四國的行動定將成為毛利家假公濟私的鐵證。

當毛利家正在自行走向與原本目的背道而馳、曖昧不清的路線時，毛利家針對加藤、藤堂兩家策反工作進展卻不算彰著。

留守在藤堂高虎領地內的家臣久枝家與山田家曾收到曾根景房的誘反邀請，希望他們按計劃攪亂兼奪取藤堂領的控制權。雖然具體的交涉經過和內容沒有史料記錄下來，但根據江戶時代藤堂家的史料《公室年譜略》等記載，這兩家最終並沒有任何動心的跡象。

而根據江戶期宇和島藩時代的地誌《宇和舊記》的記載，一直居住在藤堂領的西園寺家前家臣，當時居住在宇和郡（今．愛媛縣宇和島市）的藤堂家中下級家臣．三瀨六兵衛接受了毛利家的勸誘，連同西園寺的舊臣和鄉村百姓一同發動武裝起事，但由於規模較少，三瀨六兵衛的起亂很快便被當地的藤堂家臣，以及其他不願支持起事的鄉村百姓聯手鎮壓下來，六兵衛本人也戰死沙場。

結果，在僅少的史料上看，毛利家試圖通過策反戰略，誘使鄉村百姓和不忠家臣顛覆藤堂高虎在伊予板島（今・愛媛縣宇和島市）統治的計劃就此失敗。幸然，毛利家在藤堂領的挫折所受損失絕少，對毛利家本身的影響也較少。

然而在另一邊，加藤嘉明控制的伊予松前城（今・愛媛縣大洲市）的策反工作則遇到較大的損失。

與藤堂領的情況一樣，加藤領內也似乎有出自河野家，地位不高的家臣打算串通毛利家起事，但卻未成氣候。反之，也有剛加入加藤家不久的家臣堅決拒絕了毛利家的利誘。例如原本出身自喜多郡的領主，後來輾轉投身加藤家的萩森城主・萩森元教這樣回絕了毛利家：

我只不過是地位卑微之輩，不管貴家怎樣說，我也無法做出像樣的貢獻。我但憑按照加藤公的指示行事，除此之外，別無他想（《萩藩閥閱錄》）

先不論加藤嘉明有何等魅力，不使萩森元教放棄忠義。總之，毛利家的策反計劃在八月底為止都沒有取得可觀的成績。進入九月初，毛利輝元開始憂慮伊予的攻略進度，決定改為直接派兵入侵伊予松前的加藤領，待成功後再迫使陷於孤立狀態的藤堂家臣投降，或者再一舉滅之。

九月十日，已在當地等候機會的曾根景房、村上元吉等人與從廣島港出發到達伊予松前的增派部隊合流前後，決定再次嘗試策反松前當地的鄉村百姓和有力土豪，希望能夠裡應外合，以最快的速度和最小的成本達成目標。村上等人對他們說：

秀賴公以加藤卿與內府同流合污，對豐臣家有輕忽緩怠之舉，著令輝元公派我等前來討伐……上方指示，如發現堅持跟隨加藤卿的人，必即討滅，誅其親人。請將此訊轉達至周邊鄉村，以作警示。

這個帶著強烈威嚇訊息的勸告多少顯示了毛利家當時的焦急之情，但是，如萩森元教的回絕一樣，毛利家再次輕視了加藤領民的勇氣，結果迎來一場名為「三津濱奇襲戰」的失敗。

九月十七日晚，毛利軍從興居島前往松前城的途中，於三津濱遭遇加藤守軍與鄉村百姓發動奇襲，導致村上元吉和曾根景房等將領戰死，剩餘的毛利家幾經戰鬥下，憑著軍力優勢，殺退了加藤軍後，成功撤回興居島。

此戰中，加藤軍雖然也死傷無數，但三津濱之戰的失敗使毛利家不得不改變入侵伊予的計劃。只是，早已準備十足，又兵力較多的毛利軍沒有因為三津濱之戰的失敗而放棄掃蕩加藤領的計劃。數日後，毛利軍重整旗鼓後，決定繞道向東，向位於內陸的久米和如來院（今・愛媛縣松山市）挺進，試圖擊破當地的加藤守軍，再南下松前城。

九月十九日的如來院之戰中，毛利軍終於扳回一局，擊敗了那裡的加藤守軍，再在四日後（九月二十三日）的三津木之山之戰裡再下一城，兵鋒直指西南方的伊予松前城。但正當毛利軍以為久經辛苦後，終於可以完成征服加藤領的時候，廣島的毛利家本部於九月二十四日派人到伊予，指示當地的毛利軍從速撤退。

這是因為在三津木之山之戰爆發的八日前，關原之戰的本戰已經結束，毛利家的豐臣西軍已然敗北，在伊予的攻略戰既已經沒有繼續下去的必要，毛利家也急需尋求與德川家康和解，減少影響求和的不利因素。

激戰奧羽——佐竹義宣的苦惱

視線從四國轉到本州東北的奧羽地區，隨著德川家康於七月下旬決定放棄親自攻打上杉景勝，改為先讓繼承人・德川秀忠暫時留守，配合次子・結城秀康在北關東與當地親家康的領主一起監視上杉家的舉動。與此同時，家康命令隨軍的豐臣東軍大名向西反攻，家康本人也在七月底經小山回到江戶，靜觀其變。

家康的決定影響殊大，不僅影響到與豐臣西軍的主要戰鬥的發展，更加改變了陸奧、出羽和越後三地的局面。首當其衝的，便是原本抱著必死的覺悟，打算對家康拚死一搏的上杉景勝。家康北上的壓力突然消退後，留下來的結城秀康和德川秀忠兄弟守著「只監視，不進攻」的方針，只要上杉景勝不南下，便不會輕易介入戰鬥，只由得原本奉命從四方包圍上杉領的越後、奧羽大名繼續面對上杉家。

如今，家康將放棄攻打上杉的消息傳達給最上義光、伊達政宗等大名後，奧、羽、越三地的大名為之大震，他們十分明白沒有家康主攻，單靠自己的力量，即使聯合起來也遠不能對抗坐擁一百二十萬石的巨人・上杉家。

既然家康現在等同拋棄了自己，那麼向新強人・德川家康示好效忠的必要性也相對減少，奧、羽、越三地的大名首要的目標便更改為怎樣可以保住自己的家當，避免

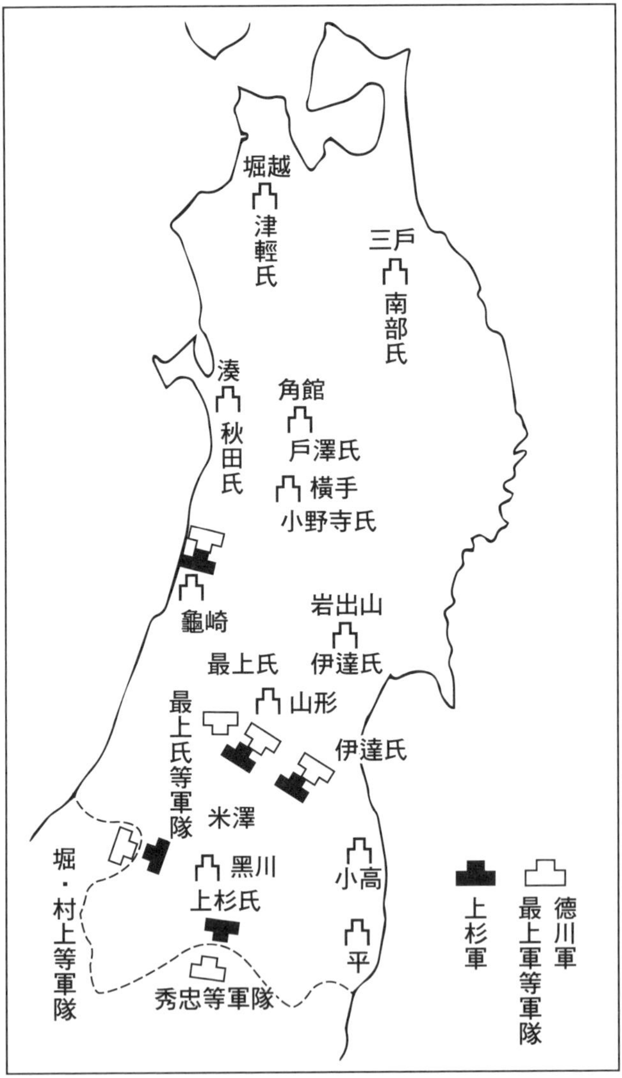
堀越
津輕氏
三戶
南部氏
湊
秋田氏
角館
戶澤氏
橫手
小野寺氏
龜崎
岩出山
伊達氏
最上氏
山形
最上氏等軍隊
伊達氏
米澤
堀・村上等軍隊
黑川
上杉氏
小高
平
秀忠等軍隊
上杉軍
德川軍
最上軍等軍隊

奧羽（東北）地區的對戰圖

成為上杉家出氣的目標。至此，德川家康發起的「上杉征伐」戰爭已經變味走樣，完全變成了區域性的戰爭。

至七月底為止，當時的奧羽地區內只有伊達政宗率先向上杉家發動進攻，其他的大名們聽聞家康西走後，都紛紛從前線回到自己領地內一邊靜觀其變，另一邊為了自保，私下與上杉家接觸示好，顯得立場曖昧不清。

南奧的領主．相馬家和常陸的佐竹家都在家康離開後，放棄了對上杉家展示戰鬥態勢。勢孤力弱的相馬家自然不敢惹動鄰居上杉家，至於佐竹家的情況則更為複雜。

佐竹家的當家．佐竹義宣本來就跟上杉景勝、還有石田三成關係不錯。與上杉家的交情本來就可追溯至戰國時代中期，佐竹義宣的父親．佐竹義重便跟上杉景勝的舅舅．上杉謙信一起合作對抗後北條家，一直到了豐臣時代消滅北條家為止，佐竹與上杉兩家都保持良好的鄰居關係，這次家康討伐上杉景勝，佐竹義宣受命一同出兵，當時義宣的心境可想而知。

至於與石田三成的關係方面，佐竹家自天正十七年（一五八九）六月正式加盟豐臣政權後，便與豐臣政權內負責佐竹家外交工作的石田三成交情深厚，佐竹家當初的意圖是想通過巴結石田三成這個政權要員，確保獲得豐臣政權以及秀吉最新、最快的旨意，以保家族安泰。

自去年豐臣七將糾彈石田三成等人時，佐竹義宣也曾施予援手，協助三成逃到伏見。七月底，佐竹義宣收到三成的聯絡，得知豐臣西軍已經決起，同時，已經加盟豐臣西軍的上杉家也派使者遊說佐竹、相馬和岩城等交情不錯的領主一同反抗家康。與三成、景勝的交情使原本答應幫助家康討伐上杉家的佐竹義宣左右為難，陷入了進退失據的困境。

但是，即使義宣與石田三成的私交甚篤，但服從豐臣政權以來，唯唯諾諾地接受豐臣政權的改造，以及受命無條件地奉獻人力物力的代價之大，也讓佐竹家內部產生了不滿。而且，佐竹家本來也與德川家康沒有交惡，關係也不下於上杉家。當義宣與三成過從甚密時，已是退休之身的父親·義重以及家中第一重臣·佐竹義久都紛紛向德川家示好，以保兩邊不失。

這個複雜的矛盾在豐臣西軍與豐臣東軍的對決裡，產生了巨大的影響，間接改變了佐竹家的命運。

在這個暗潮洶湧的關鍵時刻，佐竹義宣做出了最大的決斷，就是決意站在友好的石田三成和上杉景勝一方。七月底，德川家康正在退回江戶的時候，心知卡在關東與會津之間的佐竹家去向立場將是一個關鍵因素，於是要求佐竹家交出人質，以示不會在家康背後做出不軌之舉，但遭到了佐竹義宣的冷淡回覆。

回絕家康要求的時候，義宣和北鄰的相馬義胤已經開始與三成和景勝頻繁通信。八月初，義宣通過表兄弟‧結城朝勝向上杉家透露自己已經回絕了家康交出人質的要求，而且向上杉景勝要求支援。

結城朝勝原本出身下野宇都宮家，與上杉家的關係之好不下於義宣，他的生家宇都宮家在天正十八年（一五九〇）的小田原之戰後被秀吉褫奪了領主的地位，朝勝便以客將的身分來到母親的生家佐竹家。奧羽風雲變色之際，朝勝希望促成上杉與佐竹兩家的同盟，換來他日生家宇都宮家的復興。

在朝勝的推動和自己的真心驅使下，義宣一步一步走向豐臣西軍陣營。八月七日，三成寫信給義宣，確認義宣有意加盟豐臣西軍後，三成說：

從會津方面已經多次向我方傳遞消息說，伊達、最上、相馬皆向上杉示好，現在就是貴家與他們各家一同共討家康的最佳時機了，

三成提到伊達政宗與最上義光均向上杉景勝示好，但事實上如後面所述，前者早已積極地為奪取故土，向上杉家發動攻擊，而後者則將成為上杉家發起反攻第一槍的首要靶子。遠在上方的三成自然只能按上杉景勝傳來的消息轉述給佐竹義宣知道，希

望義宣更加堅決地協助上杉景勝，一同從北方向家康發動攻擊。

話雖如此，義宣要拉動整個佐竹家都投身豐臣西軍，卻絕非易事。老父・義重在內的佐竹家臣對豐臣政權一直以來使喚佐竹家的不滿自不待言，另外還有一個重要的阻礙，就是胞弟・蘆名義廣的存在。

義廣在天正末年，在父親・義重的穿針引線下，以養子身分成為君臨會津百年的名家・蘆名家的新當家，但不久後於天正十七年（一五八九）的摺上原之戰裡被南侵的伊達政宗大敗，親眼看見蘆名家滅亡，自己則成為了末代當家。雖然秀吉曾經答應會為蘆名家討回公道，再興蘆名家，而且伊達政宗在一年後被秀吉遷至岩出山（今・宮城縣大崎市），但會津最終沒有回到蘆名義廣的手裡，卻變成秀吉之臣・蒲生氏鄉的領地；到了慶長三年（一五九八）則變為上杉景勝的領地，回歸會津的願意落空十年有餘，使義廣和老父義重耿耿於懷。

現在，義宣正積極地打算與上杉結盟，與家康為敵。一旦事成，「奪回會津」的可能性將幾近為零，可想而知，蘆名義廣心境的複雜程度也不亞於其兄義宣。

或許是這個原因，義宣當初奉家康之命出兵北上，與弟弟義廣率兵行至赤館（今・福島縣棚倉町）時，收到三成的來信和家康西上的消息後便停止行軍。不久後，義宣決定與景勝聯手，為免義廣做出不利的行動，索性將義廣單獨留在赤館守備，自已退回水戶城（今．茨城縣水戶市）。在義宣的眼裡，弟弟義廣的執念已經成為了阻礙計劃的一個問題點了。

可是，將義廣留在赤館也無法解決問題，因為這次輪到義宣的老父．佐竹義重站出來反對義宣的決定。義重不僅是同情次子．義廣的苦難，同時也是因為對豐臣西軍沒有好感，詳細的理由雖然已不見於史料之上，但明顯的是，義宣面對曾經帶領家族力抗強大的北條家，軍功、武名雙震關東的老父，義宣這次也無法像對付弟弟一樣取巧成事。

進入八月中，佐竹義宣當初爽快答應的決定，在上杉景勝眼中已經變成了雷聲大雨點小的魯莽行為。八月十九日，上杉景勝要求佐竹義宣交出誓書，保證佐竹家真的會貫徹當初的約定，但像回絕德川家康一樣，佐竹義宣這次也沒有作出積極的回應，因為佐竹家當時已經不再容許他獨自發聲。

老父、弟弟、還有部分家臣均對投入豐臣西軍持有極大保留，佐竹義宣最終也沒法交出讓豐臣西軍滿意的答覆和行動，不僅如此，在老父等人的壓力下，義宣到了九月更開始與正跟上杉景勝交戰的表兄弟．伊達政宗通信，意味著佐竹家已經轉為左右逢源的方針，不再輕易做出行動。

結果，豐臣西軍希望奧羽戰場的戰鬥盡早結束，期待上杉景勝輕鬆鎮撫奧羽大名後，與佐竹家一起南下關東，入侵德川領的戰略受到打擊，轉變為上杉家留在奥羽地區，與伊達、最上開戰、冷待主戰的尷尬局面。

力抗伊達政宗

當佐竹義宣加盟豐臣西軍的問題一直擾攘未決時，上杉景勝與伊達政宗的戰鬥早在七月中已經打響。正如前節提到，上杉景勝與直江兼續對伊達政宗誓要趁機奪回故土的執念瞭若指掌，因此在準備對應德川家康北上的同時，直江兼續於七月十四日命令與伊達領只有咫尺之間的白石城守將們加強防衛，又趕緊加派兵力協防，一旦發現伊達政宗南侵，必須盡早通報。必要時兼續自己將親自率援兵前來，與伊達軍決戰。

果然不出兼續所料，政宗於七月下旬便派出心腹·片倉景綱率重兵包圍白石城。七月二十五日，兼續重點佈防的白石城便被片倉景綱的伊達軍攻下，白石城將死傷過半。收到攻下白石城的消息後，政宗立即通報給留在宇都宮的德川秀忠和在江戶的德川家康。政宗又向兩人通報伊達軍將會繼續向內陸的桑折郡（今·福島縣伊達市）方向推進，下一個目標就是位於中央地區的福島城。

不過，結果證明伊達政宗攻下白石城，對上杉景勝而言不過是一個很小的損失，面對上杉家層層防衛的戰略，伊達政宗軍越往內陸的桑折、伊達兩郡入侵，受到的阻力也越來越大。

白石城之戰翌日，伊達軍本想乘勝追擊，聯絡當年屬於伊達家麾下的當地小領主一起發動武裝起事，配合伊達軍攻擊西南的川股城和大館，但隨即被福島城趕來的上杉援軍擊敗而回，迅速攻打福島城的計劃也受到了阻滯。

保住川股城和大館，成功阻止伊達家全速深入，對上杉景勝和直江兼續來說是一個關鍵的轉機。恰好到了七月底，德川家康轉向西上的好消息傳來，意味著上杉家南方戰線的壓力大減，對伊達政宗和最上義光而言，則是意味著自己將要獨力頂著上杉家的反攻。

七月二十七日，直江兼續眼見形勢好轉，立即組織反攻，下令伊達郡的守將盡力拖著伊達軍，直到伊達政宗的主力軍到來後，再實行全力擊破。另一邊的政宗知道家康遠去後，為免自己的優勢盡失，立即寫信要求家康下令留守下野的德川秀忠等人全速北上突破白河關（今．福島縣白河市），務求從南方牽制上杉軍的注意。另外，政宗又要求家康向山形的最上義光下令，要求最上軍南下入侵上杉領中北部的長井郡

（今．山形縣米澤市），迫使上杉家面對多線防禦的困擾，從而削弱防衛伊達家的力量。

為了強調後果的嚴重性，政宗向家康警告說：

萬一貴方的行動有所延誤，必使包圍上杉的諸方大名產生錯覺，繼而發生對我方不利的事情（《伊達家文書》）

當然，政宗的警告並非危言聳聽，奧羽大名加起來的兵力才差不多與上杉家看齊，只要失去了外援助攻，弱小的奧羽大名根本無法與上杉家一戰。更可能的結果將是奧羽大名們為了自保，陸續暗通上杉家，奧羽地區也因此成為豐臣西軍的另一據點。

不過，政宗的擔憂並沒有被家康充分接納，家康仍然決定在八月初回到江戶，同時也指示秀忠、秀康等留守軍只作守備，不主動出擊，而最上義光比伊達政宗兵力更少，其領地的西北方和南方兩面均與上杉領接壤，即使家康下達指示，也無法單獨對上杉景勝構成重大威脅（後述）。

大戰當前伊達軍已逐漸陷入孤立無援的局面，伊達政宗在八月中旬左右決定修改戰略，一邊指令片倉景綱加緊補修剛奪下的白石城，又暫停了對上杉軍發動強烈的進攻，改為派出小部隊在兩軍交接的區域作騷擾，再派出部隊南下進攻梁川城（今・福島縣伊達市）。

上方的豐臣西軍已然決起的消息傳到奧羽後，弱小的小大名們更加不願意出戰，就連與伊達領北部接壤的南部家也疑有暗通上杉的跡象。這些不利的因素都迫使政宗進一步改變策略應對。

而上杉家當時的戰略很簡單明確，就是趁當前只有伊達家一個「出頭鳥」的情況下，集中火力並且盡快迫使伊達家投降，或倒戈投向豐臣西軍。只要最有力的伊達家轉變立場，其他的奧羽大名也必然倒向上杉家。

當上杉家在直江兼續領導下，打算加強反攻伊達政宗的時候，卻收到來自政宗的停戰邀請。八月七日，政宗得知上方情勢急變，以及家康西走的真正原因後，為免遭到上杉家猛烈還擊，以及保存實力，秘密地向上杉景勝和直江兼續提出停戰要求。然而，直江兼續並不相信政宗真心求和，一邊跟政宗交涉，一邊繼續指示下屬加強福島、梁川兩地的防衛工事。

另一邊政宗的停戰要求也不過是拖延戰術，試圖打亂上杉軍的佈署。雖然兩方都在故弄玄虛，大搞爾虞我詐的伎倆，但上杉與伊達兩方在八月中以後便幾乎停止了大規模衝突，戰況陷入膠著狀態。

對於上杉和伊達兩方而言，在上方情勢未明朗的情況下，與最有實力跟自己火拚的對手胡亂消耗兵力，也絕非明智之舉。伊達政宗由主攻轉為觀望，也使上杉家可以調整佈署，看準情況再作應對。只是，上杉與伊達兩方的戰況緩和結果上使得山形城主・最上義光大為恐慌。

席捲最上領

山形城主・最上義光在當初跟伊達政宗、堀秀治和前田利長一起奉家康之命，負責從北面包圍上杉家。而且，在家康的指示下，出羽國的大名如秋田、小野寺、本堂等雲集山形城，聽從最上義光的指揮，只待家康一聲令下，最上義光便可堂而皇之地以出羽國領主之首的姿態，帶領出羽國的領主聯軍南侵上杉領，為家康立下功勞。

可是，現在家康已經棄攻會津西走，伊達政宗也在八月中暫緩與上杉家的戰事，而原本按家康指示南下與義光合擊上杉的出羽國領主們都紛紛退回領地，最上義光頓

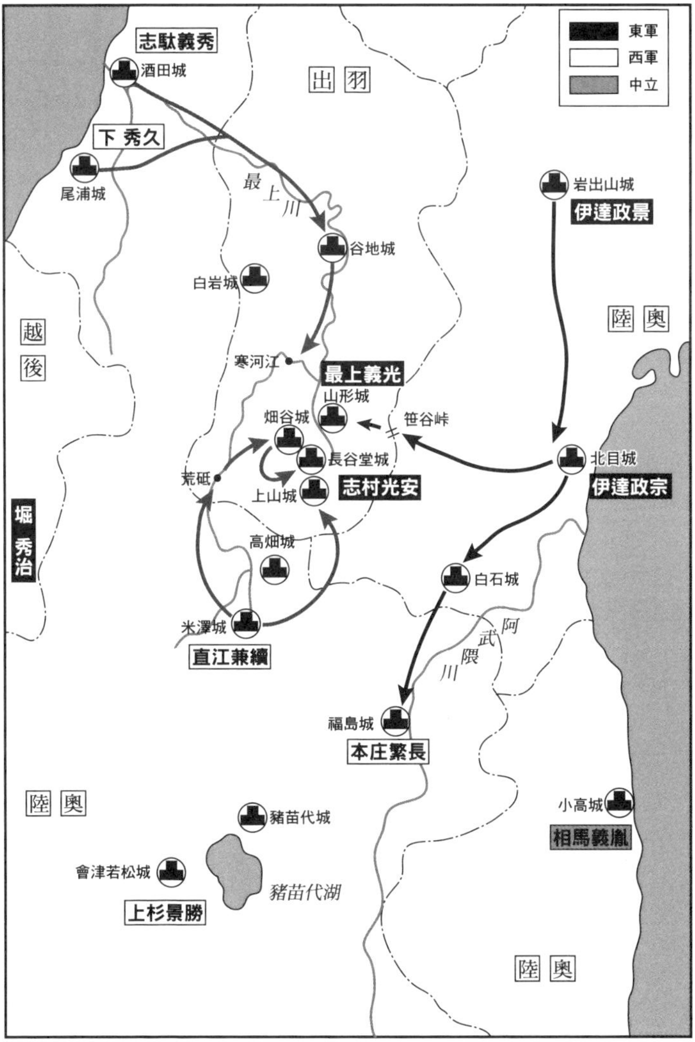
東軍
西軍
中立
志駄義秀
酒田城
出羽
下 秀久
尾浦城
最上川
岩出山城
伊達政景
谷地城
白岩城
越後
陸奥
寒河江
最上義光
山形城
笹谷峠
畑谷城
長谷堂城
北目城
伊達政宗
荒砥
上山城
志村光安
堀 秀治
高畑城
白石城
米澤城
阿武隈川
直江兼續
福島城
本庄繁長
陸奥
小高城
豬苗代城
相馬義胤
會津若松城
豬苗代湖
上杉景勝
陸奥

奧羽地區的戰況圖

時暴露在早已摩拳擦掌的上杉家的面前，而且北面弱小的最上領本來也遲早會成為上杉家的必然目標。

為什麼會這樣說呢？這就有必要交代，上杉與最上兩家在此前的恩怨瓜葛。時間要撥回到十三年前的天正十六年（一五八八）。當時，出羽國南部稱為庄內地區（今·山形縣西部），位於上杉與最上兩家的領地之間，那裡的領主·大寶寺家受到最上義光的攻擊而沒落，末代當家·大寶寺義勝是上杉景勝家臣·本庄繁長的次子。因此，最上家與上杉家為了爭奪庄內的控制權而發生軍事衝突。

同年夏天，為兒子報仇的本庄繁長在景勝默許下，大舉入侵庄內，並且一舉驅逐了駐紮在那裡的最上軍。義光自知軍事力量上遠遠不敵上杉家，於是立即向豐臣秀吉告狀，指責上杉家縱容本庄繁長發動私戰，侵吞最上家的領地。在這之前，義光已經通過投身豐臣政權的德川家康，獲得秀吉許可佔領庄內地區。因此，義光想順勢利用豐臣政權的力量，通過政治力量扳回局面。

不幸的是，義光遠遠低估了上杉景勝在豐臣政權的地位和重要性。豐臣秀吉當時亟欲解決最上義光外甥·伊達政宗席捲南奧州，攻滅會津蘆名家的問題，上杉景勝的兵力自然是必不可少的棋子。再加上與上杉景勝親密的石田三成居中協助下，最上義光的控訴被秀吉否決，庄內地區完全成為上杉家的屬地。這個結果對義光而言，自然

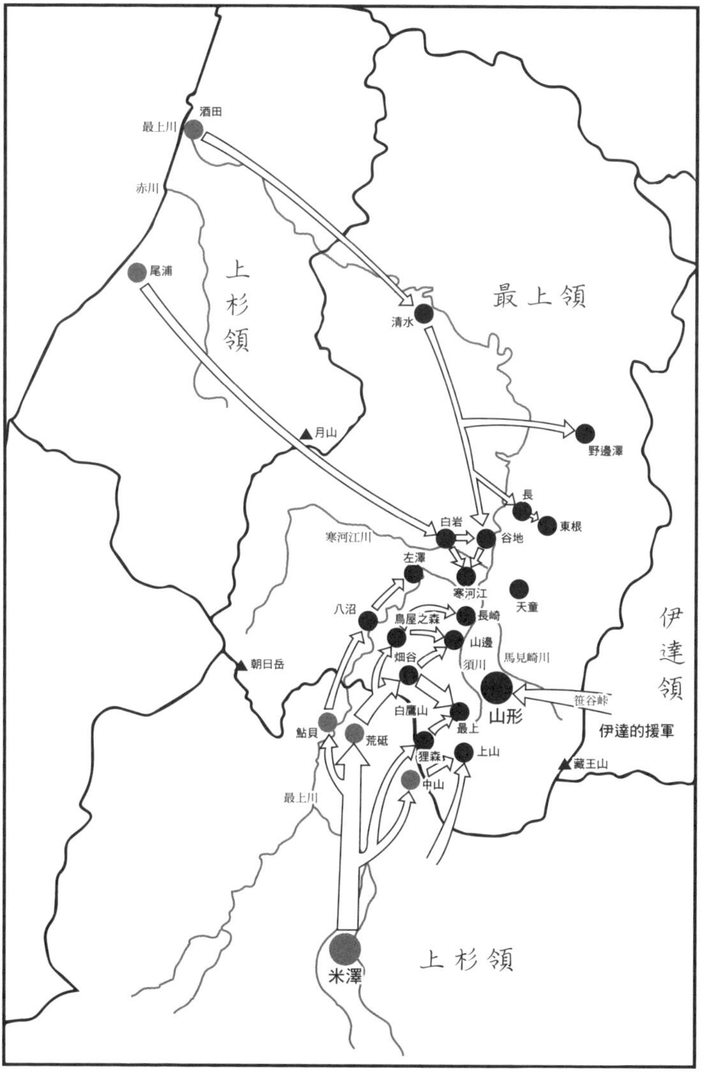
酒田
最上川
赤川
尾浦
上杉領
最上領
清水
月山
野邊澤
長
東根
白岩
谷地
寒河江川
左澤
寒河江
天童
八沼
鳥屋之森
長崎
山邊
畑谷
須川
馬見崎川
伊達領
笹谷峠
山形
白鷹山
最上
鮎貝
荒砥
伊達的援軍
朝日岳
狸森
上山
藏王山
中山
最上川
米澤
上杉領

上杉軍圍攻最上領圖

是痛心疾首。

更有甚者，事隔十年後，即慶長三年（一五九八）時，秀吉命令上杉家從越後轉封至最上領南部，庄內地區也當然繼續由上杉家控制。從地理上對最上家形成了西北、南兩方包圍之勢。

家康發動征伐上杉的軍事行動時，最上義光除了希望藉機向多年友好的家康展示忠誠，為最上家鋪定後路外，前述的歷史背景也使最上義光更積極加入打倒上杉景勝的行列之中。只是，現實的殘酷再一次使義光的計劃出現破綻。

站在上杉家的角度來說，十多年來與最上義光的恩怨也是歷歷在目的。而且，對上杉家而言，最上領正好卡在庄內與本部之間，更是一個刺眼的存在。只要將最上領完全併吞，消滅最上家，那麼不僅可以打通庄內與本部的領地，更可以成就一個幅員遼闊的巨大領土。

當然，即使以上杉家的兵力和物力，要消滅最上家絕非難事，真的要動手起來，最上家受兩方夾擊，兵盡家亡也只是時間問題。只是，上杉家要一舉成事，要麼使立場曖昧的伊達政宗在另一邊的戰線不做出太大的騷擾，願意坐視上杉家攻擊最上家（政宗母親的生家），或者在頂著政宗再次發動攻勢的同時，以最快的速度盡殲最上家的軍事力量才行。

最上義光收到政宗已與景勝停戰的消息，自知大禍必至，但考慮到自己與德川家康二十年來的交情，無法輕易地割捨。唯今之計，義光只好向上杉家釋出善意，盡量拖延上杉家來襲的時間，期待西上的家康盡快結束與豐臣西軍的戰事，使上杉家喪失戰意。

八月十八日，孤注一擲的最上義光寫了一封長長的「求情信」給上杉景勝：

今次聽聞貴家將向敝領進攻，故來信啟言。我家願從今天起，如同貴家家臣一樣侍奉左右，聽從號令（略），政宗回到領國後，便連續對貴領發動攻擊，幸未有大損。而誠如前言，我已決定追隨貴家足下，我家至今未有一兵一卒越犯貴境。如今，兵犯貴領的乃政宗，閣下卻反而向我家出動，實在使我感到苦惱（略），我願奉上嫡子義康作為人質，此外，家臣也願交出人質，但憑貴家指示而已。（《上杉景勝御年譜》）

雖然史料上沒有直接反映景勝與兼續怎樣看待義光的求情，但他們深知最上義光絕對無法獨力抵抗上杉軍，於是決定來一個將計就計之策。八月底，直江兼續代表上杉家按義光自提的條件，要求最上家交出人質，觀察義光的反應後，再出兵進行徹底的殲滅戰。兼續對下屬說：

我本不看好與最上和解之事，一旦發現最上義光使計拖延，損害上杉家的威名，屆時我將果斷下令出兵，如政宗藉機來襲，我將派出使者拖延，以暫保與伊達無戰事……我方今後出兵何處，全看最上義光的行動了。

換言之，如果義光沒有投降，直江兼續將毫不猶豫地揮軍侵襲最上領，相反，如果義光果斷與上杉家請降，那麼上杉家便將全力攻擊伊達政宗，使奧羽諸大名全數拜在上杉家軍旗之下。

八月二十五日，上杉景勝寫信給毛利輝元、宇喜多秀家、石田三成和豐臣三奉行等人，回應他們催促景勝盡快南下侵襲家康領地的要求時，景勝一方面強調自己忠於秀賴，但又不忘提到要先收拾奧羽地區的戰事後，才能跟佐竹義宣聯手，從速南下關東。

可見，上杉景勝南下的先決條件，是完全平息奧羽地區的戰亂，換言之，景勝與兼續心裡，消滅或迫降最上和伊達兩家是優先考量。雖然這個決定在實際戰況上是理所當然的，但這對於豐臣西軍急求盡量折損豐臣東軍兵力，以及打擊德川家康老本的戰略目標而言，可以說是延誤戰機的回答。只是，遠在上方的輝元與三成等人即使萬分焦急，也只能期待上杉軍能盡快結束戰事了。

幸然，三成等人不需要等待太久，十多日後的九月八日，景勝與兼續看穿了義光的拖延戰術，兼續立即親率大軍從米澤北上，經北條庄、中山嶺（今．山形縣中山町）攻擊上山、畑谷兩城，再直指義光所在的山形城。

另一方面，兼續又命令庄內的守將志駄義秀、下秀久（一名「吉忠」）等人沿最上川和朝日街道東下，分兩路攻擊最上領北部的最上郡（今．山形縣北部），與兼續的本隊南北夾擊，合共四路圍攻最上義光。

此外，兼續又邀請素與義光有邊界糾紛，北鄰最上領的領主．小野寺義道南下，突破及位山道（今．山形縣及位村）向最上領的北部進軍，以求盡快解決最上家。

小野寺家雖然是長年與最上家接壤的領主，但自從最上義光在戰國時代的天正末年（一五八二至一五九〇）崛起後，便引起了小野寺家的不安，到了豐臣時代，最上義光獲得秀吉重用，成為出羽國的代表大名。在文祿年間（一五九二至一五九五）與小野寺家爆發了邊境之爭，義光利用自身在豐臣政權的地位，壓迫小野寺義道，使心中一直不忿的小野寺家怨氣無處發洩。

小野寺家原本迫於家康指令，支援有宿怨的最上家包圍上杉家，但如今局勢驟變，上杉家又主動招手，小野寺家立即答應了要求，藉機發洩十多年來的鬱悶，從北面攻打最上領北部邊境。

雖然上杉家討伐最上領的具體兵力不明，但在四路包圍下，最上領內的諸城在兩週內接連淪陷，守備各支城的家臣大多留守在山形城，其餘的城將均不敵上杉家的狂攻，或死或降，就連各地的領民之中，也有不少見勢不利，倒向了上杉家，以求保命。

九月十三日，山形城西邊的畑谷城被直江兼續攻陷，七日後的九月二十日，兼續帶領的上杉軍已經殺至距離山形城不足十公里的長谷堂外。當時的最上領只剩下主城·山形城、西南的長谷堂城和上山城一帶力保未失，其他的諸城已經陷入無法抗戰的狀態，最上家在兵力雄厚的上杉軍狂攻下，可說是迎來了家族史上危急存亡之秋，城破滅頂已經進入倒數時刻。

就在這個時候，最上義光收到德川家康報告上方的戰況已慢慢倒向豐臣東軍，自己也明白到已經不能再坐以待斃，於是接受家臣和長子·最上義康的勸告，向一直關係不睦的外甥伊達政宗請求援兵。

驚聞最上家已經危在旦夕時，政宗決定派遣叔叔伊達政景率援兵約二千人阻止直江兼續滅亡最上家；自己則看準機會，再次率兵入侵上杉家東部的領地，直指信夫郡的福島城。

另一方面，一直無法加入豐臣西軍的佐竹義宣突然寫信給伊達政宗示好，奧羽的戰鬥正在迎來關鍵時刻。伊達政景率領的援軍在九月二十二日到達山形東部，而伊達政宗則率領主力向福島、伊達方向重新展開攻擊。

面對最上和伊達的拚死抵抗，圍攻長谷堂城的直江兼續表示樂觀的態度，認為長谷堂城陷落只是頃刻之間的事，很快便可長驅直進，圍攻最後的目標．山形城。另外，對於政宗重新來攻，兼續得景勝的指示，調派防守南方戰線的大國實賴（兼續親弟）北上米澤，防備政宗從北面偷襲。

至於上杉景勝則一直在會津若松城尋求誘出伊達軍主力後，再率領主力軍北上，在福島城附近與伊達軍決戰，一舉結束戰事，但到了九月底為止，伊達軍的主力仍然沒有投入戰鬥。正當最上、伊達與上杉仍在尋找決定性的戰機時，九月三十日關原之戰的戰報終於傳到雙方陣營裡，立即使戰況出現大幅的逆轉。

越後——另一個戰場

上杉景勝、直江兼續與最上義光、伊達政宗在南奧羽為了各自的需要而爆發激戰，但是事實上，上杉景勝、直江兼續還鋪設了另一個戰線——越後。

本書多次提到，原本稱為長尾的上杉家（史稱「長尾上杉家」）本來就是長居於越後國（今・新潟縣）的家族，到了慶長三年（一五九八）受秀吉之命，轉封到會津一百二十萬石（諸說），因此，上杉家上下大部分都離開了生國越後，跟隨景勝前往會津。

德川家康在慶長五年六月發動征伐上杉的戰事時，除了最上義光和伊達政宗外，還要求越後的堀秀治、村上義明、溝口秀勝，還有加賀的前田利長沿北陸道到達越後國東端的津川（今・新潟縣阿賀町），再等待家康的指示，必要時東進會津盆地，直指上杉家的主城・會津若松城。

這場表面上看似是兩大巨頭上杉景勝與德川家康的權力鬥爭引發出來的戰事，但事實上並不是那麼簡單。本書的第二章已經提到，引發這場征伐戰的原因之一，就是參加上杉征伐的成員之一，在慶長三年取代上杉家入主越後春日山城的堀家向德川家康告狀，指上杉家在新領地會津內有不尋常的舉動。

是否真有不尋常舉動姑且在此不論，更重要的是這背後，隱含了上杉與堀兩家的私怨。

事緣慶長三年秀吉的改封命令下達後，上杉家的首席重臣・直江兼續指示各地家臣將前一年（慶長二年）領民上繳的白米、雜糧等一部分帶到會津，一部分按市場價格賣出換成錢幣，以便到新領地時順利開展新統治，不致使家臣到達人生地不熟的會津後，為了徵集糧食而與新領民爆發矛盾。而且，上杉家轉到會津時，還將一大部分半農半兵的下級家臣也帶到會津，繼續為上杉家服務。

不過，這個有先見之明的措施卻苦了搬到春日山的堀家。由於堀家以為上杉家會留一些糧倉給接手的堀家，恰恰堀家原本的領地．越前北庄（今．福井縣福井市）的生產力不足新領地的一半，而且家臣數量也遠不如上杉家多，沒有像上杉家那樣，連半農半兵的下部家臣都帶來越後。結果，堀家本著好意，自己留了一些糧食給下一手的領主，誰知來到越後卻沒有得到好的「報應」。秀治和堀家家臣面對的是雖廣袤，但荒地多，耕者不足的新領地。

在那個時代，並沒有明文規定領主交替時要留糧食，大多是「憑良心」的。堀家面對上杉家的無情對待，又遇上秀吉在慶長三年中時，已經奄奄一息，而石田三成為首的豐臣奉行們也較為倚重上杉家，上杉家又是秀吉顧命的巨頭大名之一，堀秀治無計可施，只好反過來向上杉家借糧，先度過難關再作打算。

不過，上杉家剛到新領地，也只是靠吃老本而已，借糧給堀家也是只限一年，而且附帶利息（利率不明）。到慶長三年秋收後，上杉家便開始催促堀家還糧。堀家被迫強徵更多的糧食來還債，陷入新領民生怨，錢庫不足使用的惡性循環之中。

就在這個時候，上杉景勝與德川家康在慶長五年初爆發矛盾，堀家便在差不多時候向家康密告。雖然江戶時代上杉家的家史和同時代越後國的地誌均稱堀家是挾怨報復，欲將上杉家搞垮，擺脫財政崩潰的惡夢。不過，現時無法找到證據顯示這個說法是真的。

然而，在四月左右，上杉家得知家康意圖率兵討伐時，就曾經提到有進讒者從中挑撥，從前後狀況來看，「進讒者」很可能就是指堀家。因此，我們在後面會看到上杉家對堀家有著特別的措施，以作「回敬」。

之後的三個月，上杉家一方面集中精力去對應家康率軍來犯的防衛措施，另一方面則要佈署其他受家康指示，準備包圍上杉領的各路諸侯。

有趣的是，上杉家應對各路諸侯的措施都甚有不同。前節看到，上杉家對伊達政宗的重點是實施區域防禦，防止政宗從東北角深入上杉領的腹地。對最上義光則是一直的放置，直至伊達政宗在八月中求和後，才主動出擊，大幅動員發動侵略。而前田利長則因為在加賀與丹羽長重發生戰鬥（後述），無力西進，威脅不大，而村上義明和溝口秀勝只屬於疥癬之疾，兵力又少，根本不足為懼。

至於西邊戰線，上杉景勝和直江兼續的做法則是主動籌劃一場擾亂作戰，阻止堀家率兵前來夾攻。所謂的「擾亂作戰」就是派出一批舊臣如齋藤三郎右衛門、柿崎彌次郎等到越後，煽動當地不滿堀家強徵暴斂的百姓一起在堀領發起武裝起事。

為什麼說是「舊臣」呢？這裡要稍微交代一下背景。這批舊臣在慶長初年因為各種原因領罪，被上杉景勝開除出上杉家，沒有一起轉至會津的新領。他們分別留在後來成為村上義明、堀秀治領。因此，在慶長五年夏天時，他們數人嚴格上已經不再是上杉家的家臣。

然而，陷入四面包圍的上杉家為了解除西線的壓力，派出佐藤甚助和松本伊賀守（一說「伊豆守」）到越後聯絡這些舊臣，並且讓他們去煽動不滿的百姓一同起事。這些被開除的舊臣原來在上杉家也曾是有頭有面的分子，算是上杉家的中級家臣，而且在原來的地區也是具有影響的地方領主。因此，即使他們當時是「無官」之身，但當他們各自煽動那些仍有舊誼的百姓一同起事時，其威力也不容少覷。

那麼，上杉家的具體計畫是什麼呢？從直江兼續在七月二十八日寫給下屬・山田喜右衛門的書信中，可以窺見一二。兼續在信中提到，希望已經潛伏在會津、越後邊境的舊臣和響應的百姓們能夠在同一時間起事，使得堀家忙不過來，疲於奔命。而且，兼續的指示裡看到上杉家挑起地方武裝，目標十分明確，就是針對堀家，在旁邊的村上家（村上城）和溝口家（新發田城）則不在目標之列。為什麼呢？

數日後，兼續對喜右衛門下指示時，說：

村上、溝口兩人與我無隙，無須挑起亂事，堀家方面則必須盡力成事

村上與溝口兩家本附屬於堀家，聽從其軍事調度，但嚴格來說兩家也是獨立的領主，在上杉與德川兩大巨頭火拚時，弱小的兩家自然沒有話語權，只能在大勢力之間左右逢源，力保不失。

上杉征伐之際，村上義明與溝口秀勝既聽從家康指示，與堀家一起在西邊包圍上杉家，但同時又在家康決定不再北上時，與上杉家通消息和示好，以免招致上杉家的怒火。

上杉家也似乎認為沒有必要與整個越後國的領主為敵，而且村上、溝口也不可能無謀地單獨向上杉家宣戰，再加上上杉家與堀家已有矛盾，堀家也十分清楚上杉家的企圖，一旦讓堀家有喘息的機會，他們必定會來找上杉家算這筆帳。

於是，景勝與兼續很清晰地將矛頭指向堀家及其領地。八月初，兼續進一步向進入越後的家臣指示繼續煽動堀家領內，尤其是接近會津邊境的三條、下倉（今．新潟縣南魚沼市、六日町）兩城附近的百姓起事，再拿下兩城，引堀家前來鎮壓，甚至開出了條件，只要百姓們協助攻佔兩城，上杉家就讓他們減少繳納一半的貢稅。

值得留意的是，上杉家依靠舊臣和百姓攪亂堀家，不選擇像入侵最上家那樣直接出兵，主要是不想過分分割兵力，以免南方的德川家康一旦北上來犯時，上杉家沒辦法充裕應對。

不過，即使到了八月初，即家康已經撤出宇都宮之後，上杉景勝與直江兼續也沒有改變初衷，就算在當時，堀家派兵鎮壓親上杉百姓武裝，景勝與兼續仍然沒有大幅調兵進入越後，只是調動少量援軍去助戰。那時因為家康回到江戶後，沒有立即揮軍西上，意味著家康仍然有機會突然回頭北上。上杉家在當時正面對伊達政宗的狂攻，沒有摸清家康的動向前，上杉家仍然不敢輕舉妄動。

前節提到，到了八月中，伊達政宗與最上義光先後向上杉家尋求停戰和解，上杉家用了一週時間來觀察兩人的真意。就在差不多時候的八月二十三日，上方的石田三成向上杉家通訊，表示堀秀治已經響應了豐臣西軍的號召，很快便會出兵越後西面的越中，攻打仍然沒有表態的前田利長。

然而，這不過是堀家的緩兵之計，在差不多時候，堀家的重臣·堀親良向家康方報告，稱領內由上杉挑起的百姓起事已幾近鎮壓。堀家向豐臣東、西軍兩方都示好，以及強調自方正在為兩方盡力，以確保己方不會得失任何一方。

事實上，進入八月底，越後與會津邊境的百姓起事仍然斷斷續續的發生，一直到了九月初，家康西上的消息傳來後，堀家與村上、溝口兩家才開始明確表露出自己真正的立場，那就是站在豐臣東軍一方，與起亂百姓和上杉家為敵。上杉家方面也看到家康自江戶出發西上後，加強支援堀家領的百姓作亂，換句話說，上杉家在整個戰事上，還是釘住堀家不放，這除了因為堀家是越後國內最強的敵對勢力外，告密之恨恐怕也是上杉家對堀家執意至深的最大原因。

雖然在堀領的作戰沒有很大的成果，到了十月初，關原之戰結束的消息傳到越後與會津後，這一連串的作亂才告結束，不過站在上杉家的防衛策略而言，借助挑動舊臣和原屬百姓起事，的確成功阻止了堀家動員入侵會津，間接減輕了上杉家的壓力，可以轉過來集中精力對付最上義光和伊達政宗，只是關原之戰的主戰快速結束，完全超越了上杉景勝和直江兼續的想像和計算。

北陸戰場——撲朔迷離的「次世代之戰」

比起越後國和奧羽的戰況，北陸地區的對戰又是怎樣的展開呢？當時，前田利長交出老邁母親，作為跟家康和解的重要條件，換取家康容許妻子和胞弟·前田利政回國，以絕後顧之憂。不過，這個安排卻讓弟弟·利政甚為不滿，因為他的妻子（蒲生氏鄉之女）不在保送之列，仍然留在上方。有趣的是，這個陰錯陽差險些改寫了前田家的命運。

更為有趣和巧合的是，發生在北陸地區的最後一戰——世稱「淺井畷之戰」的兩名主角——前田利長和丹羽長重均為織田信長的女婿，兩人的父親前田利家與丹羽長秀也在信長死後，轉為協助豐臣秀吉統一天下。只是，兩名「官二代」的際遇落差卻十分大。

本書第一章裡提到，前田利家是豐臣秀吉發跡以來的好友，關係良好，但利家要到了丹羽長秀、豐臣秀長死後，才真正獲得秀吉重用。其子前田利長也是在秀吉晚年被提拔，並指令他繼承父職，匡扶秀賴。只要一切順利，前田利長和他帶領的前田家在未來的豐臣政權裡將會是不可或缺的頂樑柱。

反觀另一邊的丹羽長重卻沒有那麼幸運。父親長秀生前獲秀吉重用程度乃在前田

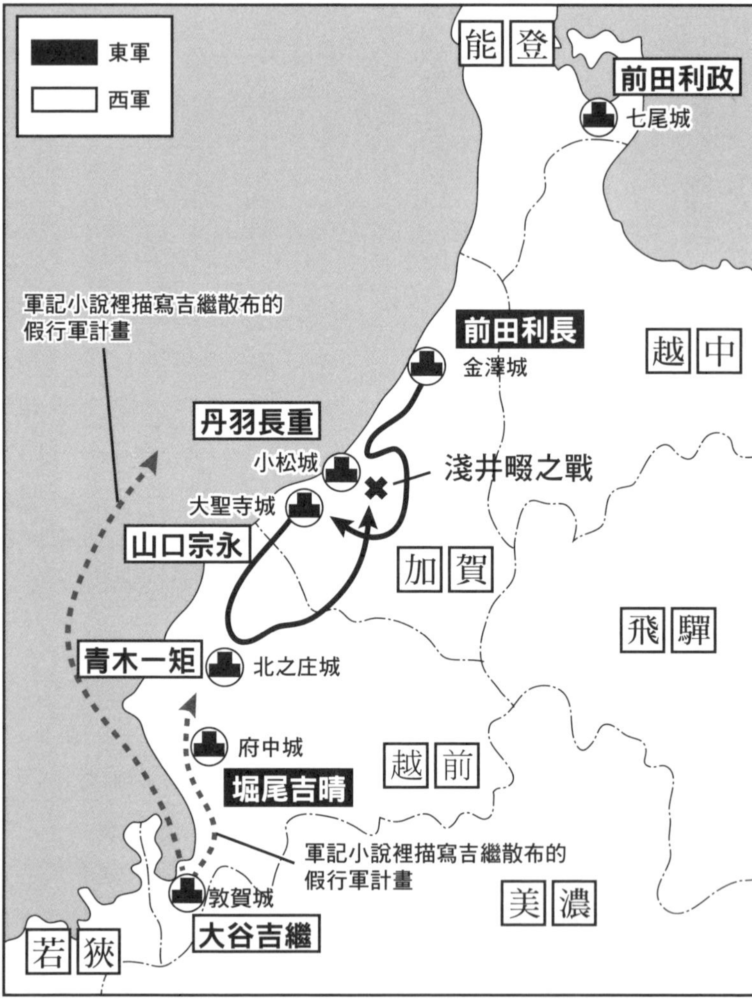
東軍
西軍
能登
前田利政
七尾城
軍記小說裡描寫吉繼散布的假行軍計畫
前田利長
金澤城
越中
丹羽長重
小松城
淺井畷之戰
大聖寺城
山口宗永
加賀
飛驒
青木一矩
北之庄城
府中城
越前
堀尾吉晴
軍記小說裡描寫吉繼散布的假行軍計畫
敦賀城
美濃
大谷吉繼
若狹

北陸地區的對戰圖

利家之上，甚至在秀吉篡奪織田政權的過程裡，長秀都扮演著關鍵作用，因此，長秀生前獲得了秀吉豐厚的領地和政治地位。

但是，當丹羽長秀於天正十三年（一五八五）死去後，秀吉以長秀之子長重才能不足，引起家臣不和，以及家臣行為不正為由，兩次削減丹羽家的封地，原本父親留下的家臣團裡，有能之才也大多被秀吉錄用為家臣，如豐臣三奉行中的長束正家、前節提到的新發田城主·溝口秀勝、村上城主·村上義明等。結果，丹羽長重僅徒有亡父留下的官位來維持家族地位，但他的丹羽家已大不如前。

因此，到了慶長五年八月當時，前田利長與丹羽長重的地位已與各自父親在世時不同，利長的封地大小為長重的二十多倍，兵力之差可想而知。然而，在後面會看到，兩人的交鋒卻在雷聲大雨點小的情況下結束了。

時間自七月上旬談起，家康率軍征伐上杉家時，原本指令前田利長率前田軍經越後國東進出羽國，攻打上杉家的米澤城。家康又指示村上義明和溝口秀勝作為嚮導，協助利長進入出羽。但是不久後，豐臣西軍舉兵的流言四出，就連前田利長也收到了這個消息，並寫信給家康，要求他盡早放棄北上會津，回上方平息不穩的局面。

另外，前節提到七月下旬，越後國與會津接壤的三條、下倉等地的百姓受上杉家煽動，爆發了武裝起事。或許是這兩個原因，利長斷然放棄了家康原本的指示，轉為率兵南下，經越前國（今·福井縣）上京。為什麼呢？

事實上，至七月底為止，豐臣東軍和豐臣西軍兩方都忙於在各自的戰場上指示、調配，但在目前的史料上，卻確認不了兩方陣營對北陸的前田利長有過什麼指示。

但到了七月底，豐臣西軍再次向前田利長招手。根據前田家重臣·村井長明的回憶，當時大谷吉繼和增田長盛等人奉豐臣秀賴的名義寫信給利長，要求利長立即加盟，並且答應事成後將把北陸道七國全數賜給前田家，但要求前田家交出人質作為保證。

然而，當利長招集重臣們到金澤城內討論時，利長表明不願身在江戶的母親·芳春院（阿松）陷入險境，不滿部分重臣支持加盟豐臣西軍的意見。結果，利長仍然決定無視豐臣西軍的要求，在七月二十六日決定反過來南下越前。

雖然現時無法找出其他史料去確認村井長明的說法真假，但可以肯定豐臣西軍為了加強整體兵力優勢和正當性，絕對有必要拉攏前田利長。豐臣西軍的首腦們在七月二十七日寫信給利長，強調家康的專橫跋扈，以及當日對秀吉、秀賴父子發過的誓言為感召，希望再次爭取利長回心轉意，只是時機已過，以母親安全為優先考慮的利長最終還是沒有答應。

這裡要留意的是，如果按照村井長明回憶錄為首的前田家史料所說，利長是因為不願母親有危險，拒絕豐臣西軍的要求，再改為南下的話，可以推斷這個行動很可能是利長自行決定，事前沒有得到家康指示的。

按照大局來看，已然明確地屬於豐臣東軍的利長率兵南下，攻打沿途的豐臣西軍，再直指上方，的確是有利於豐臣東軍的戰略目標的。

不過，站在家康的角度而言，一旦利長長驅直進，比豐臣東軍更早進入上方，家康不一定能夠再控制利長的行動。再者，利長縱使有不能與家康為敵的苦衷，但同時也沒有與豐臣西軍為敵的必然理由；一旦利長率先進入上方，會不會成為另一個毛利輝元，又或者與輝元聯手等，都不是家康可以阻止的。

無論如何，前田利長於七月底動員南下的消息在八月初已經傳到豐臣西軍的耳中。八月一日，豐臣西軍接到利長拒絕交出人質之餘，直接揮軍南下，入侵南鄰的丹羽長重領之情報，於是立即派出豐臣家的親戚・木下勝俊和木下利房兄弟前往越前北庄（今・福井縣福井市）待命，防範利長繼續南下。

不過，利長的行動卻超出了豐臣西軍的預測。八月初，利長與利政兄弟南下至能美郡（今・石川縣能美市）後，沒有直接攻向丹羽長重的小松城，而是繞山路南下，避開小松，在八月三日奔襲其西南面的大聖寺（當時一般寫作「大正寺」）的山口宗永、山口修弘父子。

關於這個戰略，江戶時代加賀前田家的史料裡基本上沒有直接解說個中的原因，但加賀藩編史時收錄的戰記《山口軍記》只提到丹羽軍曾在八月一日派出軍隊，於能美川附近的木場湖阻擊前田軍南下，但隨即被前田軍擊退。之後，前田利長便繞過丹羽領，殺向大聖寺。

然而，這裡的問題是為什麼前田利長單憑擊退丹羽軍的阻擊部隊，便可以不擔心丹羽軍的追擊，直接南下大聖寺呢？這個問題在前田家的史料裡也沒有任何答案。另外，更重要的是丹羽長重與前田利長是怎樣認定雙方是彼此的敵人呢？

在這之前，首先要說明大聖寺之戰的經過和結果，再回過來分析以上的問題，以及說明後來淺井畷之戰的發生原因。

由於大聖寺城之戰沒有其他可信史料可循，以下姑且參考前面提到的《山口軍記》的說法。

八月二日，前田軍兵臨大聖寺城下，要求城內的山口父子開城投降，再作為前田軍的前鋒，與前田軍一起行動。然而，山口父子拒絕了利長的要求。因此，利長決定力攻以節省時間，同時將部分兵力留下來擋住小松的丹羽長重，繼續率主力南下越前，再圖殺入京都。

八月三日早上，前田軍力攻之下，大聖寺城僅一天便告陷落，山口父子和城兵全數戰死。然而，由於大聖寺城將兵上下全力抗戰，前田軍也死傷不少，當中以中級家臣的死傷尤為嚴重，達十七名中級家臣戰死。這場戰鬥的成敗結果雖然沒有懸念，但引致的後果卻影響到前田軍在之後的動向。

大聖寺城之戰結束後，利長繼續率兵南下，直指越前的北庄城。按照《山口軍記》內描寫的戰略，利長留下部分兵力嚴防丹羽長重率兵南下，同時又命令留守金澤的家臣監視留意丹羽家會趁機北上。然而，在當時的史料裡，完全沒有看到利長指示家臣留意丹羽家的動向。當時丹羽家與前田家的關係仍然有待後面考證。

無論如何，利長在八月四日越過加賀國與越前的邊境，朝著北庄城方向進發。當時的越前國內，府中城（今．福井縣越前市）的堀尾吉晴雖然屬於豐臣東軍，但當時吉晴因傷，正在府中養病之中，沒有作出積極的動作。北庄城的青木一矩也因為重病的關係，同樣沒有積極地表達立場。

當時，受豐臣西軍高層指示，大谷吉繼也與木下利房和木下勝俊一樣率兵北上越前，防止前田利長南下，在八月上旬至下旬，吉繼率兵攻打堀尾吉晴的府中城，但到了八月二十五日左右因為久攻不下而放棄攻城，而且認定休養中的吉晴不會出擊，於是吉繼決定轉進北庄，共同防範前田利長。

因此，利長於八月初南下越前當時，北庄的青木一矩仍然不算完全成為豐臣西軍陣營，也沒有對前田軍做出任何有害行動。然而，前田利長軍仍然向北庄城推進。沿途的村莊百姓見上萬的前田大軍殺來，紛紛向前田軍要求防制士兵趁機擾民和搶掠。

不過，過了幾天，已經抵達越前丸岡城（今．福井縣坂井市）附近的前田利長突然率兵撤退，完全放棄了攻打北庄的念頭。箇中原因只見於加賀藩的史料，據其所載，當時屬於豐臣西軍，鄰近北庄的越前安居城（今．福井縣福井市）城主．戸田勝成（重政）派家臣．澤崎平左衛門為使者，到前田軍本營遊說前田利長退兵。他指利長現在以一家之力突破南下，孤軍深入是毫無益處的，建議利長應該養精蓄銳，待時機成熟後再出兵也不遲。

前田利長結果接受了重政的建議，決定退兵。關於利長接受戸田重政建議的原因，前田家的史料《可觀小說》稱，當時利長收到一封據稱是身在上方的妹夫．中川宗牛送來的密信，稱大谷吉繼已經進入越前，並且派出大軍沿海路北上，直接偷襲金澤城，利長判定這是真跡，於是立即撤退，以備大谷吉繼偷襲。

這個說法一般被視為是大谷吉繼故佈疑陣，欺騙前田利長回師的謀略。然而，以當時的史料來看，大谷吉繼的確出兵越前，但是目的仍然是掃蕩越前國內的豐臣東軍，並沒有直接與前田利長對戰的跡象。再者，當時豐臣西軍並沒有和前田利長完全翻臉的必要，而且也沒有更多的兵力去偷襲金澤。

所以，我們可以推斷，所謂戶田重政的遊說、中川宗牛的假信、大谷吉繼的謀略很可能是江戶時代的前田家為利長突然撤兵找理由。那麼，利長撤兵的真正原因又是什麼呢？關鍵就是先前發生的大聖寺城之戰和上方的情勢有變。

前面提到前田軍在大聖寺城之戰裡死傷超出預期，使前田利長不得不作休整外，大谷吉繼、木下利房和木下勝俊陸續到越前增援的消息、伏見城於八月一日被豐臣西軍攻陷的情報，以及越後國的友軍·堀家被地方武裝困擾的消息陸續傳到利長的耳中，在四周不穩的情況下再貿然南下，顯然不是有利可取的判斷，利長於是決定班師，待情勢明朗後，再圖南下。

五日後的八月八日（一說八月九日），終於來到了最後的關鍵時刻。利長率領前田軍回到加賀南部接近丹羽長重的小松城（今·石川縣小松市）東北面，一處名為淺井（一作「淺井畷」或「淺井繩手」）的地方，由坂井與右衛門率領的丹羽軍突然從小松城殺出，撲向正在城東通過的前田軍。

不過，利長率領的先頭部隊已經安全抵達北面的三道山山寨（今·石川縣能美市），原本在大聖寺城之戰時留在附近的前田支隊也與本軍協調，調轉過來迎擊丹羽軍的來襲。但是，由於丹羽軍先鋒大將·江口三郎右衛門的奮戰，使前田軍一度失利後退。只是，由於前田軍人數眾多，丹羽軍只能迫使前田軍遠離領地，沒法深退。

此時，年輕的城主・丹羽長重雖然想親自出兵，與前田利長軍對決，但立即被身邊的重臣勸止，只能在遠處佈陣，與前田軍對峙後不久，便趁黃昏時刻退回小松城內。至於前田軍方面，據說當時已經遠在戰場北面三道山的前田利長得知淺井發生戰事後，因為己軍沒有以人數優勢，反過來及時教訓丹羽長重而感到懊悔，但最終還是繼續回軍金澤的決定，沒有做出第二輪的反攻。

結果，這場北陸戰場的關原之戰就這樣結束，雙方死傷人數諸說，但參考前田家的記錄，這場大戰前田家僅折損了下級將兵數十人，丹羽軍的損傷人數也不相上下。簡單來說，這場「決戰」的性質近乎遭遇戰，表面上規模十分大，但實際上具有人數優勢的前田軍只有小部分部隊參與戰鬥，而丹羽軍也似乎只有先鋒部隊活躍在戰場之上，雙方在沒有發生全面的火拚下，在一天之內結束了戰鬥。

從以上所見，雙方難分誰勝誰負似乎並不重要。事實上，在戰後，前田利長對外也只強調了大聖城之戰的勝利，並沒有詳細提到淺井之戰的情況，可見，比起後世人一般所認識、重視的「淺井畷之戰」，在當時其實大聖寺城之戰才是較為關鍵的戰役。

那麼，最後回過頭來思考一下三個關於前田與丹羽兩家對決的問題。

第一，為什麼利長故意繞過長重的小松城，選擇先強攻南面的大聖寺城呢？筆者認為這裡有三大原因。第一，是前面提到當時丹羽長重的兵寡領小，在前田家看來簡直是螳臂擋車，獨力對抗前田軍的可能性極低。因此，前田利長只分派小部隊在小松城外監視而已。

第二，以當時的史料上看，實力屬於中下級的丹羽長重並沒有足以左右大局的實力，也沒有在公開場合明示自己的立場。因此，對於當時一心想火速南下的前田利長來說，沒有必要對丹羽領做胡亂的攻擊。

第三，丹羽長重雖然力微兵弱，但他身處的小松城卻是北陸地區有名的堅城（前田家的史料裡也稱小松城為堅城），由於處於低窪地區，不利於前田軍那樣的大軍進行攻擊。一旦化為長久戰，極有可能重蹈大聖寺城之戰的覆轍。

既然如此，那麼又為什麼會引發後來的淺井之戰呢？簡單來說，就是關係到領主的尊嚴和威信。前田利長在七月底率大軍繞過丹羽領南下，然後再在八月初經丹羽領東班師回金澤，這兩次的行動在丹羽長重與家臣來說，既是有運，沒有成為前田家的目標，但同時兩次被鄰領的大名無視而過，也是一種侮辱，更是引起統治危機的大事。

在那個時代，他國領主視自身如無物，在武士社會中被視作無能，領內百姓看見他國大軍過境，也會為了保護身家性命財產的安全，向對方主動要求不予擾亂的保證書，這將大大損害當地領主的威信，更為嚴重的情況是部分不滿現領主統治的家臣、領民有可能會倒戈。

其次，大聖寺城陷落後，無論丹羽軍是否倒向豐臣西軍，在當時已然被前田軍包圍，加上前面已經提到，前田利長此次行軍算是自行決斷的行為，家康在淺井之戰後十日才派人問及利長的最新情況，意味著家康在當時也沒來得及確認下，便發生了大聖寺城之戰和淺井之戰。

因此，客觀來說，撇開大聖寺城之戰不說，起碼在現有史料上看，前田利長與丹羽長重在均未能摸清對方底細、虛實時，發生了淺井之戰。雖然如上面所述，雙方最終沒有重大損失，算是相安無事。

不過，從結果上說，丹羽軍勇敢抗敵成功，但客觀上攻擊了豐臣東軍的前田家，這個鐵一般的事實結果使丹羽家被判定與豐臣西軍合流同類的罪證。最終在關原之戰後，丹羽家因此被追究罪責，長重被罰除封，成為無領之人，一直到了晚年才得以回歸大名之列。

另一邊的前田利長在八月中回到金澤後，於九月初接到家康率兵西上的消息後，認為時機已到，打算立即出兵再次南下。然而，這次出陣又遇上問題，弟弟前田利政以大聖寺城損失不少，以及擔心身在上方的妻子安全為由，堅拒再次協助兄長出征南下，利長萬般無奈下只好自行出兵。

不知是不是有意，利長這次直接鎖定丹羽長重作為目標，打算在南下與家康會合前，給長重一個「回禮」。結果，前田軍包圍了小松城，但沒有力攻，只是迫使了丹羽長重與自己和解，交換了人質作為互不侵犯的憑證。然而，這次圍城再次使利長耽誤時間，結果在關原之戰結束後三日才與家康會合。弟弟利政因為拒絕出征，被家康以通敵論處，沒收能登國（今・石川縣北部），全數交由前田利長，就這樣，前田利長又一次成為贏家，成就了後世歌頌的「加賀百萬石」的美談。

近畿——左右大局的田邊城與大津城

丹後田邊城之戰與近江大津城之戰是關原之戰近畿地區的兩大對決。比較前面的東北、北陸，以及接下來的九州地區，這兩場戰事的名聲卻不是太高，最大的原因就是因為參與兩戰的交戰雙方，名聲都不如其他戰場的大，為人熟知。不過，在當時的戰局而言，丹後田邊城之戰與近江大津城之戰卻是大大地左右了整個關原之戰戰局的關鍵戰事，甚至可以說，豐臣西軍最後落敗也跟這兩場戰事有關。

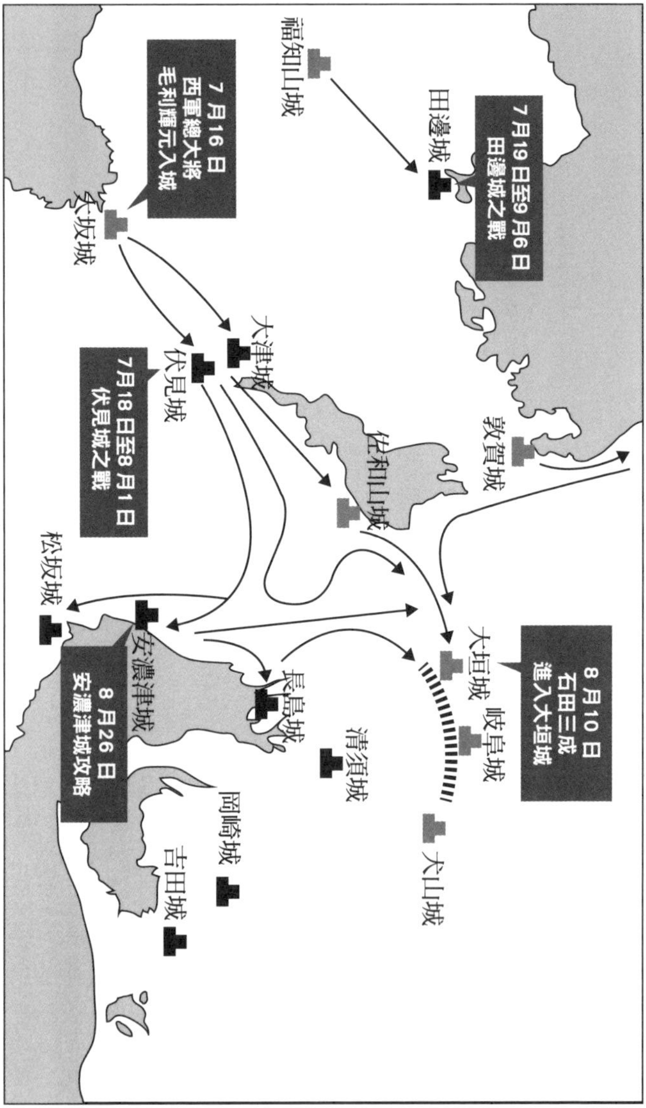
福知山城
7月16日
西軍總大將
毛利輝元入城
大坂城
田邊城
7月19日至9月6日
田邊城之戰
大津城
伏見城
7月18日至8月1日
伏見城之戰
佐和山城
敦賀城
松坂城
安濃津城
8月26日
安濃津城攻略
長島城
清須城
大垣城
岐阜城
8月10日
石田三成
進入大垣城
犬山城
岡崎城
吉田城
西軍的動向
西軍的城
東軍的城
防衛線

豐臣西軍動向圖

前面提到丹後田邊城（今‧京都府舞鶴市）是長岡家的城池之一，當時忠興的父親、堪稱當時的「人間國寶」‧長岡（細川）幽齋身在的城池。當時忠興已隨家康東征，幽齋則留守田邊城。由於豐臣西軍除了德川家康外，長岡忠興也是他們認定的敵人，所以豐臣西軍起草並向天下發佈了《內府違規諸條》前後，隨即對長岡家做出連番的針對措施。

首先，三奉行動員兵力包圍長岡家的宅第，要求交出人質，對象目標之一就是幽齋；又派兵攻擊田邊城，另外又勸誘駐守長岡家在九州的分領——豐前國杵築城的家臣‧松井康之和有吉立行投誠（詳見下一節）。可見，鏟除長岡家完全是豐臣西軍的既有目標。

幽齋所在的田邊城位於丹後國南端，面向若狹灣西南岸，是山陰道進入近畿西北入口的戰略要地。七月十九日，豐臣西軍主力攻擊伏見城之後，由丹後國福知山城主（今‧京都府福知山市）‧小野木縫殿助（俗稱「公鄉」或「重勝」）和丹波龜山城主‧前田茂勝（前田玄以之子）率領的攻擊軍，以及加入豐臣西軍的丹波、但馬和丹後三國領主聯軍約一萬五千人（諸說）立即出動，翌二十日便到達了丹後田邊城外。反觀守方的田邊城因為主力都隨忠興東征，城內除了幽齋外，守城將士加起來不足一千人（一說五百人），換言之，是一場「以一對十五」的戰事。

不過，這場看起來毫無懸念的戰事卻沒有就這樣快快落幕。比起年輕、壯年的小野木縫殿助和前田茂勝，已是花甲之年的幽齋活過大半個戰國亂世，又追隨過信長、秀吉，絕對不是省油的燈，更不會坐以待斃。

而且，跟敏銳兒子忠興一樣，幽齋很早便預計到反家康勢力會在家康東征後起事，也似乎早知自家會成為目標之一，當忠興帶主力出征後，幽齋便立即積極集聚軍糧，儲備武器，以防萬一。

因此，雖然面對著小野木、前田茂勝率領的萬人大軍時，幽齋與田邊城守軍已做好了死守城池的準備，絕無立即棄械投降的打算，因此，交戰隨即在七月下旬展開。

有趣的是，這場名不見經傳的戰事有著與其他地區戰事不同的特質，那就是比起豐臣西軍和豐臣東軍，有第三方勢力高度關注這場戰事的結果。他們就是原本與此次大戰無緣的京都朝廷。

上至後陽成天皇，下至高冑貴族聽聞豐臣西軍派兵攻打田邊城後，無不憂心忡忡。當然，他們不是屬於豐臣東軍，也還來不及關心豐臣東、西軍的勝敗，他們唯一擔心的，就是身在城中的幽齋有生命危險。一旦幽齋與田邊城一起消滅於戰火之中，這對於天皇和貴族而言，完全可以用「浩劫」來形容。

幽齋出身武家名門．細川家，自小便侍奉室町幕府第十三代將軍．足利義輝和第十五代將軍．足利義昭，長居日本文化最高殿堂的京都，藉著侍奉將軍出席各種文化活動之便，開始學習和歌等傳統宮廷技藝，尤以和歌最為精湛。

年輕時代的幽齋除了征戰於京都內外，更曾師從堪稱「室町時代最後集大成的名歌人」．三條西實隆之孫三條西實枝，盡得其和歌的精髓，當時稱為「古今（和歌）傳授」。京都在戰國時代下，像和歌這樣的傳統文化也飽受打擊，不少傳承自古代的名歌集被戰火附之一炬，只能靠剩下來還身懷心得和精髓的歌人口傳相承。因此，三條西實枝與幽齋可說是背負著傳承和歌這個代表傳統日本文學、文化使命的兩師徒。

到了幽齋中年以後，信長與秀吉的統一事業使京都從戰亂走向復甦，幽齋便開始向貴族傳授從實枝那裡學來的和歌，但由於學習需時，也需要找到合適的人才才能堪足大任，獲幽齋傳授的貴族人數不多，也未能盡得幽齋的學問精華。

如果幽齋就此戰死，那麼他的和歌知識便會永遠湮滅，因此不僅是他的弟子們，視和歌為君德之一的天皇也視之為災難。這也不難想像天皇和貴族們根本無暇理會爆發在京都近郊的大津城之戰，所有的目光和耳朵都集中在遠在西北的田邊城上。

幸然，幽齋面對來勢洶洶的大軍，早已從歌人切換回昔日的「武士模式」，廣積軍糧，多儲武備的有利條件下，即使折損不少兵卒，也失去了田邊城外圍副郭的控制權，但這場寡兵死守的戰事仍然成功拖延了一個月。

只是，僅有攻方兵力不足五分之一的田邊城早晚也會陷落，盼望幽齋安然活命的貴族們在這一個月內，日夜過著煎熬難耐的生活，與幽齋深交的醍醐寺座主義演在日記中便寫道：

京都上下無不為此感到困擾不已

隨著田邊城和幽齋的生命和他的知識進入倒數，已經圍攻田邊城一個月的豐臣西軍自是焦急，不願被田邊城消耗上萬的兵力，而京都朝廷也決定不能繼續作壁上觀。八月底，豐臣奉行奏請朝廷派出敕使，迫使幽齋像蜂須賀家政和生駒親正一樣放棄死守，早早受縛；而幽齋的弟子之一，後陽成天皇的皇弟．八條宮智仁親王一方面派人到大坂，要求豐臣西軍不要傷害幽齋性命，要讓幽齋活著離開田邊城，又自己於七月底派出敕使到田邊城，將親筆信交給幽齋，勸他為了自身的安全著想，盡早開城投降。

然而，兩次的勸降都未能打動幽齋，但幽齋感念智仁拚死相救之恩，將置於身邊的珍貴和歌集，如《源氏抄》、《二十一代和歌集》，還有心得筆記全數獻給朝廷，作為回謝，意味著幽齋已將和歌的所有託付給親王，敕使最終均被打發出城。

收到消息的八條宮智仁親王低估了幽齋的決心，也明白到自己勸不動師父，可是，即使得到幽齋收藏的珍貴歌集還有他的心得筆記，沒有他本人親身口傳，也是於事無補。於是，智仁親王改為直接乞求仍然立場中立的後陽成天皇出面，親下旨意明令幽齋放棄抵抗。

天皇眼見弟弟相求，隨即命人擬旨，並火速派殿上近臣烏丸光廣、中院通勝和三條西公國（實枝之子）為敕使趕到田邊城，以天皇的名義命令田邊城攻守雙方立即停戰，一直堅持抵抗的幽齋不敢抗旨，於是開城投降，離開田邊城，到南方的丹波龜山城（今・京都府龜岡市）待命。

幽齋投降那天已經是九月十三日，即關原之戰開戰前兩天，自圍攻田邊城起，已有五十多天之久。圍攻城池的豐臣西軍在戰後已經筋疲力盡，自然無法立即動身，支援主戰。

隨著主戰在兩日後開打，並且在一天內結束，豐臣西軍大敗。丹波、丹後和但馬的豐臣西軍變為敗北的逆軍，領軍的小野木縫殿助頓成眾矢之的，三國內的豐臣西軍或倒戈、或投降，小野木縫殿助反被前來復仇的長岡忠興和倒戈的前田茂勝圍攻，被迫撤退回福知山城死守，最終不敵，於九月下旬自殺身亡。就這樣，北近畿的關原之戰便如此戲劇性地結束了。

就在幽齋開城投降後三日，即九月十五日，位於京都東端的大津城也向圍攻的豐臣西軍投降，剛好是關原之戰決戰的同一日。

與田邊城之戰一樣，在京極高次的死守下，豐臣西軍足足用了近一個月時間才攻陷大津城，同樣也趕不及前往關原的主戰場，支援那裡的主力軍，間接導致了豐臣西軍的總敗。那麼，既沒有朝廷來救，攻擊大津城的豐臣西軍又是久經沙場的西國諸將，為什麼還是用了那麼多時間去圍攻呢？

首先話說回來，前面提到心屬豐臣東軍的京極高次是怎樣找到機會倒戈，又回到大津城死守的呢？

時間的關鍵源自七月底，前面提到豐臣西軍為了提防前田利長率大軍南下，以及掃蕩越前國的豐臣東軍，先後命令木下勝俊、木下利房，還有大谷吉繼率兵到越前國嚴陣以待，京極高次也在名單之列，隨吉繼北上。

但是到了八月二十三日，豐臣東軍神速攻下美濃岐阜城（今・岐阜縣岐阜市），兵鋒已經迫近近畿地區，還有家康的本軍即將來到的消息一一傳來後，大谷吉繼便與京極高次等人回師南歸，準備對應家康的反攻。但當他們回到近江國時，高次似乎是覺得時機已到，於是與吉繼軍分離，在九月三日闖入大津城。

為什麼說是「闖入」呢？那是因為高次回到大津城時，城外早已群集了以毛利軍為首的豐臣西軍。他們為了嚴防豐臣東軍來攻，看準了大津城的戰略價值，又適逢高次已率兵北上，於是便想以豐臣政權的名義，以進駐大津城協防為由，實際是留為己用。

不過，打算進城的毛利軍遇到了一個棘手的問題。大津城的主力雖然已隨高次北上，但是城內還有兩個分量十足的人物，足以阻礙豐臣西軍。他們便是京極高次之妻，豐臣秀賴的小姨．阿初；另一位則是秀吉生前與茶茶爭寵的京極龍子。

兩位女性看似人言命薄，不足為懼，但由於兩人均為與豐臣家族有關的高貴女性，以守護豐臣家族自居的豐臣西軍自然感到麻煩。結果，毛利軍只能強行入駐大津城的三之丸（外郭），城中核心的二之丸與本丸則未能闖入。

因此，時已至此，在豐臣西軍的眼裡，不管京極高次是否已經變節，大津城已成他們的囊中物。可是，他們也沒有想到高次已經以最大的決心強行突破入駐的毛利軍，帶領二千餘人進入本城，直接與毛利軍對峙。

鑑於攻擊兵力不足，在大津的毛利軍請求毛利輝元增派部隊前來，三日後的九月六日，由輝元叔父．毛利元康帶領九州諸侯如毛利秀包、立花親成（宗茂）、相良賴房等的援軍到達大津後，再次勸告高次開城投降而不果，圍城戰便隨即打響。

雖然大津城有部分已落入豐臣西軍之手，但大津城為倚琵琶湖岸的水城，而且導入了豐臣時代最高的軍事建築技術，易守難攻，絕非一座易落下的城池。因此，毛利元康的攻擊軍在開戰後不久，便動用佛朗機大砲直轟大津城的天守閣，希望盡快迫使京極高次開城投降。

然而，高次仍然沒有屈服，被毛利軍控制的三之丸部分也一度被京極軍奪回，而戰事經過數日，二之丸已告陷落後，守城的京極軍還沒有停止抵抗。至九月十四日的本丸攻防戰為止，十天的戰鬥不僅使奉命死守的京極軍傷亡慘重，攻城的豐臣西軍也同樣損失不少。如攻城軍之一的立花親成在戰後寫給家臣的軍功狀和感謝狀之數，便可知戰事的慘烈。

九月十四日至十五日，攻守雙方在本丸展開了最後的攻防，深知大勢已去的高次在九月十五日應豐臣西軍派出的高野山名僧・木食應其的斡旋，終於決定開城投降，自己則剃髮請罪，與家人先到京都三井寺，後來再隻身轉到高野山待罪。

大津城之戰就這樣在雙方蒙受不少的損失下結束。但是，更為重要的是費時十日之多的大津城之戰使毛利元康、立花親成為首的豐臣西軍支隊受困在當地，無法前往關原，論戰力而言，此支大軍的戰力遠在攻擊田邊城的分隊之上。無法前赴關原，其損失之大，從結果上顯而易見。

九州——野心與復興之間

來到最後一個主要的地方戰場——九州。雖然遠在西陲，但比較奧羽和北陸，九州的情況更加複雜，早已旗幟鮮明的有豐臣東軍，由老練的黑田如水（官兵衛）和加藤清正領頭，還有長岡忠興的家臣．松井康之和有吉立行留守在豐前國杵築城（今．大分縣杵築市）。

豐臣西軍則是前豐後國大名．大友義統（吉統）為代表，還有同國的熊谷直盛、早川長政、垣見一直和太田一吉。不過，如後述所示，後面的四人基本上沒有在九州戰場產生作用，主要的戰事還是由黑田如水與大友義統為中心，也就是著名的立石之戰。

另外，南方的薩摩島津家一貫地與加盟豐臣西軍的島津義弘保持一定的距離，只以防衛國土為大前提，沒有在戰況正酣時積極投入戰鬥，態度、立場甚為曖昧。此外，其他的九州大名如宇土城的小西行長、柳川城的立花宗茂（當時稱「親成」）、八代城的相良賴房等都奉毛利輝元與豐臣三奉行之名，前往本州的主戰場出戰，九州當地只有家臣留守。這個安排將注定影響到這些「出差」在外的大名於戰後的命運。

最後在西九州，還有一個重要的人物值得留意，那就是名義上加盟豐臣西軍，卻

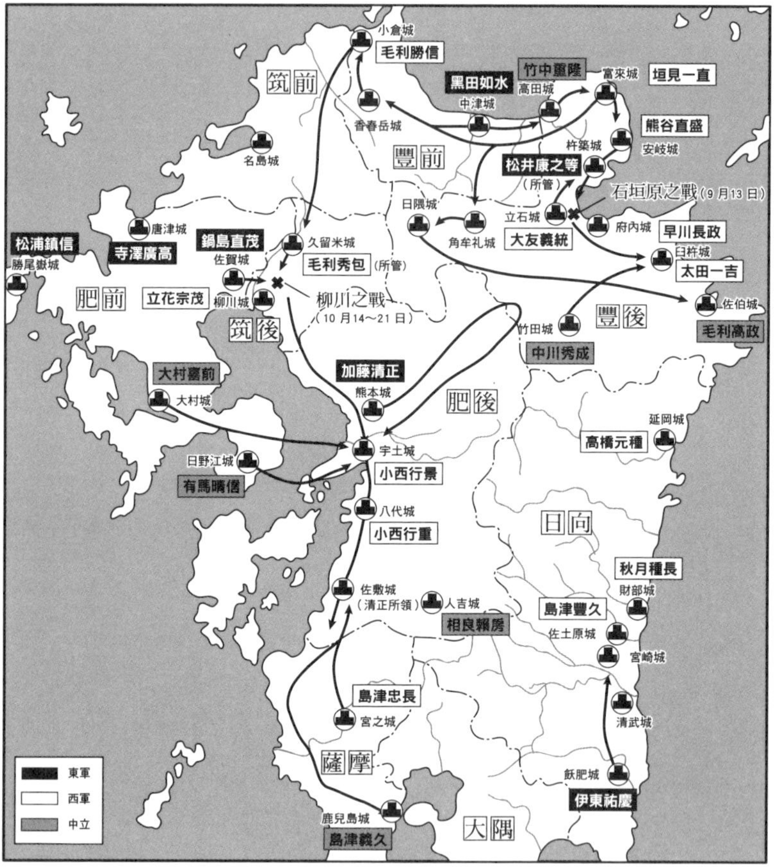
小倉城
毛利勝信
竹中重隆
富來城
垣見一直
黑田如水
高田城
中津城
筑前
香春岳城
熊谷直盛
杵築城
安岐城
豐前
名島城
松井康之等
（所管）
石垣原之戰（9月13日）
日隈城
立石城
府內城
早川長政
唐津城
鍋島直茂
久留米城
角牟礼城
大友義統
臼杵城
松浦鎮信
寺澤廣高
佐賀城
毛利秀包（所管）
太田一吉
勝尾嶽城
肥前
立花宗茂
柳川城
柳川之戰
（10月14～21日）
豐後
佐伯城
筑後
竹田城
毛利高政
中川秀成
加藤清正
大村喜前
熊本城
大村城
肥後
延岡城
高橋元種
宇土城
日野江城
小西行景
有馬晴信
八代城
日向
小西行重
秋月種長
佐敷城
（清正所領）
人吉城
財部城
島津豐久
相良賴房
佐土原城
宮崎城
島津忠長
宮之城
清武城
薩摩
飫肥城
東軍
西軍
中立
鹿兒島城
伊東祐慶
大隅
島津義久

九州地區的戰況

在不久後華麗投身豐臣東軍的鍋島家，其老當家．鍋島直茂將在這次左右九州命運的戰亂裡，再次展現其敏銳的政治觸覺，活演智救家族的戲碼（後述）。

不過，這節的重點先放在主戰，即黑田如水、長岡家臣與大友義統的激戰上。在這之前，有必要先交代一下這個在九州與豐臣東軍對決的豐臣西軍——大友義統是怎樣的一個人物。

大友義統（豐臣時代改名「吉統」，以下統一為「義統」）原本是九州豐後、豐前兩國（今．大分縣）的名門大名．大友家的當家，但由於在任內能力平平，不及其父，即著名的「基督教大名」大友宗麟。而且，在戰國時代晚期，面對薩摩島津家的侵略，大友家陷入完全挨打狀態。即使請求了豐臣秀吉在天正十四年（一五八六）出援兵來救，但是在戶次川之戰（註：島津軍擊敗豐臣秀吉派來的援軍之戰）大敗後，大友義統早早放棄根據地．豐後府中（今．大分縣大分市）一事，讓大友家上下陷入全線淪喪的邊緣，幸好在豐臣軍主力及時登陸九州，並且立即將島津家打退，才讓命在旦夕的大友家拾回一命。

即使曾有如此失態，事後秀吉仍然給了義統高規格的待遇，賜姓羽柴和贈予自己的「吉」字，更讓義統官拜高職，成為公家級別的大名。

秀吉於天正十五年（一五八七）平定九州後，接著又蕩平關東和奧羽，之後隨即打響「入侵朝鮮王國，劍指明帝國，眺望天竺，震懾歐羅巴」的計劃。大友家的根據地豐後位於北九州，自然也是入侵朝鮮的前線之列，大友義統在內的九州諸侯也因為地利之便，成為了秀吉入侵朝鮮的尖兵。

文祿二年（一五九三）正月，即入侵朝鮮的第二年，大友義統好運終於到頭，迎來了他人生第一個真正倒楣的日子，一個他貽人話柄的大失敗。

豐臣秀吉自文祿元年發動侵略朝鮮王國，第一年勢如破竹後，明帝國於第二年正月派兵救助朝鮮後，明帝國的援軍圍攻平壤，不久後終於擊破了當時攻佔該城的小西行長軍，眼見軍隊傷亡慘重，小西行長被迫放棄平壤，向南撤退，而在平壤南方的黃州、鳳山一帶負責接應及支援的大友義統軍在小西行長來到前被指「陣前逃亡」，使僅率敗兵南撤的小西行長要繼續南下，來到黑田長政等人所在的開城暫避。

到了近四個月後的五月初，秀吉突然向朝鮮在陣的所有大名發布合共五條內容的處分公告，更在文末寫道「讓豐後的膽小鬼們都來讀這信」，以示對大友軍表現的強烈不滿。結果，大友義統承擔罪責，被罰沒收豐後國領地，與數名重臣一起被送到毛利輝元領內的山口幽禁。叱吒九州風雲的名門大友家就這樣落得滿盤皆輸的結局。

當中的戰責問題與本書主題無關，故在此不論。總之，背負著多次失敗的大友義統可以稱得上是戰國史上一個評價一邊倒的負面人物，而且是極度負面的一邊倒。

上述的種種失敗在前，大友義統在一般的介紹裡，用現在的話來說便是一個成事不足，敗事有餘，而且無才無能，將名門家族敗得徹徹底底的庸主。在豐臣東、西軍對決之際，他在九月中旬的立石（一般稱「石垣原」）之戰大敗給黑田如水，完全失去了東山再起的機會，不僅使他的評價永墜深淵，也鎖定了各人對他負面印象。

那麼，既然是一個敗績如山的人物，為什麼豐臣西軍會起用大友義統，到九州進行軍事任務呢？在這之前，我們繼續看看義統是怎樣由無家可歸的落難之人，變成豐臣西軍在九州戰場的重要棋子。

文祿二年（一五九三）五月，秀吉下令解散大友家，沒收豐後國之後，大友義統在同年七月左右被安排回到日本，在毛利輝元領國內的山口（今・山口縣山口市）滯留。義統為了表示謝罪認錯，到達豐後國後立即剃髮出家，道號「中庵宗嚴」，再前往山口。長子大友能乘（義延）代替父親留在朝鮮，不久後也被秀吉命令回國幽禁。

大友家的家臣除了部分陪同義統及義延外，大部分被分配到其他諸侯麾下。後來參與立石之戰（石垣原之戰）的田原紹忍和宗像統續則被分配到其中一個獲賜入主豐後的秀吉家臣・中川秀成之下，另一個較為出名的吉弘統幸則寓居在黑田家。

義統在山口滯留的時間並不長，一年半之後的文祿三年夏天，義統接到秀吉的指令離開山口，到關東的常陸國水戶繼續幽禁，接受佐竹家的看管，而長子能乘則被安排到常陸國南方的武藏國，接受德川家康的看管。

雖然我們已經無法追查秀吉基於什麼原因，決定由家康看管能乘，但這個安排對於衰亡中的大友家而言是一個重大的轉捩點，也是討論後來大友義統「一輸再輸」時的重要材料。

長子・大友能乘接受家康看管一事，開啟了家康與義統的交流。文祿三年九月，家康與義統討論大友父子二人來關東生活的事宜，義延也變相成為了義統巴結德川家康的一個重要棋子。

第二年的文祿四年（一五九五），關白豐臣秀次被迫害而死後，德川家康為首的有力大名獲得參與政事的權限，在豐臣政權的重要度以及影響力日隆，義統借助義延與家康建立的關係也偶然地變得重要。

值得一提的是，縱然已是身敗名裂，仍然有不少家臣追隨大友義統，現存的史料裡發現不少義統在這期間感謝各個不離不棄的家臣的書信，可見，這些家臣與義統的關係不因義統的失敗而消散。

慶長三年（一五九八）八月十八日，秀吉在伏見城病逝後，由前田利家與德川家康為首的重臣扶持秀吉之子秀賴，同時停止在朝鮮的侵略戰爭，著令在朝諸將陸續回國。秀吉之死意味著義統得罪秀吉之事有望得以解消，但這個機會仍然要等到另一個重大事件發生後，才真正得以實現。

翌慶長四年（一五九九）閏三月三日，前田利家病死，開始了德川家康奪權的步伐。在權勢上有優勢的家康在利家死後開始蠢蠢欲動，為奪權自立做工夫，其中一個不太起眼的工作就是主持赦免義統的工作。利家死後兩個月，即慶長四年六月初，義統再次從武藏國上京，正式獲得豐臣政權的赦免。

當時秀吉、利家已死，秀賴年幼，能主持此事的除了當時在伏見城的德川家康外，便沒有其他人能為之。可見家康在秀吉死後部分修正了昔日秀吉的決定，用以穩定人心，安定政局。

對於義統而言，這個恩情與德川家康的政治判斷脫離不了關係，也可以想定家康的目的是為了籠絡失意的大友家。雖然沒有獲安排立即回歸豐後一國，但獲得赦免也意味著大友義統恢復名譽指日可待。

義統也急忙在事後向各家臣通報消息，又在書信中提到與家康會面，大大地暗示了大友家復權背後，有德川家康從中協調。

不過，赦免後的一年間，義統在大坂停留，獲豐臣政權賜予在大坂天滿建造宅第的權利，意味著義統正式復權，成為豐臣政權下的諸侯，但正因為這個原因，大大地改變了大友家的悲劇命運。

慶長五年六月，德川家康討伐上杉景勝。當時大友義統也獲家康命令出征，大友義統立即向家臣表示要趕快準備，更命身在江戶的長子大友能乘先行準備。

然而，情況就在一個多月後出現巨大變化。家康東上之後，石田三成與增田長盛、前田玄以等豐臣吏僚與毛利輝元、宇喜多秀家決定合作打倒家康，並在大坂集結兵力。當時不少大名已經跟隨家康東征，僅有部分西國大名留守京坂，大友義統也準備隨後追上東征軍。

自家康離開大坂起，京都、大坂、伏見流言四起，人心惶惶，同年七月下旬，應石田三成等人之請神速來到大坂的毛利輝元一方面按秀吉遺命，代替出征的家康守衛秀賴，另一方面則成為了反家康陣營的總帥，開始與三成等人合作起事。

當時，毛利輝元為首的反家康陣營舉兵而起，趕緊截住前往東國的諸侯，又派人扣押留在大坂的諸侯家屬作為人質，大友義統的小兒子．長藏丸也在其中。仍在大坂的義統受到豐臣政權的命令後，或許是因為不想使復權機會得而復失，於是交出了長藏丸，作為奉從政權的證明。

考慮到上述大友家與家康的關係，義統交出人質也可以理解為無可奈何之舉，但緊接發生的事情將進一步將義統推向背道而馳的方向。毛利輝元到達大坂後的其中一個動作，便是在八月十八日，也就是秀吉死去兩週年當天寫信給大友義統。

這封書信中因為殘缺不全，一些部分沒法判讀，但可以確認的是，輝元在信中提到了會小心照料成為豐臣西軍人質的義統幼子．長藏丸，同時又希望與大友義統保持良好關係。不過，更重要的是在書信前半部分，輝元提到：

有關閣下要求我方交出誓詞之事，於我方而言自是照辦的，但由於已故太閤生前定明不可私下結盟，交換誓詞，還望閣下諒解，並相信我方對閣下的至誠（《大友家文書》）

毛利輝元當時已是獲實際管理豐臣家的奉行們授權和支持，在制度上也是有資格守護秀賴的人物，更是豐臣西軍的真正統帥，這封書信不論如何也是足有分量的。

不過，值得留意的是，輝元在書信中以謹守秀吉遺命為由，拒絕寫誓書給義統，但本書第一章已經明示，毛利輝元早在秀吉死後數日已經破禁，與奉行們交換誓書，如今突然「秉公處理」，似乎是不想給予大友義統實際的口實，以免他日成為被追討索要的證據。

無論如何，大友義統兩日後的八月二十日正式將長藏丸交到大坂城內，成為人質。這個動作也成為了大友義統成為豐臣西軍一員的關鍵。考慮到長藏丸已經成為人質，我們不難想像義統搖身一變成為反家康陣營的一員的原因，與長藏丸成為人質有關。但是，放眼當時大友家而言，長子能乘身在江戶，幼子長藏丸身在大坂，大友家兩面不得罪，算是做到最大限度的保險措施，不能說是魯莽之舉。

而且，毛利輝元為首的反家康陣營事實上已等同拿到了政權的控制，穩占大義名分，大友義統以及其他在各種情況下支持豐臣西軍陣營也是有正當的理由，以當時的時局而言，義統從屬豐臣西軍陣營也是有理可循的決定。

八月二十三日，大友義統便通知家臣將要前往豐後，要求所有能參與的家臣盡早做準備。據《黑田家譜》的記載，後來到了九月五日，義統與一眾家臣到豐後登陸時，黑田如水立即派人遊說義統加盟豐臣東軍，力說豐臣西軍必敗無疑，但《家譜》稱義統嚴詞回絕：

在下早年於配流之地獲毛利（輝元）公厚恩照顧，所以決定今次捨命相報其恩，況我已年老無望再出頭，只願長子（能乘）能夠代為復興大友家

以上發言一般被認為是義統的自白，然而，從結論上而言，這書信極有可能是《家譜》的編纂者杜撰的。其中原因有三：第一，《家譜》所載的這封「書信」不見於黑田家的史料群當中，也不見於大友家的史料之內，如果《家譜》引用自家的史料，理應有所記錄，但目前沒有找到。

第二，義統在這封信中說是因為要報答輝元在配流地（山口）時的照顧，才決意為其效勞。可是，義統在山口只逗留了一年多，毛利家與大友家之間均沒有留下任何史料顯示這一年多內，輝元與義統之間有很好的交流，即使推斷有可能是因為後世的子孫為祖宗隱瞞，將這部分從記錄上刪除，但按上述八月十八日的書信上，義統要求輝元寫誓書作保證來看，輝元與義統的情誼遠遠沒有《家譜》所說的深厚。

第三，前面提到家康對大友家的恩情比起輝元的要多得多，而且大友家受德川家的關照時期也遠比輝元的長，按時序來看，義統對家康更加感到有恩才對，加上長子能乘實際上已在家康身邊，《家譜》中說義統是為了能乘出人頭地來加入反家康陣營，顯然是《黑田家譜》的編纂者不知道大友能乘與德川家的關係下，編造出來的說辭，為的就是強調和說明大友義統為什麼會以豐臣西軍陣營的身分殺回豐後。

如果《黑田家譜》所言有誤，那麼從原始史料裡，當時義統為什麼踏上與黑田如水對決之路呢？首先在這裡有必要澄清一個盲點，那就是立石之戰（石垣原之戰）的構圖並非「大友義統對黑田如水」，而是「大友義統對長岡家守將和黑田如水」。

另外，還有一個問題要先搞清楚，那就是大友義統回到故國的意圖是什麼？各位讀者可能會覺得上述這個問題是明知故問的，那就是要借助豐臣西軍陣營的支持，來奪回被秀吉沒收的豐後國吧？

這個傳統說法看似有理，可是，在目前留下來的史料，包括義統在到達豐後前寫給家臣的書信中，只要求他們出力，一同前往豐後，但卻沒有提到「奪回豐後」，或者已獲授權收回豐後之類的話。假如義統真的收到這個指令的話，豐臣西軍的承諾也顯然有問題，因為這算是違反了秀吉生前嚴命在秀賴未成年之前，不可改變大名封地，不可新賜領地的規定。如果真是這樣的話，豐臣西軍為了得到勝利，事實上也正在自我否定大義名分和正當性了。

那麼，另一邊的黑田、細川以及加藤的史料又怎樣說的呢？綜觀江戶時代三家編纂的史書裡，異口同聲地指大友義統是得到了豐臣政權的許可，當義統協助他們平定九州後，便會重獲豐後國，作為奮戰的獎勵。

不過，由於是敵人的供詞，我們還是有必要先搞清楚大友義統當初到豐後的任務內容。為此，我們有需要先掌握毛利輝元上坂後，以反家康陣營＝豐臣西軍陣營總帥的身分，與豐臣奉行眾做的戰略安排。

如前節已經看到，在輝元主導下，豐臣西軍努力勸導九州、四國一帶從屬家康陣營的大名家臣獻城投降，豐臣東軍的加藤清正也曾在輝元趕赴大坂前，收到輝元要求

關原之戰時九州地區的戰況

前來為秀賴盡忠的書信，但清正始終沒有動身。可見，清正算是拒絕了輝元的要求，確定了自己的立場。

即使如此，當時九州除了黑田如水、加藤清正外，大部分的家康陣營諸侯都已經不在九州，豐臣西軍陣營雖然招攬清正失敗，但不久後改為通過收編九州的其他勢力，使留守當地的黑田如水和加藤清正陷入孤立，再迫使他們也轉投到自己陣營下。

豐臣西軍陣營早早在八月中旬，即輝元與義統接觸前，便通過增田長盛，以豐臣奉行眾的名義，高舉「太閤恩義」的大旗，拉攏留守在九州豐後杵築城守將、長岡忠興的重臣．松井康之倒戈，並且要求他交出那裡的領地。

杵築城是在慶長四年，即秀吉死後，家康主導的豐臣政權犒賞給忠興，作為在朝鮮作戰的功勞，以及平反當年被奉行指責作戰不力的控罪。豐臣西軍明顯地意圖以對秀吉、秀賴的忠義，淩駕和離間松井康之與忠興的君臣關係，再將豐後杵築據為己有。

在這之前，豐臣西軍已經派遣豐後臼杵城主的太田一吉父子回九州，另外又勸說其餘早前分封到豐後的秀吉直臣們（中川秀成、早川長政、垣見一直）加盟。只要順利成事的話，豐臣西軍將打通毛利領國西端出入九州的大門，對黑田如水以及加藤清正構成巨大壓力。

可是，豐臣西軍陣營的計劃卻立即被打斷，早已預想有此一天的長岡忠興在跟隨家康東征前，已經叮囑松井康之在沒有自己的命令下，絕不能亂來或私下決斷，必要時跟鄰國的黑田如水和加藤清正保持聯絡，再做打算。

忠興的預測再一次準確地成真了，康之也緊守主君的命令，多次拒絕了豐臣西軍陣營的交城要求及勸降。考慮到杵築一地兵力猶存，沒有足夠兵力難以拔之，豐臣西軍無計可施下，便在八月十八日想到了大友義統，試圖打開局面。

說到這裡，或許還有讀者摸不著頭腦，一個已經離開故國近八年的沒落諸侯，一直以來又沒有什麼才能，還能有什麼助力呢？然而，大友家雖然被除封已有八年，但大友家跟豐後國之間卻有近三百年的關係，這個關係紐帶配合大友家回歸的消息，足以讓仍留在豐後，轉投他家的前大友家臣和村落高層重新投到大友家懷抱，奪回昔日光輝及新的功名。

不過值得留意的是，按照上面的時序來看，豐臣西軍動用大友義統回到豐後其實是因為勸誘松井康次不果下，豐臣西軍作出的副次手段。換言之，起用大友家來加速控制九州並非一開始便想定的計劃，暗示豐臣西軍或許一開始就沒有想過將豐後回送給義統，兩者的合作或許只是臨時的決定而已。

勸降松井康之失敗後，送大友義統回歸豐後成為了豐臣西軍當前的計策。問題是豐臣西軍具體想義統做什麼呢？如果說豐臣西軍真的認為大友義統「王者回歸」後，便能使得整個豐後國，甚至九州北部頃刻變天，似乎不太合理。畢竟豐臣西軍也無法算定義統能號召多少人馬，就這樣將控制豐後，以至扭轉九州戰局的任務交到義統身上，怎麼說也是難以想像的。

另一方面，八月底，加藤清正積極動員攻擊小西行長的居城・宇土城（今・熊本縣宇土市）時，寫信給松井康之，要求他跟守將們要小心領內村落及跟大友有因緣的武士生變，這透露了九州的豐臣東軍心中真正擔心的，也正是豐臣西軍真正期待義統做到的，那就是通過義統回歸，自豐後國開始製造混亂和人心動盪，使豐後國的各領主手下雞犬不寧，繼而選擇倒戈，或者自身難保之下，牽制加藤清正和黑田如水的行動，最終阻止他們在九州擴大勢力之餘，再迫使其他觀望形勢的九州領主盡早決定，鎖定九州的戰局。

換言之，對於豐臣西軍而言，義統以及大友家的遺臣們就像一塊小石頭一樣，砸向九州這片「水面」，泛起連串漣漪。同時間，豐臣西軍在毛利軍的主導下，已在四國等地加緊攻伐，最後視情況許可，可以再西渡九州協助。

因此，後世認為義統一行人是為了收復豐後一國而來，從表面來說算是合理的，但從以上的分析來看，「收復豐後一國」不過是義統和他的家臣單方面的心願和最理想的結果，卻不是豐臣西軍當初和根本的目的。

義統在八月底準備從大坂灣沿海路去豐後的消息早已傳到松井康之耳中。松井康之率先徵集當地村落的百姓以及武士家屬為人質，以防他們會在大友軍到達後倒戈。

這裡值得留意的是，松井康之收到的情報顯示，大友義統回到豐後是「奉行眾將本郡送給他了」。即是說，松井康之當時理解義統的目的是從松井等長岡家守將手裡奪取杵築之地，而不是豐後一國。

另一方面，大友義統正朝豐後奔來的消息也傳到加藤清正耳中，清正便忠告康之等人「城中上下，以及百姓動向，切不可大意」。除了杵築之地的百姓外，加藤清正與松井康之也將警戒的目光轉到當時身在豐後岡城城主．中川秀成麾下的前大友家臣．田原紹忍和宗像統續身上，希望他們表明立場，以免他們從背後作出異動。

不久後，田原紹忍和宗像統續表達出願意投效豐臣東軍的意向，並且透過康之轉達給清正知曉。可是，清正收到消息後的反應卻不太正面，勸導康之說：

兩人之言不可信，閣下切不可大意

清正又重新提到如果杵築百姓、武士呼應大友義統的行動而起的話，

我就算捨熊本不顧，也會立即出兵前來救援，汝等大可放心

結果如清正、康之所料，紹忍和統續最終果真私自從中川家那裡拿走部分物資，與大友義統會合。到了九月八日，大友軍終於到達豐後安岐（今．大分縣國東市），與當地決定加盟豐臣西軍的熊谷、太田等諸侯聯絡後，準備向國東半島南部進發，直迫杵築。

參考後來成書的相關軍記物和前面提到的《黑田家譜》記載，這時候同是舊大友家的家臣．吉弘統幸待義統到達豐後之後，立即前赴當地，並且諫阻大友義統不要與家康為敵，義統充耳不聞，最終統幸選擇為主家忠戰而死。

這個說法只見於勝方的黑田家與松井家的家史裡，而且藉吉弘統幸為了忠誠，「明知不可為而為之」的精神來作為武士典範，背後的政治意味不輕。因此，其言真假雖難以證實，唯一能確認吉弘統幸最後的確戰死沙場而已。

九月八日至九日，在大友軍開始向杵築城推進之前，松井康之已派人向黑田如水與加藤清正請求救援。當時的如水也正好在九月八日開始在豐前掃蕩那邊的敵對勢力，九月十一日如水收到松井康之的救援要求後，便立即放棄原定攻略，一方面通知加藤清正，一方面則火速趕到杵築協防。

顯然，黑田如水也明白到，如果讓義統深入豐後，或者逗留時間越長，豐後國內的大友舊臣大有可能陸續加盟到義統旗下，這將意味著豐臣西軍的作戰計劃將獲得初步成功。因此，如水立即趕赴國東半島南部，與長岡守軍一同迎擊大友義統。

到了九月十二日至十三日，大友軍已經開始攻擊杵築城，正在這個時候，黑田如水的援軍也已趕到，兩軍於是爆發了所謂的「石垣原之戰」，但按當時的史料上來說，其實應叫「立石之戰」。至於戰爭過程方面，一般都依照江戶時代的軍記物，以及黑田藩編寫的家史來理解，可是這些資料多少帶有政治立場，且史料可信度有差，因此，本書改以借助黑田如水本人在戰後的九月十六日寫給友軍藤堂高虎的書信來看看實際的情況：

（九月）九日義統軍來到豐後濱脇，於立石一地據城自守。田原紹忍、宗像鎮續從中川秀成處跑來加盟。他們於十一日起攻擊杵築城。我收到消息後便率兵來援，方至該地，大友軍便退回立石。於十三日，我軍與杵築守兵（松井康之、有吉立行）聯手出擊，與大友軍激戰兩、三個回合，宗像、吉弘等大友之將數十人相繼戰死……十四日，我等本想進攻立石城，惟大雨長下，只好無奈延遲計劃。然而，至十五日黎明時分，義統與紹忍親自來到母里（友信）的陣內請降，我方不得已，只好接受，助其

性命。（《黑田家文書》）

就如水書信所示，傳說中的如水其中一名重臣．井上之房與吉弘統幸的一騎討之戰並不見於同時代的史料，或許只是後人的粉飾美談而已。按照如水的說法，黑田．松井聯軍與大友軍的激戰並非從一開始便一邊倒，而是經過兩三回合後，吉弘統幸、宗像鎮續等將陸續戰死，大友家才會兵敗如山倒，奠定了這場戰事的勝利。

按松井康之事後提交給忠興的報告中，提到前來助戰的黑田軍也在立石之戰中折損了兩名大將，最終黑田家止住了大友家的狂攻，擊潰了宗像、吉弘的兵隊才扭轉形勢。

另一邊，原本表明會前來幫忙的清正也沒有口說空言，在戰後翌日的書信，以及松井康之的報告中均看到加藤家的援軍在立石之戰發生時，其實已經趕到肥後、豐後邊境附近，只是因為戰事一天便告結束，加藤援軍沒法派上用場。事後清正便跟如水說「真想斬下田原、宗像兩人之首級」。但事實上當時的清正正籌謀攻打小西行長的領地宇土，協助工作當然是有心無力了。

立石之戰後，如水本想要繼續攻下義統死守的立石城，但由於大友義統與田原紹忍在第二天突然來到黑田家臣．母里友信的陣中請降，並且要求如水與康之饒了跟隨自己來到豐後的將士們性命。最終，如水接受大友義統的要求和投降。

就這樣，豐臣西軍試圖打開九州戰局的第二張牌，最終在立石之戰後徹底失敗，差不多在同一日，關原之戰的主戰也曲終人散，豐臣東軍獲得了完全的勝利。

立石之戰後，如水作為報告戰況的代表，向長岡幽齋以及德川家康等人高度誇讚松井康之、有吉立行等守將的奮戰和功勞，要求家康給予兩人相應的賞賜，以作犒賞。換言之，黑田如水雖然也參與了這場立石之戰，仍然對細川家守將給予正確的評價。

至於兵敗的大友義統則被移送到中津城（今・大分縣中津市），後來德川家康仍然赦免了大友家的罪責，大友家成為江戶幕府制度的「高家」（象徵出身高貴名門的榮譽名銜），算是保住了家族命脈。

第四章　關原決戰，諸將黃昏

吉川廣家與小早川秀秋已經接受我方遊說的傳言，看來將成事實。

（《黑田家文書》）

吉川廣家的苦惱

慶長五年七月底，豐臣東軍決定轉向上方，陸陸續續離開下野國，然後沿東海道西上。總帥・德川家康在八月初回到江戶，暫時按兵不動，而他的次子・結城秀康和三子兼繼承人・德川秀忠則暫時留在下野國宇都宮，一方面要穩住局面，以防奧羽諸侯人心浮動，一方面也是等待家康下一步的指示。

豐臣東軍的諸大名陸續出發，但他們之中卻有幾個大名兼帶著任務，那就是運用自身的人脈和友情關係，勸誘投身豐臣西軍的大名倒戈，或擔當內應。當然，豐臣西軍也有同樣的策略，但在現有的史料上均未有發現類似的書信，這些在後來都是足以累及家族、藩國安全的黑資料，自然不會留在豐臣東軍大名們的手裡。至於豐臣西軍的大名們最終大敗，各家自身難保，沒法有系統地保留相關的史料，也不足為怪。

即便如此，在現存僅有的史料裡，我們仍然可以看到部分豐臣西軍與豐臣東軍在大戰在即前，一直保持隱密的互動，以保自己和家族最終無論哪邊取勝，也可站在不敗之地。其中兩個較為有跡可循的是前面提及過的毛利家臣・吉川廣家，以及淡路國洲本城主（今・兵庫縣洲本市）・脇坂安治。

我們已經知道吉川廣家自毛利輝元有意投身豐臣西軍時，便已經跟毛利家重臣之一的福原廣俊暗地裡與德川家康接觸，極力表明毛利輝元的清白。這是因為廣家與豐臣東軍的諸將大多在當年侵略朝鮮王國時出生入死，建立了深厚的友誼。

然而，隨著豐臣西軍舉兵，吉川廣家也參加了攻擊伊勢安濃津城的行動，清白之說已經越來越說不清。即使如此，廣家參與豐臣西軍的行動之際，仍然努力通過人脈，與一直交情不俗的黑田如水、長政父子保持聯絡，並且通過黑田父子繼續與家康進行交涉，為毛利家留下一絲希望，避免日後招來橫禍。

七月下旬至八月初，廣家先後數次秘密地派遣家臣到東日本，接觸黑田長政，並且委託長政向家康再次表明輝元仍然守著當日與家康的父兄之約，沒有任何不軌之心。長政也如廣家所願，將這訊息轉達給家康知道。

顯然，以當時毛利家的行動而言，廣家代輝元發出的聲明在當時已經是毫無意義的。對於長政和家康來說，毛利軍的行動與輝元的真心話是否矛盾並不重要，最重要的是廣家的態度有利於豐臣東軍反攻，以及避免毛利家成為真正的敵人。

吉川廣家突然又向家康重申毛利家沒有敵意，背後與當時毛利家在伊勢、四國展開了軍事行動有關。廣家很可能是眼見毛利輝元的指揮調度越來越「危險」，與家康的父兄之約背道而馳，看在廣家眼裡，這都是將毛利家推向滅亡的行動，有違當年祖父．毛利元就的教誨。因此，廣家自然對這種情況感到憂慮了。

八月初，黑田長政的父親．黑田如水也寫信給吉川廣家，要求廣家勸導輝元不要作出危險的行為。另外，德川家康在收到廣家來信後，通過黑田長政向廣家釋出善意；而長政自己則在八月十七日寫信轉告家康的立場，而且警告廣家說：

請閣下好好向輝元公進言，跟內府公保持良好關係。視閣下的成果，在下將全力協調我方。但若此方掌握優勢和主動權，到時候在下也將無能為力。在這之前，閣下務必毫不猶豫地做出決斷。（《吉川家文書》）

不過數日後，長政因為等不到廣家的回信，於是寫信敦促廣家回應，又虛報家康已經從江戶出發西上。長政一連串的言論很明顯就是要求廣家與其口上說辭，不如多做實際的行動來證明他的主張，否則一切將變得毫無意義。

可是，當時吉川廣家正在參與豐臣西軍攻擊安濃津城的軍事行動，加上家康出兵的消息未至，所以廣家未有立即回應長政第一封信的要求。

當長政在八月十七日寫第二封信的時候，豐臣東軍的軍隊已經齊集在福島正則的居城．尾張國清須城（今．愛知縣清須市），並且準備突破豐臣西軍第一道防線——尾張國．美濃國邊界的木曾川河岸和北方的岐阜城。兩方直面交戰已是時間問題，而廣家做出實際回應的時間也越來越少了。

脇坂安治的暗動

比起吉川廣家夾在中間，左右為難，另一個一直與豐臣東軍保持聯絡的豐臣西軍大名．脇坂安治則來得乾脆爽快。脇坂安治一直是豐臣秀吉的家臣，在天正十一年

（一五八三）與柴田勝家爭奪織田家控制權的賤岳之戰中，年輕的安治與加藤清正、福島正則等人一起作戰，立下了首攻之功，即後世讚美的「賤岳七槍」之一。自此以來，安治與清正、正則等人都保持著良好的關係。

按照後來脇本家的家史《脇本家傳記》記載，慶長五年七月中，脇坂安治與兒子‧脇坂安元本想跟隨家康出征會津，但因為出發時間較遲，父子兩人甫離開京都又遇上豐臣西軍在大坂舉兵。兩人情急之下便班師回上方，再行決定走向。

後來脇坂父子的動向一時不見於史料，只能大致推斷兩人從屬大谷吉繼之下行動。不過，跟大津城的京極高次一樣，脇坂安治似乎心仍然不在豐臣西軍裡，他在七月底已經與德川家康聯絡，向家康闡明了當日回歸上京，沒有追上東征軍的原由，並且向家康表明了跟隨的心志，獲得了家康的嘉許和接納。

那麼，為什麼脇坂安治遠在上方，仍然能夠聯絡上家康呢？當中關鍵就是早早決心追隨家康的藤堂高虎的作用。藤堂高虎與脇坂安治曾在侵略朝鮮之時，一同作為水軍與朝鮮王朝的水師交戰。高虎隨家康東走後，為了從豐臣西軍拉攏更多勢力倒戈，留意到脇坂安治這個留在上方的舊知。

八月一日，接到安治的來信後，家康除了歡迎安治的來投外，也立即安撫和指示父子兩人在上方等待自己率軍上京。然而，身在豐臣西軍陣營之中，父子二人自然無法不聽從其調動。據一些稗史記載，豐臣西軍舉兵後，脇坂父子先隨軍出兵伊勢，後來又隨大谷吉繼的指令，一起率兵到越前提防前田利長南下。

然而，當京極高次率兵奪回大津城的控制權，繼而跟城外的豐臣西軍對戰時，當時在京都的貴族之中，便流傳與高次一起從越前回來的脇坂父子與高次暗通，但起碼在史料上來看，在豐臣西軍的眼裡，脇坂父子一直很安分，沒有任何可疑之處，豐臣西軍們也似乎沒有懷疑過父子二人有異心。然而，這個錯誤判斷將在大戰時讓豐臣西軍付出巨大代價。

進擊的豐臣東軍

雖然豐臣東軍已然掌握了豐臣西軍內部出現兩個內應，但是豐臣東軍的行動裡也出現了一個問題。自八月初起，家康回到江戶後便一直按兵不動，沒有跟在豐臣東軍的諸將身後，立即出發西上。

一般來說，這裡存在三大原因；第一是因為家康仍然顧慮北方的上杉家會南下，

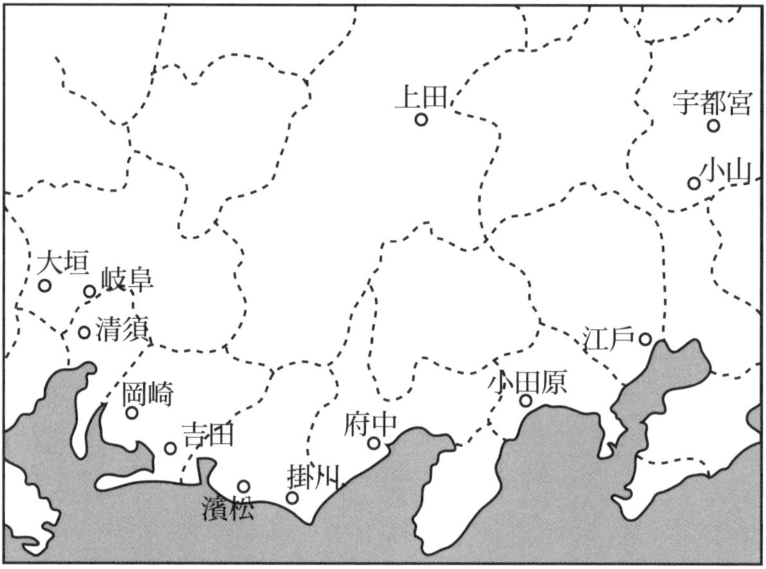

豐臣東軍進軍路線上的要地

所以要安排好北關東地區的佈防。同時，太早離開關東也會使奧羽的諸侯人心惶惶，光靠自己兩個兒子是鎮不住立場不定的他們。只有家康仍然留在江戶，擺著隨時可以北上的態勢，才能讓諸侯們安心繼續為他賣命。

第二個原因是家康想看清那些已經西上的豐臣東軍們的真心。雖然他們從朝鮮之役起一同共患難，也有共同的敵人，而且想藉家康之手來達到目的。可是，他們各人心裡的想法卻不盡相同，老練多智的德川家康也不可能完全只憑這人心不定之秋，便輕易地將他們完全馴服。

再者，他們之中不少人針對的只是石田三成與三奉行等人，而不是整個豐臣政權，更還沒有想過要推翻豐臣政權和豐臣秀賴。因此，德川家康要借他們達到目的，就先要摸清他們的底細和底線。為此，家康先後派出了心腹．井伊直政和本多忠勝以軍監的身分，隨豐臣東軍大名率先西上，一方面為家康與大名們傳達消息，另一方面也起監督、監視之責。

即便如此，站在福島正則、長岡忠興和藤堂高虎等人的立場說，他們既自有盤算，在西上的路上，大名之間一直流傳出各種豐臣東軍的大名中有人疑有不穩動向、暗通豐臣西軍的傳言。

可見，不只是家康，豐臣東軍的大名們自己也要看清誰是敵人，誰是盟友。為了維持平衡和互相牽制的作用，就必須借助家康的力量來確保目的能夠順利達到。非到萬不得已之時，他們也不會離家康而去，否則他們平反、洩恨又變得困難了。

第三個原因就是家康需要在江戶調整戰略。事實上，家康回到江戶後，與在出征會津時一樣，到處發送書信指示各方諸侯和家臣行事，但是到了八月初，家康發出書信的種類上增加了一些約定信，家康答應個別諸侯在事成之後，加封賞地的書信。加藤清正、長岡忠興、九鬼守隆和伊達政宗都在此列。

家康回到江戶後，突然大送好禮，意味著家康正要加強拉攏工作，希望在各地的盟友繼續努力，保持戰局穩定地朝有利豐臣東軍的方向發展下去。當然，這些約定在後來大多數沒有實現，所以家康做出這些承諾，是出於戰略上的考慮，不見得是真心想送禮。

但值得我們注意的是，家康做出承諾本身已經超越了他自身的權限，以及違反了當日與其他顧命大名和奉行起誓遵守秀吉遺命，不會胡亂賜予大名封賞的承諾。當然，我們在前面已經看到豐臣西軍早已違禁，家康這邊違禁也似乎不算是什麼大問題。

只是，此舉意味著家康已經從打著豐臣軍正統官軍的名義，回去討伐同樣打著正義旗號的豐臣西軍的立場，逐漸轉化為顯露自己藉討伐名義，自行施恩，與大名們建立新的主從關係的野心。換言之，家康自八月起，已經藉反擊的名義，表露出自己打天下的想法。

無論如何，家康有家康的打算，豐臣東軍大名們也繼續為他們的目標，按約定於八月中左右齊集福島正則的主城清須城（今・愛知縣清須市）。

由於豐臣東軍快速西上，使原本仍然猶豫不決的甲斐、信濃和美濃等國的領主，除了後述的信濃上田城（今・長野縣上田市）主・真田昌幸外，大都不得不再次向豐臣東軍陣營靠攏。

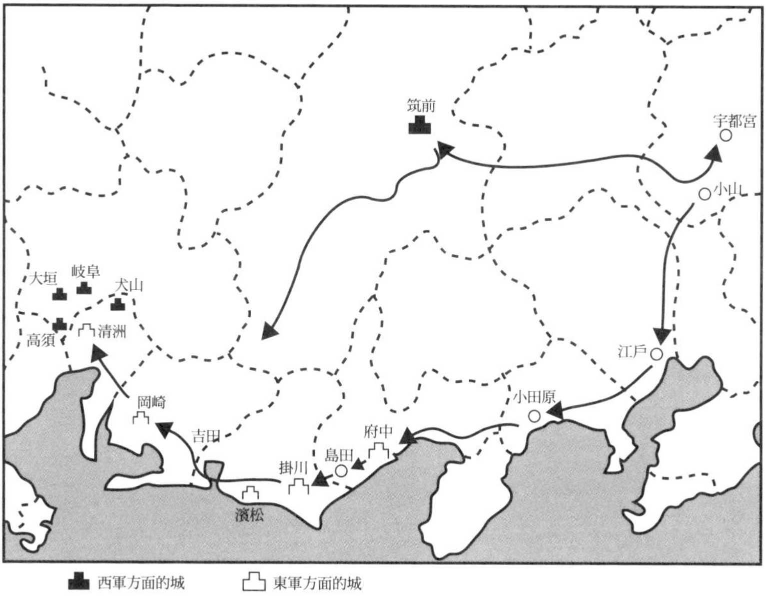

豐臣東軍的進軍路線圖

當然，已經到達清須的豐臣東軍自然沒心思去想這三國領主的向背，他們一心想要早日突破木曾川，進攻美濃國的岐阜城。岐阜城主．織田秀信是昔日那位差點統一天下的霸主．織田信長的嫡孫。秀信自小便受豐臣秀吉照顧，獲得秀吉賜予「秀」字，又位居有名無實的地位，守著已經凋零的家業。

雖然如此，或許是感念秀吉的養育之恩，秀信自秀吉死後也跟毛利輝元一樣，早早向豐臣西軍靠攏。

在八月中旬，秀信的岐阜

城赫然成為了豐臣西軍與豐臣東軍對峙的前線要地，而秀信當時尚且年輕，只靠左右的重臣接受豐臣西軍的指示佈防。當然，豐臣西軍的首腦們也不敢把這麼重要的地方交給織田家自行處置應對。於是，島津義弘、石田三成和增田長盛等人便調派軍隊到美濃國協防，力圖阻止豐臣東軍輕易突破木曾川防線。

另一邊的豐臣東軍在清須城休息整頓數日後，在八月二十日準備好要向北面隔河相望的岐阜城進攻。這裡發揮重要作用的便是熟知當地地理的福島正則和一柳直盛（美濃國黑田城主）。

這裡有一個小插曲，福島正則在早前已被家康安排率先回到清須，準備好前線的備戰工作。然而，當各大名在八月上旬到達清須後，德川家康依然在江戶，沒有出兵，只派出家臣為使者到前線鼓勵士氣，以及多次用「即將出兵」來拖延推搪。

為此，正則終於在攻擊岐阜城前幾天對剛好來到清須傳話的家康使者．村越茂助表達心中的不滿（《慶長年中卜齋記》）。正則說：

內府公至今仍不出兵，是打算犧牲我們嗎？

對此，村越茂助回應說：

內府公至今不出兵，乃因諸位至今仍然未有出動之故。

福島正則聞言緩緩地打開手上的扇子，指著村越茂助說：

說得有理！那就請閣下馬上將我們立即出兵的消息匯報給內府公。

這個對答在八月底傳回江戶的家康耳中，雖然不知家康聽後作出什麼反應，但家康也理應知道，前線的焦慮情緒已經到達一個沸點，而據聽聞此事的卜齋說，當時在場看著正則與茂助針鋒相對的本多忠勝和井伊直政無不冒出冷汗來。

那麼，前線的豐臣東軍是怎樣回應村越茂助的發言的呢？據參與攻略的長岡忠興的傳記《細川忠興軍功記》記載，豐臣東軍在清須城決定兵分北、西兩路進擊，北路由一柳直盛引路，與池田輝政、山內一豐等將一起渡過木曾川上游的河田口岸，與對岸的織田軍交戰，而西路則由福島正則引領，與田中吉政、加藤嘉明等人，還有井伊直政和本多忠勝渡過萩原河口後，一起拿下西北岸邊的竹鼻城，掃除北上的阻礙後，再與北路軍合流攻擊岐阜城。

對手的織田秀信也沒有坐以待斃，立即派出四千人（諸說）到兩個河岸邊嚴陣以待，在後方的豐臣西軍也趕緊派出援軍往岐阜趕去支援。然而，豐臣東軍的兩路大軍都是身經百戰，又心有怨憤的將領，防守的織田軍在兩日後與他們對戰，立即大敗而歸。西北口的竹鼻城火速陷落，但北口的正面軍卻更輕鬆地打敗那裡的織田守軍，而且為了更快指向石田三成的佐和山城，完成反攻，在池田輝政的私斷下，北口的部隊決定不等待西北口的友軍來到，搶先攻打岐阜城。

這個消息不僅使豐臣西軍大為震撼，西北口的豐臣東軍也為之惱怒。其中，福島正則對眼前的首功被活生生搶走惱羞成怒，想與池田輝政理論，但在長岡忠興、黑田長政和井伊直政的相勸下，決定來個順水推舟，福島正則、長岡忠興趕赴岐阜支援攻擊，黑田長政、藤堂高虎和田中吉政等則索性放棄攻擊岐阜城，改朝岐阜西方的大垣城（今·岐阜縣大垣市）推進，再搶先一步向石田三成的佐和山城進擊。

八月二十三日，岐阜城被圍攻下不足三天便告陷落，或許是出於舊主之誼，池田輝政接受了織田秀信的投降，將他移送到附近寺院軟禁。另一方面，轉進大垣的黑田長政、藤堂高虎和田中吉政等則在同日左右在大垣東南方的合渡川口擊敗派到那裡嚴守的石田三成援軍，接著於翌二十四日，黑田、藤堂和田中軍與完成岐阜攻略的池田輝政、福島正則軍於大垣以東約四公里之地會合，一起朝大垣城推進。

豐臣西軍與德川家康的焦慮

昔日織田信長用心打造的名城．岐阜城三天不到便告失守，又使豐臣西軍第二道防線．大垣城直接面受威脅，可以想像這個消息使豐臣西軍感到何等震驚。岐阜城之戰失敗的最大原因，是因為當時豐臣西軍的兵力只有部分集結在大垣城內，但主力軍則因為要處理田邊、大津和安濃津三地的反抗，無法及時集結來應對，加上對手豐臣東軍的福島正則等人熟知地理，掃除了北上的不少障礙。

當豐臣西軍在八月底攻破伊勢的安濃津城（今．三重縣津市）後，增田長盛立即要求那裡的宇喜多秀家、吉川廣家、毛利秀元等人北上支援。在他們趕到之前，為今之計只好死守大垣城附近，阻止蓄勢待發的豐臣東軍前線諸將繼續西進，同時為各地盟軍趕到大垣附近爭取時間。

不過，為岐阜城之戰感到吃驚和焦慮的，不只豐臣西軍一方，遠在江戶的德川家康的震驚程度恐怕也是不相上下的。雖然站在家康的立場而言，為免諸方生變，主戰事越快順利結束越好。但是，越快越好也必須在他的主導下才有戰略意義，也最是完美的。

一旦前線的諸將乘勢繼續西進，在自己的努力下完成與豐臣西軍的對決，並且取得勝利的話，縱然是豐臣東軍總帥，家康也終將因為貢獻全無，在諸將面前面目無光不在話下，在戰後要搶得主導權來實現篡奪豐臣政權的野心，也就難上加難了。

反之，如果諸將擅自與豐臣西軍開戰而戰敗，德川家康和德川家也將成為眾矢之的，圖霸奪權的野心同樣將成為泡影。因此，對於家康而言，不論是勝是敗，起碼都必須掌握在自己手裡才有意義。

因此，八月底，岐阜城陷落的消息傳到江戶後，家康一改從容不迫的態度，立即派人到前方，向諸將明示自己定於九月一日出兵，又明令各將不要輕舉妄動。除了防範豐臣西軍來襲外，一律停止進擊，等待他跟兒子秀忠到來後，再按指示行動。

家康之心，路人皆見。說得難聽一點，就是既想搶功，又怕人搶功。前線諸將當然也十分明白家康的心思，只是前線諸將再想怎樣擊倒大垣城的豐臣西軍，也深知大垣城內已有兵力，也不如岐阜城易攻，更知道各地的豐臣西軍一旦在攻城戰中從後趕到，再進行反包圍的話，那麼他們的努力也會前功盡廢。再說，家康與秀忠加起來的兵力雄厚，只要準時來到，勢將如虎添翼，而各將之間也並非合作無間，跟豐臣西軍一樣是各懷鬼胎，也絕不想給任何一人得到更多的好處，所以他們某種程度上也需要德川家康來主持大局。

顯然，家康也十分明白，命令是生硬的，人心是易變的，只靠使者和在場的井伊直政、本多忠勝來制止諸將行動，根本是治標不治本的。所以，家康在八月底通告自己出兵後，立即以最快的速度行軍。九月一日從江戶出發，只用了十天便到達原本的前線陣地・清須。以現代的標準來說，江戶至清須的總距離大約是三百五十公里。換言之，家康以每天三十五公里的速度率軍西上。

為了方便讀者理解這速度，這裡拿一個好例子來比較，豐臣秀吉在天正十年（一五八二）六月那場成為後世佳話的「中國大撤退」，同樣以十天時間，成功從約二百三十公里外的高松趕回京都，可見家康這次的行軍雖然準備工夫和時勢不同，但行軍速度是何其神速，完全表露了他對於「搶回主角」一事是何等心切。

不過，家康這次急速行軍有一個奇怪的安排。根據當時家康的侍醫・板坂卜齋的回憶，家康從江戶出發後，下了以下的命令：

捲起御旗，御旗印、御馬印（註：象徵該將的旗幟標識）也盡量不露聲色地抵達三島（今・靜岡縣三島市），（家康）又命人將御馬印直接帶到熱田（今・愛知縣名古屋市），奉行人緊隨左右，軍隊前方只由「御小人」（普通兵卒）帶領。至大垣時方樹起旗號……上方軍（豐臣西軍）為首的諸軍大為震驚。（《慶長年中卜齋記》）

從卜齋的回憶可以看到，就連他本人也對家康的安排感到不可思議。我們自然會問：為什麼家康會不張聲勢，不露聲色下神速行軍呢？

有歷史學家認為，這是因為家康不想被豐臣西軍的偵察部隊知道他已經從江戶出兵，迫使豐臣西軍端出「撒手鐧」——大坂城內的豐臣秀賴到前線與家康決戰。

那麼，豐臣西軍又是否真的中了家康的圈套，完全偵察不到德川軍的行動呢？首先，以目前的史料而言，我們無法有足夠的資料去判斷豐臣西軍是否真的沒有察覺家康的隱密行動。然而，本書已經多次提到，自從豐臣西軍乘家康東走，舉兵起事以來，「家康正在回師」的傳言在京坂一直不絕於耳。對於豐臣西軍來說，「家康殺來」是從一開始便想好的事態，問題只是家康什麼時候真的殺來。

但是，九月初的當時，豐臣西軍更為緊張的現實問題是豐臣東軍的前線部隊已經繞到大垣城西北的赤坂和垂井（今．岐阜縣垂井町）集結，與石田三成、島津義弘、小西行長等死守大垣城的豐臣西軍對峙。

因此，豐臣西軍當時根本沒有時間，也沒有切實的必要去擔心家康什麼時候來到，如何快速使己方援軍來到大垣城外支援，與豐臣東軍抗衡，再盡量拖延時間，讓其他地方的友軍及時趕到，才是豐臣西軍在九月初最想的，也最急切要做到的目標。

九月十二日，一路順利地以神速西上的家康來到岐阜，十三日到達赤坂，與前線諸將會合。在這之前，家康在出發前拋出的「橄欖枝」也收到了一定的效果。

九月初，伊達政宗收到家康保證事成後將上杉家治下的父祖之地賜給伊達家後，伊達軍與上杉軍的戰鬥再燃；九月七日，同樣獲家康保證事成後，可以獲得筑後（今・福岡縣南部）、肥後（今・熊本縣）兩國的加藤清正寫信給家康，明確表示了自己無意接受豐臣西軍的勸誘，堅決與黑田如水一起在九州對抗當地的豐臣西軍。

無疑，遠方的友軍接受了家康的利誘，也為了自身的利益在自己的戰場奮鬥。比較豐臣西軍，豐臣東軍的團結程度似乎略勝一籌。然而，就在家康快速抵達美濃，準備著手應對大垣城內的豐臣西軍時，豐臣東軍的後方卻出現了一個重大失誤，差一點使陣營的努力前功盡棄。

真田昌幸的陷阱

當德川家康暢行無阻地到達決戰前線時，卻猛然發現身處中山道的德川秀忠遇到大麻煩。秀忠原本是隨家康出征會津的，後來因為上方生故，跟兄長・結城秀康一起被家康留在宇都宮穩定軍心，以及負責聯絡奧羽、關東的諸侯。

到了八月下旬，待在江戶的家康收到前線諸將已經抵達清須，於是決定轉變策略，命令秀忠離開宇都宮，經中山道，取道信濃國（今．長野縣）再進入美濃國，與家康的主力軍會合。從後來的結果來看，整條中山道上就只有與石田三成、大谷吉繼有姻親關係的上田城主．真田昌幸最有可能成為路障。因此，德川秀忠聯同老臣．榊原康政、大久保忠隣等人在八月二十四日出發時，最大的任務就是將上田城拔掉，使西上的路上沒有後顧之憂，只是他們沒有想到這事情會出現失策。

秀忠在八月二十四日出發後，隨即將目標鎖定在上田城身上。八月二十八日，秀忠軍抵達上野松井田（今．群馬縣安中市），即將進入真田昌幸的領地，與之進行戰鬥時，秀忠寫信對黑田長政說：

我方已決定當此地情勢明朗後，便隨即上京。（《黑田家文書》）

換言之，在秀忠軍的戰略上，拔掉真田昌幸是率軍西上的前提和必要工作。因此，後來發生的上田城之戰本來就是應該發生的戰事，絕非偶發事件。剛開始時，秀忠軍還是比較順利的。

真田昌幸長子兼沼田城主（今．群馬縣沼田市）．真田信幸（信之）是德川家重臣．本多忠勝的女婿。因此，信幸聽到秀忠來到上野、信濃的消息後，立即率兵加入，真田家成為了另一個因為親情和政治立場，家族一分為二的受害者。

九月初，秀忠軍到達信濃小諸（今．長野縣小諸市），距離真田昌幸的上田城已經不遠。據後世的德川幕府的史書和松代真田藩的家史記載，秀忠為了避免因為與真田昌幸和上田城交戰，浪費前進西上的時間，因此派出使者到上田城勸降，但真田昌幸似降非降的態度，使秀忠被玩弄之餘，也因此被迫空等數天。

到了九月六日，昌幸終於展露出不投降的架勢，而且在上田城外發生了德川軍與真田軍的小型衝突，德川軍誤以為真田軍故意挑釁，因而發起了攻擊，上田城之戰也由此打響。

不過，由於同陣的德川老臣．本多正信為免戰鬥變成長期戰，主動請求秀忠停止戰事，而且在九月七日，秀忠等人收到了德川家康催促秀忠軍火速趕往上方的命令（後述），於是秀忠軍於翌九月八日決定中止戰鬥，並且安排從屬的信濃國大名留守後，大軍繼續向西進發，以期趕上與家康軍會合。

以上關於這場成為後世佳話，被視為是德川家醜事之一的上田城之戰，讀者們大多耳熟能詳。不過在一手史料裡，這場戰事的戰鬥經過可以說是找不到任何可信的憑證和材料。

上述的德川幕府史書如《台德院殿（秀忠）御實紀》、《烈祖成績》，還有真田家的家史《真武內傳》、《異本上田軍記》等的內容大多在戰後超過一百年才寫成，而且各自帶有濃厚的政治需要，德川方需要為這次「失誤」曲筆，而真田方則要彰顯自家的武威，兩方的可信程度均不高，也沒有辦法找到史料去驗證。

因此，基於目前留下來的史料而言，我們只能確認德川秀忠的確在九月初至九月八日對上田城進行過軍事行動，但經過、戰況不詳。更重要的是，秀忠軍中止攻擊的最大原因，是因為收到了家康的催促命令，而不是攻擊上田城失敗。

九月七日，秀忠得知本多忠勝、井伊直政已抵達美濃赤坂，在書信中表示：

你們要求我們擱置這裡（上田）的戰鬥，十分有理，待我安排好真田這邊的配置後，將於近日出發，前往上方，期待屆時會面。

四日後的九月十一日，秀忠安排好防範真田家從後攻擊的配置後，寫信給盟友．安房國領主．里見義康，說明是收到家康的命令，才決定中斷攻擊上田城：

正當我方於這邊（攻擊真田家）展開行動時，因為石田治部少輔（三成）、備前中納言（宇喜多秀家）、島津（義弘）、小西（行長）等在大垣城擁兵死守，（豐臣東軍的）先鋒之眾正進行包圍。內府命令我等立即趕赴該地，因此，我已下令全軍立即出發。

換言之，秀忠軍最大的失誤和「醜事」，就是沒有及時收到家康的催促命令，在關原之戰開戰前四日才離開上田，結果無法及時趕到主戰場，成為德川秀忠作為武士的一生中最大污點。

既然如此，問題的重點便不是上田城之戰的勝敗，而是為什麼會出現這種溝通上的失誤。一般說法指德川家康派出的使者．大久保忠益於八月二十九日在前往秀忠本營時遇上天氣不佳、河水上漲，輾轉十天才在九月九日找到秀忠，那時候秀忠剛結束了上田城的戰鬥。

不過，上面提到秀忠在九月七日知道了友軍先鋒已經到達美濃，自己嚴重滯後的問題，因此上述的天氣不佳等問題是屬於副次的。那麼，真正的問題是什麼呢？

顯然，當中的最大問題是家康突然決定更改戰略，讓攻打上田城的秀忠軍，立即改為急速西上。迫使家康急轉彎的原因就是因為前線的豐臣東軍只用一天便拿下岐阜城，突破了豐臣西軍的防線，也超出了家康的想像。

因此，家康為了確保德川軍的存在感，使德川家的主角地位不留污點，除了他自身神速西上外，也必須讓剛在中山道行進的兒子．秀忠也率大軍趕到前線「吶喊助威」。換言之，在家康本來的計劃裡，秀忠的大軍本來也應該出現在前線，然後一起與豐臣西軍對決。

只是，德川家康百密一疏的是，他在八月下旬收到前線已拿下岐阜城的消息後，在幾天後的八月二十八日左右才派人到信濃，命令秀忠放棄原先目標，立即西上行進。

可是，從江戶到信濃的路程，以及秀忠軍已與真田昌幸開戰的事都需要計算清楚，但家康當時的計算裡根本無法顧得那麼多了。另一邊的秀忠即使收到了家康更改戰略目標的命令，但難免需要時間做出調整，能否及時趕上都在未知之數。因此，德川家康在九月六日對福島正則說，秀忠軍將在九月十日到達美濃，從結果上來說是理想主義，也反映了當時家康還沒有掌握秀忠軍的情況。

無論如何，家康的誤算，秀忠的失策最終導致德川軍的陣容大打折扣，迫使家康於九月十三日到達前線時，必須做出迫切性的決定——等待還是開戰？

小早川秀秋的決斷

當豐臣東軍面對德川秀忠軍無法及時趕來參與決戰時，豐臣西軍也面對一個棘手的問題。自岐阜城被奪去後，石田三成、毛利輝元等人計劃在尾張國與美濃國之間的木曾川、長良川一帶設置防線的計劃已經失敗。面對豐臣東軍的北上，直指石田三成的佐和山城，以及大後方的大坂城，毛利輝元留在大坂城不出，而石田三成、島津義弘、小西行長等人則將前線設在大垣城附近，嚴防豐臣東軍突破。八月底收到三成等人的指示後，毛利秀元、安國寺惠瓊和吉川廣家率領的毛利軍已從伊勢趕回來，到達大垣城以西十公里外的南宮山（今·岐阜縣垂井町）。南宮山能夠俯瞰大垣城、豐臣東軍的前線·岡山、赤坂一帶，起到監視、牽制的作用。

另外，大谷吉繼也從越前的前線回師，到達位於大垣城西面約十八公里外的關原山中村佈陣。剩下來就是等待大津城、田邊城以及大坂城的盟友集結，爭取以最大的兵力優勢，對抗亦步亦趨的豐臣東軍，再尋找決戰時機。

可是，這裡發生了兩件意外事件，大大改變了後來的決戰條件。第一件當然是田邊城、大津城的戰鬥拖延過長，導致最有實力，而且距離最近的支援友軍無法盡早前來。

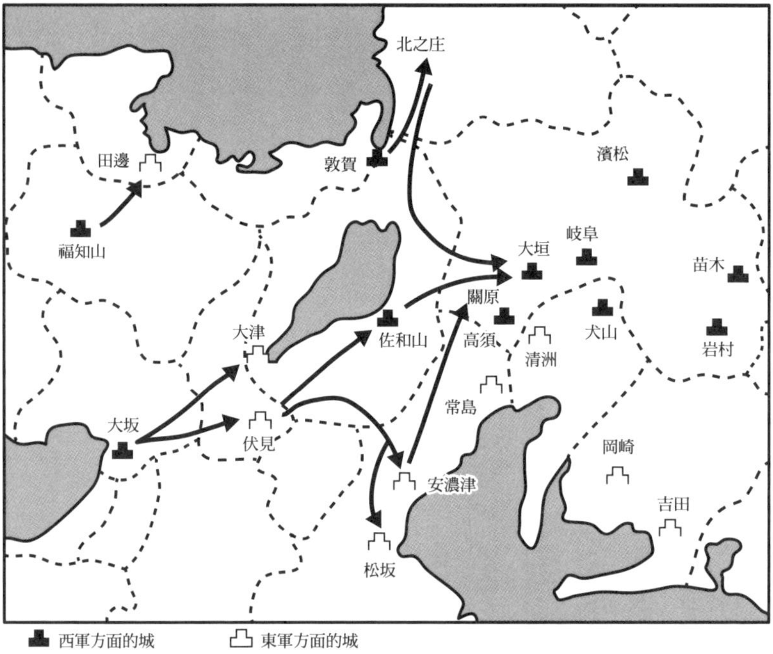

豐臣西軍的行動圖

第二件事則是一直以來以豐臣西軍一員的身分，表現十分活躍的小早川秀秋突然走上松尾山，立場不明。松尾山位於後來的關原主戰場南方，接近美濃、近江國的邊境，又能夠完全觀察到主戰場的情況，無疑是一個戰略要地。當初，豐臣西軍的計劃是在松尾山附近再修建一個新城寨（一般稱為「松尾山新城」），一旦家康率軍前來，便靠它來扼守山下由東至西的要道，阻止豐臣東軍推進。

這個重要的山城本來是打算由核心成員之一的大谷吉繼來駐守，在當時吉繼因為身在越前，所以松尾山新城便交給了大垣城主・伊藤盛正來守備，豐臣西軍的主力則入駐大垣城。

可是，就在豐臣東軍來到赤坂的前後，大谷吉繼回到美濃，毛利軍來到南宮山，而小早川秀秋的軍隊則登上了松尾山新城。

據後世的說法，秀秋軍將守在城內的伊藤盛正趕走，奪去了新城。遺憾的是，礙於相關史料太少，使我們目前已經無法得知三成等人當時的反應，以及在這之前，豐臣西軍的具體守衛措施與秀秋軍的行動有何關係。

只是，按照加藤清正在九月十六日寫給黑田如水的書信提到：

吉川廣家與小早川秀秋已經接受我方遊說的傳言，看來將成事實。(《黑田家文書》)

我們已經看到了豐臣東軍對吉川廣家的遊說交涉工作，所以不足為怪，但按照加藤清正的說法，秀秋也似乎早已與豐臣東軍進行交涉。只是，以目前的史料來判斷，最早只能確認兩方的接觸發生在八月二十八日，黑田如水之子・黑田長政和淺野幸長寫了連署信給秀秋：

就如我們在上次的書信說的……不管閣下身在何地，這次的忠心事關重要，兩三日內，內府公將來到這裡，閣下必須在這之前立下決斷。我們兩人必須繼續為北政所大人盡心盡力，所以才會這樣勸說，請閣下盡早回信。

一般認為，這封信是長政和幸長勸誘小早川秀秋的鐵證。可是，從文言用詞來看，勸說的意思無容置疑，但卻沒能看到秀秋的立場和反應，但起碼在八月底為止，小早川秀秋仍然沒有明確自身的立場。

當然，不少讀者會問：為什麼當時年僅十九歲的秀秋會成為豐臣東軍拉攏的對象。除了因為他的小早川家兵力在豐臣西軍中力量算是第三，僅次於毛利和宇喜多家，若使小早川家倒戈，將大大削減豐臣西軍的軍力。而且更重要的是，小早川秀秋有著與豐臣家鬧矛盾的過去。

兩年前的慶長三年，秀秋在不明所以的情況下被行將就木的秀吉命令改變領地，從筑前、筑後（今．福岡縣）改到越前一國、加賀（今．福井縣至石川縣南部）。江戶時代的傳說指秀秋因為在朝鮮犯下濫殺婦孺之罪，又或者是在朝鮮作為名義上的統

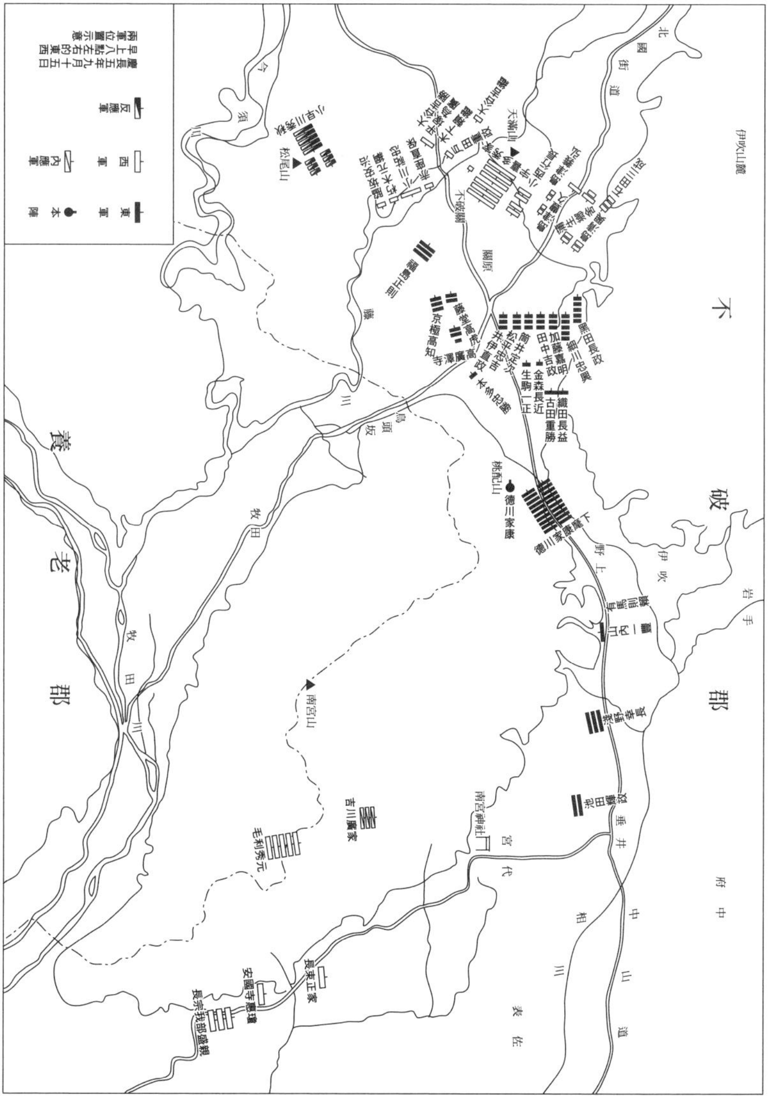

慶長五年九月十五日早上八點左右的東西兩軍位置示意

帥，表現不力才被處罰，這不過是後世人的附會想像，史料上均不能確實。

秀秋在筑前的領地被沒收後，由石田三成、淺野長政等豐臣奉行代為接管，變相成為了秀吉的直轄地。秀秋在筑前的領地成為秀吉的「囊中物」乃由於該地位處出入朝鮮的前線基地，沒收、改替領地似乎並不因為犯錯，而是當時秀吉和豐臣政權為了強化侵略前線的控制，藉機拿下這些地區。不過，在一年後隨著秀吉死去，筑前、筑後的領地在德川家康跟前田利家的協調下終於交回給小早川秀秋。換言之，家康與秀秋之間的交情不淺。反之，石田三成和淺野長政受命接管小早川的領地，即使是秀吉的命令，也難免使秀秋和三成及豐臣奉行之間產生隔閡。

不過，就跟現代政治的名言「政治上沒有永遠的朋友和敵人」一樣，豐臣西軍舉兵之後，小早川秀秋和他的家臣一直身處京坂之地，也似乎沒有獲家康命令，要隨軍出征會津。

於是，在四處皆豐臣西軍的情況下，即使小早川秀秋心在豐臣東軍，也是無從表示。為了利益和保身，秀秋和小早川軍乾脆以豐臣西軍的身分，積極扮演著重要角色。按京都的貴族們日記所示，攻下伏見城便是小早川軍和島津軍的努力所致。

小早川秀秋在伏見城之戰後的動向不明，一般認為他與小早川軍隨毛利秀元、吉川廣家一起到伊勢，攻打安濃津城，但沒有明確的證據足證。另一方面，八月二十二日，家康的家臣佐佐正孝的書信則引用手上的情報指，當時秀秋與兄長・木下勝俊，還有九州肥前佐嘉城（今・佐賀縣佐賀市）的鍋島勝茂等共一萬餘人一起前往越前南端的木之芽寨，配合大谷吉繼嚴防前田利長南下。

如果這個情報是真的話，秀秋在八月下旬為止很可能是在越前。由於前田利長決定先回金澤靜觀其變，越前的防衛工作暫時得以放鬆下來，於是各自南下美濃，協防大垣城。小早川秀秋很可能是在那個時候南下，並闖入松尾山新城。就在那個時候，黑田長政和淺野幸長的遊說信便送到秀秋陣中。

那麼，究竟秀秋怎樣回覆兩人的勸說，這已經無從稽考。唯一可以肯定的是，他們兩人對秀秋的遊說工作仍然持續下去，而且在關原之戰的十天後，家康寫信感謝秀秋的幫忙時，便提到：

今次閣下於關原之戰的忠誠，實在使我感到喜悅不已。尤其是閣下沒有改變我倆早前至今的約定，實在是可喜可賀。今後我將待閣下與我兒秀忠一樣，不會有任何隔閡（《木下家文書》）

雖然無法確認家康說的「早前至今的約定」（即倒戈）是從什麼時候談好的。但種種跡象都再次反映秀秋與豐臣東軍之間的交涉已有一段時日。

另一方面，豐臣西軍又有沒有對秀秋做工作呢？據可信性較低的軍記《關原軍記大成》所說，毛利家的代表．安國寺惠瓊、大谷吉繼、石田三成、長束正家和小西行長在九月十四日，即關原之戰前一天給秀秋寫了一封連署信，許下四大承諾：

一、秀賴公十五歲之前，秀秋公擔任關白之職

二、攝津國（今．兵庫縣東南至大阪府西部）作為秀秋公在上方的食邑

三、以秀賴名義賜小早川家重臣．稻葉通政和平岡賴勝近江十萬石之地

四、贈送黃金三百兩給稻葉通政和平岡賴勝兩人，作為謝禮

這個說法只出現於軍記之中，而且上面提到的稻葉通政在關原之戰時仍然未當上小早川家的重臣，所以我們可以肯定這個連署信是杜撰之物。在現時僅有的史料而言，豐臣西軍似乎到九月初為止也沒有任何談論小早川秀秋的跡象，而京都貴族在關原之戰後紛紛對秀秋的倒戈大表震驚和不解。由此可見，秀秋和他的家臣很成功地隱瞞了自己的立場。以結果論而言，這個失策最終成為了豐臣西軍飲恨關原的最大敗筆。

那麼，秀秋為什麼決定倒向豐臣東軍呢？這個問題目前也沒有任何足夠的史料可以解答，但考慮到秀秋當年只是十九歲的年輕人，倒戈的決斷很可能是跟身邊的家臣洽商的結果，換言之，真正推動小早川軍倒戈的不是秀秋一人，而是小早川家高層家臣與秀秋共同決定的。

於是，豐臣西軍便帶著這個巨大的不利因素，迎來了命運之戰。

「關原回想」之三

黑田長政與福島正則的友情改變關原之戰

熟悉關原之戰的朋友都知道黑田長政與福島正則在關原之戰前便一起在德川家康麾下，為他對抗石田三成與毛利輝元等豐臣西軍。相信沒有人會否定他們兩人怎樣為豐臣東軍，以及德川家康奪取天下，立下重要功勳。問題是，他們兩人是怎樣走在一起的呢？最為著名的一個故事，便是他們兩人交換頭盔開始。

名槍・日本號

在這之前，說到福島正則跟黑田家的關係，前幾年的大河劇《軍師官兵衛》中便有一集提到了他跟黑田家臣・母里友信（太兵衛）比拚喝酒，結果輸了。正則便把自己心愛的名槍「日本號」送給了友信，而現在位於福岡市的母里太兵衛銅像手上便是拿著這枝槍，而本物則陳列在福岡市博物館裡。

不過，競酒輸掉名槍的故事只見於黑田家的故事書，和以這故事為藍本編成的民謠《黑田節》。換句話說，福島正則是不是真的是「日本號」的原主人，又是不是真的因為競酒而輸掉了愛槍，實在只能說是一個謎。更重要的是後來黑田藩，或者利用這個故事來腦補的人士便在這故事上加鹽加醋，描繪福島正則是一個酒癮很強的人，再引申到他個人的操守和判斷力有誤差云云。

交換頭盔

跟上述的日本槍的故事一樣，接下來的主線——交換頭盔的故事也只見於黑田藩的記錄之中，不過，由於以下的相關記錄出現在貞享五年（一六八八），時間距離事發時間也不算太遠，所以姑且作為參考，信不信由大家了。

那麼，關於黑田長政與福島正則交換頭盔的經過，究竟是怎樣的呢？根據黑田藩所藏的《黑田御家御重寶御武具故實》，原本黑田長政戴的是水牛頭盔，福島正則戴的則是一之谷頭盔。水牛頭盔跟隨身的甲冑是自長政上戰場開始，便著用的武具，而且一直用到侵略朝鮮的戰爭為止。

後來，長政與正則在朝鮮之陣裡有不和，回到日本之後便宣布絕交，不過在竹中重門（竹中半兵衛之子）等人的勸解下，兩人再次會面，而且大談各自在朝鮮戰場上的「威武史」，結果兩人和好如初，更提議交換頭盔和甲冑，作為盟證。不過，按照記錄，雙方都知道對方的頭盔和甲冑意義匪淺，於是決定改為互換仿製品，原本的頭盔和甲冑則繼續由自己保管。

在接下來的日子裡，互相都會戴上對方的頭盔和甲冑，作為和好的證明。在著名的關原之戰上，長政戴著的便是一之谷，而正則戴上了水牛。這個交換之誓便是在關原之戰開花結果，兩人一起在家康之下改變了豐臣政權和日本的命運。

友情的結局

眾所周知，在二十年後，福島正則因為違反了幕府禁令，私自改建廣島城，輾轉之下被罰改易，轉到了信濃川中島藩了卻餘生。他的家臣福島丹波守在京都生活，當時已經年老的黑田長政聽說丹波守保管著當年交換的水牛頭盔和甲冑（按理應是仿製的那個），於是派家臣去丹波守的居處，希望取得水牛頭盔和甲冑，然後再次穿著這套甲冑。

丹波守本身覺得可以理解長政的要求，但又怕身在川中島的正則不同意，於是向長政說明苦衷，更提議長政可以自行恢復穿著自己保管的原版甲冑。長政聽到丹波的說明後，便決定不再索要他手上那套仿製的甲冑，自己也再沒有重新穿用水牛甲冑，而是繼續使用一之谷。

長政病死前，將原版的水牛甲冑送給了自己的四兒子・黑田高政，但高政英年早逝，水牛甲冑便回到了他的兄弟，即二代藩主・黑田忠之手上。

以上的故事雖然沒有什麼離奇古怪的橋段，但我們不難發現，這段交換甲冑的故事反映了關原之戰前豐臣東軍和豐臣西軍之間因為侵略朝鮮之役，結下了仇恨和友誼。能像長政與正則那樣通過交換甲冑或信物，做到和好如初的例子是比較少的。

從另一個角度而言，關原之戰之所以發展成這樣大的規模，並不只是因為是決定豐臣政權的將來那麼簡單，背後各種人際關係，恩怨情仇交織在一起，結果便在關原之戰上來了一次清算。

歷史總是那麼多不易看清的細節，因此才值得我們小心考察。

半日即終的決戰

究竟關原之戰是怎樣打響，然後怎樣結束的呢？答案是很無奈的。因為跟其他戰國時代的戰事一樣，幾乎所有的戰鬥經過在可信史料裡，都只有寥寥數筆，便告結束，又或者只有極為零碎的見聞，不足以「重組案情」，即使是影響到日本及後四百年政經發展的關原之戰也不例外。

在目前來看，大部分的著名情節都出自於江戶時代的軍記小說，或者各個有份參與戰事的武將們的子孫和家臣後代利用軍記小說和想像而成的產物。另外，讀者們熟悉的關原之戰布陣圖，也不過是明治時代的想像

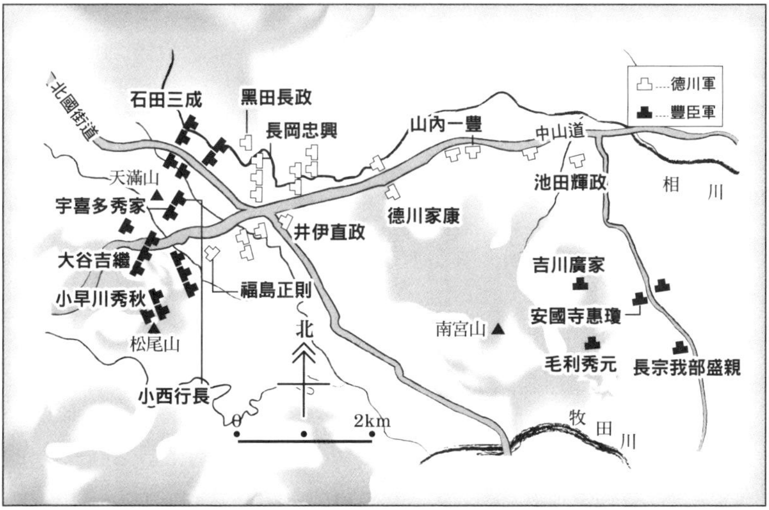

一般所說的關原之戰對陣圖

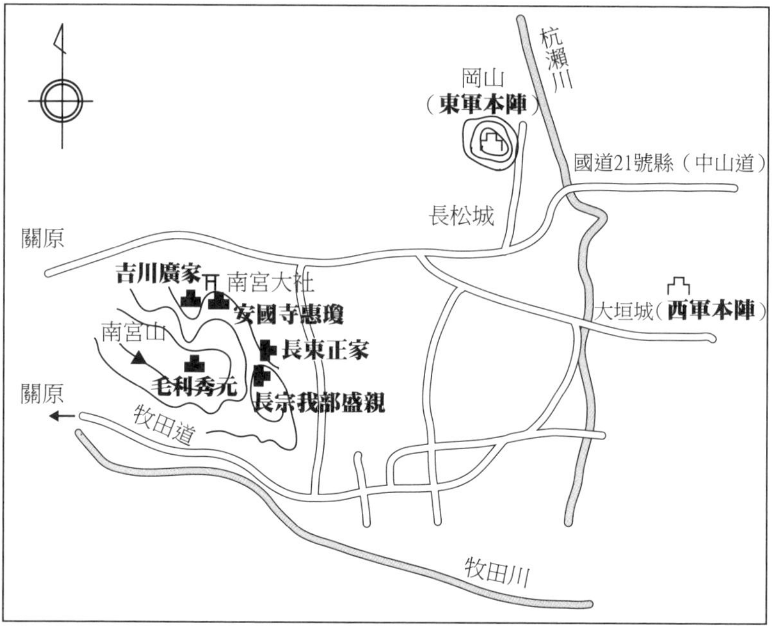

關原之戰時的南宮山

之物，沒有充足的根據。還有，主戰場裡各個陣跡碑，也是在明治時代由當地的鄉土史家按照自己的勘察和軍記內容來判斷，並且設置的。

總而言之，那些在日本早已是家喻戶曉，甚至可以說是蜚聲國際的關原之戰佈陣圖和遺址，實際上皆禁不起史學研究的考驗。那麼，撇開軍記和先入為主的想法，在現在僅存的史料上，就只有幾個史料屬於可以幫助我們重組部分戰事經過而已。

接下來，我們就利用這

些鳳毛麟角的資料，大致重組當時的情況。第一個資料就是吉川廣家在關原之戰後親筆書成的兩封書信，簡單地述說了他眼見耳聞的一切。

眾所周知，吉川廣家在關原之戰裡，與毛利秀元、安國寺惠瓊和長束正家在戰場東南的南宮山上。軍記的說法指，廣家已決心內通豐臣東軍，於是藉正在用餐為藉口，力阻欲戰的毛利秀元和安國寺惠瓊下山出戰，以確保毛利軍無一介入戰事。

然而，撇開這個說法只見於後世的軍記，無法論證真假。反之，吉川廣家作為旁觀者目睹關原之戰的經過，他的回憶和整理雖然存在一定的政治目的，但仍然是極為珍貴的資料。

除了吉川廣家的回憶外，另外還有豐臣西軍一員・島津義弘的家臣們的回憶錄。近年，這些名不顯著的人物的親身經歷也逐漸為史學家所重視，用以克服過往只著重「大人物」、「大歷史」的視角。通過他們極有限的所見所聞，也能看到與坊間一直描述的戰史之間，存在極大的差異。

因此，以下我們利用這兩組史料，再配合其他片斷的一手史料，來看看九月十五日究竟發生了什麼樣的戰事，又跟傳統講法有哪些不同。

九月十四日當日，豐臣西軍與豐臣東軍的雙方士兵在大垣城外的赤坂附近發生了小型的械鬥，一般認為這就是軍記小說中提到，被稱為關原之戰前哨戰的「杭瀨川之戰」。據自稱參與此戰的中村一氏之弟．中村一榮的家史，還有長岡忠興的《細川忠興軍功記》所載，這場戰鬥裡中村家牽涉其中，並且損失了家臣野一色賴母等人，但按兩書的記載，戰鬥規模很小，只有三十多人死傷。因此，這場「杭瀨川之戰」充其量只是一場小型的衝突而已。

據德川家臣．石川康通和彥坂元正的書信記載，到了九月十四日晚上，死守在大垣城內的石田三成、宇喜多秀家、小西行長、島津義弘等人突然放火燒燬大垣城的外郭，然後率兵離開大垣城，向西方的關原方面轉進。據吉川廣家的說法，石田三成等人的轉進主要是因為知道家康已經來到不遠處的岡山，而且也擔心在城外的山中村佈陣的大谷吉繼會受到豐臣東軍夜襲，於是決定趁夜色掩護，撤離大垣城。

另外，據德川家康的家臣．保科正光引用所得情報顯示，當時的大垣城乃一座「小城」，豐臣西軍的大軍（據報為二萬餘人）無法全數擠進城中。因此，如果保科正光的情報可靠，那麼當家康率兵到達後，豐臣東軍已經算是齊備了進攻的條件，反觀豐臣西軍則反而暴露在敵人的面前，一旦豐臣東軍發動攻城戰，豐臣西軍反而先受制於空間所限，無法很好地應戰。

換句話說，如果豐臣西軍的主力沒有離開，繼續留守在大垣城，那麼這場決定日本國家命運的戰爭就可能不是一場野外會戰，而是一場城池攻防戰。

另外，根據家康侍醫．板坂卜齋的回憶裡提到當天豐臣西軍的主力向關原一帶轉進的另一個原因：

（轉進的）原因是因為傳出筑前中納言大人（秀秋）叛變，要前去處置，於是離開大垣。

有關秀秋的倒戈留在後面再談，總之，在九月十四日夜晚，當豐臣西軍的主力向關原一帶轉進的時候，其實受制於十分多的因素，似乎並非一個主動積極的戰略，更不像傳統說法那樣，是石田三成想好的策略。

至於其他的豐臣西軍如吉川廣家、毛利秀元、安國寺惠瓊、長束正家在當時已經在大垣城西面的南宮山待機，長宗我部盛親則在南宮山東南方的南栗原。那麼，這批在南宮山和附近駐紮，被後人指責沒有出兵支援的大名究竟發生了什麼事呢？

據吉川廣家的回憶，他成功躲過同陣的安國寺惠瓊和長束正家的視線，在決戰前一天的九月十四日，與黑田長政、福島正則，還有家康重臣．井伊直政和本多忠勝取得了聯絡，而且交換了誓書和人質，只要毛利家不做任何行動，毛利家的安泰便會獲得保證。

廣家的說法在對陣的長岡忠興的家記《細川忠興軍功記》裡也得到了引證。十五日黎明時分，福島正則告訴忠興說：

吉川（廣家）派人對黑田（長政）說，他本想在昨日（九月十四日）倒戈，但由於治部少輔（三成）等人在昨晚突然由大垣向關原方面轉進，不宜在當時便表露立場，所以無法立即倒戈。

另外，根據《細川忠興軍功記》裡說，收到了吉川廣家的約定後，長岡忠興和福島正則、黑田長政、加藤嘉明等人確信豐臣東軍早上的一戰已有優勢，於是一起動員，待家康命令後立即率兵進入關原一帶進行決戰。

換言之，根據廣家、忠興兩人的記述，關原之戰的形勢很可能早在決戰前便已大致分明，因為南宮山上的吉川廣家的確如傳統說法一樣，與豐臣東軍定下密約。

豐臣東軍的主帥德川家康也通過黑田長政收到了這個消息，據沒有直接參與戰事的豐臣東軍一員．一柳直盛的史料《一柳家記》所載，十五日當天，負責包圍大垣城的直盛派出使者向家康提議，先攻擊南宮山上的敵人（毛利、長束等人）。直盛的目的很明顯，就是要防止南宮山的豐臣西軍下山，從後攻擊豐臣東軍。

然而，家康卻回覆說：

應先快速擊潰這邊（關原主戰場）的敵人，只要把這些敵人打敗，南宮山上的敵人也自然不擊自退。

顯然，一柳直盛對密約之事一無所知，所以才向家康做出合理的建議，而家康則已經掌握了南宮山的敵情，所以拒絕了直盛的建議。綜合以上的史料，家康和豐臣東軍在十五日決定與豐臣西軍決戰，是完全在有把握之下做出的決定。

除了廣家的密約外，南宮山本身的地理條件也有利豐臣東軍放心攻擊。為什麼呢？雖然南宮山位於主戰場東南，但據考古調查，山上現存的毛利秀元、吉川廣家、長束正家和安國寺惠瓊的陣跡，還有身在南栗原的長宗我部盛親陣跡的方位都是面朝大垣城，而不是關原方面的。

這意味著關原之戰當天，身在南宮山的他們根本無法看到關原戰場的戰況，加上各種史料均顯示，當天自破曉時分，戰場便被濃霧瀰漫，能見度不足三十米。因此，我們可以說身在南宮山上的吉川、長束、毛利等人基本上是無法立即掌握關原戰場的情況，甚至可以說參與主戰並不是他們從一開始的目的。

總而言之，十五日當天，廣家等人繼續守在南宮山上，在有限的條件下被動地等待戰況的回報，而不是主動地尋求作戰的機會。另外，據廣家的說法，決戰當天，起碼在開戰時負責防範南宮山的豐臣東軍有池田輝政、井伊直政、本多忠勝以及家康的親衛隊、田中吉政和堀尾忠氏等隊。不過，據其他史料顯示，井伊直政和本多忠勝在不久後便投入主戰的戰鬥當中，從中我們可以推斷當天戰鬥並不是固定的對陣方式，也沒有設定「誰跟誰戰鬥」的規定，而是隨著戰機不斷進行改動和移動。

問題是，南宮山山上的主帥毛利秀元和安國寺惠瓊，還有長束正家又是怎樣反應的呢？奇怪的是在吉川廣家的回憶裡，完全沒有提及秀元的動向，而一直被廣家蒙在鼓裡的正家和惠瓊也似乎一直到了開戰前也不知道真相。然而，主戰場開戰後，正家和惠瓊似乎反應過來了，但是：

長束、安國寺欲出兵下山，但兩人感覺到情況有異（這指廣家固守不戰），於是先按兵不動，派人來我陣中，像對敵人一樣質問我軍，就在這時，山中（關原）的戰事已經結束，（豐臣西軍的）各隊已被打敗

至於距離戰場更遠，位於南栗原的長宗我部盛親又怎樣呢？據廣家的回憶來看，當時盛親與秀賴的直屬弓隊・火繩槍隊一起在南栗原，完全沒有作戰的意欲。廣家說：

盛親和秀賴公直屬弓隊・火繩槍隊看見內府公等隊率兵進入山中（關原）後，陣中的役夫紛紛向伊勢方向逃亡；當他們聽到決戰大勢已定的消息後，便在沒有通知各將的情況下，也往伊勢國方向逃亡了

顯然，上述的部分只概述了盛親和秀賴直屬弓隊・火繩槍隊在整場戰事的大致動向，具體情況並不清楚。但根據長宗我部家的遺臣・福富親政的回憶錄裡提到：

我軍與石田治部少輔同一陣營，於南宮山的南栗原佈陣，石田戰敗，所以我軍沒有參戰便撤退了。

我們從這短短數句裡不難發現，盛親和秀賴直屬弓隊・火繩槍隊均沒有跟豐臣西軍的主力一起共擊豐臣東軍的意向，而且盛親很可能是在沒來得及反應過來時，豐臣西軍便已經戰敗，所以盛親決定直接逃亡。

另外，值得留意的是，撇開盛親的參戰意欲不談，秀賴直屬弓隊．火繩槍隊也來到戰場一帶，卻選在離戰場較遠的南栗原駐紮一事。除了他們很可能也沒有參戰意欲外，也很可能暗示出一個事實——他們不能輕易投入作戰。

顯然而見，秀賴直屬弓隊．火繩槍隊自然是代表了秀賴的權威，如果輕易投入戰事，而又不幸落敗的話，事後秀賴受到牽連的可能性是十分大的。因此，秀賴直屬弓隊．火繩槍隊在沒有充分的勝利把握前，應該是不會投入戰鬥。

也就是說，秀賴直屬弓隊．火繩槍隊在掌握勝利之前，只會是一個擺設，豐臣西軍不會期待他們在開戰後便立即參戰。更何況，從上述情況可見，九月十四日至十五日黎明為止，豐臣西軍的主力一直處於移動的狀態，在吉川廣家的回憶裡，也不曾提到石田三成等人派使者催促南宮山的諸軍行動，恐怕這是因為三成等人仍未做好應戰準備下，確信勝利在手的豐臣東軍便追趕到來，因而無法及時安排、指示其他位處主戰場附近的友軍行動。

總而言之，在南栗原的長宗我部盛親與秀賴直屬弓隊．火繩槍隊在開戰前已位於遠離主戰場的位置，開戰後不久便潰不成軍，大勢已定時即刻匆忙逃走，他們嚴格上都不是豐臣西軍能夠期待的戰力。

回到南宮山上，除了一直無影無聲的毛利秀元外，長束正家和安國寺惠瓊在之後又有什麼反應呢？廣家回憶道：

長束大人收到山中那邊戰況不利的消息後，便一言不發地向伊勢國方向撤退了。安國寺也跟長束一樣，在戰事中途便逃走了。但不知道是什麼原因，他後來又回到南宮山上，派使者來跟我們說：「我已經得知我方（毛利家）與對手議和之事，我深知自己難逃一死，已經有切腹領罪的覺悟。」我回應道：無須如此，汝軍兵士先放下武器，閣下（安國寺）可以裝成一個普通的出家人一樣，先離開戰場。

總而言之，長束正家和安國寺惠瓊開戰後漸漸覺得不對勁，跟吉川廣家理論時為時已晚，大勢已去之下，兩人最終都決定逃走，從一開始都沒有參與戰事。以上所見，南宮山上除了毛利秀元的動向無法確認外，其他人除了吉川廣家積極地避戰外，基本上都消極應對。

值得注意的是，除了這些在主戰場外圍的諸將看起來無心戰鬥外，我們從吉川廣家的回憶中，另一個重要的線索是，這場重要的大戰似乎只在很短的時間內便告結束。

傳統的說法指關原之戰從早上八點到中午一點左右完全結束，持續約五個多小時。然而，吉川廣家的回憶錄裡卻寫道：

十五日，內府公立即率軍攻入山中（關原），在那裡觸發戰事，即時便將他們（豐臣西軍）打敗。

讀者可能會問：即使有南宮山的友軍不參戰，這場大戰也不應該那麼快便結束，會不會是吉川廣家誇張其事呢？

看來不是。

我們借助島津義弘家臣的回憶錄，以及豐臣東軍的一手史料，來看看主戰場那邊究竟發生了什麼。首先，再來看看前面引用過的石川康通・彥坂元正連署狀。裡面提到：

……敵人各自據險守備，我軍朝著各個敵人的陣地發動進攻之際，筑前中納言（秀秋）、脇坂（安治）、小川（祐忠）父子宣布加入我方，叛離敵營，於是敵營立即戰敗，我軍旋即轉入追擊戰，擊殺大量敵軍。

此外，根據當日派人到戰場附近勘察的前關白・近衛前久於戰後五天，寫信給兒子・近衛信尋，提及了戰事的大概：

石田、島津、小西等看見內府率兵到達大垣方面後，便轉進山區方面。內府公兵力約五萬……（豐臣東軍的）先鋒軍裡福島（正則）排列第一，第二長岡（忠興）、第三金森（長近），田中（吉政）等人兵力約四萬，各軍隊率軍（與豐臣西軍）於青野原（關原）爆發會戰。

（豐臣東軍）隨即獲得勝利。適時，金吾（小早川秀秋）倒戈，於戰場上，大谷吉繼陣亡，（豐臣西軍）順勢崩潰。據說那裡的豐臣西軍約五萬人，其中四、五千人戰死（《近衛家文書》）

綜合以上的資料，可以看到戰事甫開始不久，戰況便隨即起了轉折，尤其是小早川秀秋、脇坂安治和小川祐忠等人的確叛變，但似乎不是像傳統說法那樣，因為受到家康脅迫，又或者黑田長政派人催促所致，而是早有預定。

參考其中一個跟小早川秀秋一起倒戈，又事前已跟家康互通鼻息的脇坂安治的家史・《脇坂家傳記》中的記載：

當天戰事從早上八時開始後，安治便與秀秋一起明示倒戈之色，其後豐臣西軍方便戰敗了

換言之，豐臣東軍在十五日清晨殺進關原地區之後，隨即與豐臣西軍開戰，然後小早川秀秋等人便按約定倒戈，再殺豐臣西軍一個措手不及。

不僅如此，我們在這裡還可以看到另一個重點，那就是在整場戰事中，豐臣西軍裡只有大谷吉繼戰死沙場，其餘的石田三成、小西行長、宇喜多秀家都成功逃亡後，才先後被捕。這是為什麼呢？

史學家們便留意到大谷吉繼的陣亡並非偶然，而是必然的。答案就在前文裡一直提到的島津義弘家臣們的回憶錄裡。

根據京都的高僧神龍院梵舜的日記《舜舊記》於十五日當天的記載，豐臣西軍的一員．大谷吉繼是於巳時左右（早上十時至十二時）戰死的。當天在島津義弘左右的家臣．神戶五兵衛回憶道：

天亮後豐臣東軍攻擊大谷刑部之陣，經過六、七個回合後，山上的筑前中納言大人（小早川秀秋）立旗變色，突擊大谷大人陣中，大谷軍全軍覆沒。

另外，另一名佚名的島津家臣也提到大谷吉繼與豐臣東軍交戰之際：

身處大谷吉繼軍後方小山丘上的筑前中納言（小早川秀秋）倒戈，從山丘下山攻來，大谷軍全軍覆沒。

那麼，為什麼大谷軍會率先全軍覆沒呢？原本吉繼於關原的山中村附近設營，九月十四日夜間，大垣城內的豐臣西軍因為擔心在關原的大谷吉繼而退守關原，後來大谷軍的位置似乎發生了變化。

據島津家臣．黑木左近和平山九郎左衛門的回憶，大谷吉繼與小早川秀秋軍的對戰發生在石田三成軍與豐臣東軍的黑田長政軍發生戰鬥之前；另據神戶久五郎的回憶，小早川秀秋倒戈攻擊大谷吉繼時，豐臣東軍的福島正則軍已攻向宇喜多秀家軍的陣營。後來，秀家軍被打敗後，福島軍便向島津義弘的軍陣殺來。

所有的回憶都不完全一致，但綜合這些記載，大谷吉繼與宇喜多秀家的軍隊應該位於前線，但大谷軍的位置更靠近豐臣東軍，石田三成也在前沿位置，估計在宇喜多秀家軍的旁邊，而不是在後方位置，更不像是躲在山上。而島津義弘則在宇喜多秀家軍和石田三成軍的後方，至於小西行長的動向則不詳見於島津家的史料之中。

另外值得注目的是，島津家臣描述小早川秀秋向大谷吉繼發動攻擊時，是從一個小山丘上殺來的。可是，前面提到的松尾山新城位於海拔二百多米高的山上，按常理是難以用「小山丘」來形容的。

因此，小早川秀秋決定倒戈時，他的軍隊恐怕早已從高處的松尾山新城移動到較低的位置，接近大谷吉繼陣地的後方，當看到豐臣東軍殺進關原，並且攻擊大谷吉繼和宇喜多秀家之際，便按計劃倒戈，並殺向大谷軍。

由此我們可以推定在十五日當天早上，受到濃霧影響，豐臣西軍還沒來得及與友軍整合聯絡，取得默契，豐臣東軍便在黎明時分從後趕至，即時引發決戰。大谷吉繼的軍隊位於豐臣西軍諸軍隊的前方，小早川秀秋、脇坂安治等人倒戈，並且向大谷吉繼發動攻擊，豐臣東軍又在及後向石田、宇喜多軍方向攻去，很可能因為這個原因，大谷吉繼軍突出在敵陣之前，獨力難支，友軍也在應付各支豐臣東軍，最終使大谷軍全軍覆沒。在大谷吉繼軍被全殲前後，宇喜多秀家軍也在潰敗的邊緣，而石田三成軍也正受到豐臣東軍的攻擊。

大谷吉繼的陣亡和大谷軍全軍覆沒的直接結果，導致位於大谷吉繼之陣後方的豐臣西軍陷入被豐臣東軍圍攻的境地。侍奉義弘的下級家臣・大重平六的回憶錄則寫道：

石田大人的軍隊片刻也抵擋不住敵人的攻擊，便向中書（島津豐久）陣中潰逃

石田三成跟大谷吉繼一樣，早已作為豐臣東軍鎖定的目標，自然成為眾矢之的。當宇喜多、石田兩軍陷入困境時，後方的島津義弘為免影響自軍的軍心，下令：

如有敗退的友軍士兵逃到我軍來，即使是友軍也必須全部擊殺

至此可見，已經沒有辦法再顧及全軍的士氣和勝敗，各隊能做的就只有自保，盡量全身而退，島津義弘所做的決定正是為此。結果，敗退而來的宇喜多軍士兵不敢投靠島津軍，繼續往西處潰逃。石田軍也同樣在戰鬥後不久陷入苦戰，到了正午時分，這場大戰便以豐臣西軍大敗宣告結束。

單就以上史料所見，著名的福島正則與井伊直政、松平忠吉（德川家康第四子）爭奪打響戰事第一槍的故事，又或者德川家康用大口徑鐵砲轟向松尾山，迫使立場不定的小早川秀秋倒戈等等的橋段均無法得到印證。

從以上的一手史料來看，這場理應是勢均力敵的歷史性大戰實際上似乎是以豐臣東軍有利的情況下開始，在一面倒的態勢下推移，最後在很短的時間內結束。

「鬼石曼子」島津義弘的敗中求存

就以上所見，至今為止我們綜合僅有的史料，去重整關原之戰的經過存在一定的困難，但也不是所有事情都是不清不楚的，其中一個比較可以重組的事件，就是島津家在當日的戰鬥。

在九月十五日的關原之戰裡，島津義弘一直廣為流傳的事跡，莫過於他們身為豐臣西軍中被視為戰力最強、作戰經驗最豐富的戰隊，卻一直沒有參與戰鬥；另外就是他們在豐臣西軍崩潰後，由總帥島津義弘、副帥島津豐久（義弘侄子）率領，一起殺出重圍。那麼，究竟兩件事的真實情況是怎樣的呢？

接下來，先來看看開戰後發生的「傍觀不戰」的問題。這件事由於只有島津家臣的回憶錄作根據，因此當中的可信度存在一定的疑問，但考慮到這是戰事中鮮有能夠透露作戰情況的一手資料，我們不妨一邊觀察，一邊思考。

引發島津軍「傍觀不戰」之說的原因，是由石田三成派家臣到島津家軍營時，發生了一件小糾紛而起的。具體是在戰事的什麼階段已經無法考證，恐怕是小早川秀秋倒戈後，大谷吉繼軍快被全殲，石田軍也開始抵擋不住豐臣東軍的攻勢之時，三成希望島津軍前來支援。換言之，這個插曲應該在開戰一段時間後才發生的。

根據《惟新公（義弘）關原御合戰記》記載，當時三成派出與島津家有交情的家臣．八十島助左衛門到島津豐久的陣中，帶來三成的口訊，要求島津軍加入戰鬥。三成的口訊是：

我軍已向前推進，戰勝敵軍（豐臣東軍），就在此戰，在後方的諸軍也要快速挺進，等待諸軍集結後，再與敵軍決戰。

然而，島津豐久只做口頭承諾，沒有做出實質行動，於是助左衛門再次來到豐久陣中傳令，卻還是落得同樣結果。另據當時身在豐久陣中的山田有榮的回憶，騎馬來到豐久陣中的助左衛門或許因為兵荒馬亂，情況告急的關係，也可能是臨時失了方寸，沒有下馬行禮，直接在馬上通傳三成口令，等同侮辱島津家，使島津軍士大感憤怒，甚至有人要拔刀討殺助左衛門（《山田晏齋回憶錄》）。

總之，助左衛門的任務最終失敗。不久後，三成親自來到島津豐久的陣中，告知豐久戰況不利，需要島津軍的支援。可是，豐久卻冷言回應：

今天的戰鬥乃由諸隊各以自家的武勇，盡力為之，無人知道勝敗結果，一切皆由

命運來決定。

看到豐久拒絕支援的態度，三成無可奈何，跟豐久說：

原來如此，那就隨閣下喜歡吧！

雖然《惟新公關原御合戰記》沒有說明為什麼豐久要這樣回應三成，但當時的豐臣西軍在戰事指揮上並沒有統一的指揮，戰鬥的確如豐久所言，是按照臨場的情況做決定，加上前一天（九月十四日）晚上，豐臣西軍才從大垣城撤出，到了清晨時分即被豐臣東軍從後追上，恐怕也來不及進行作戰會議。況且，論身分地位，石田三成本來就沒有指揮島津軍的權限。

這些內外因素在我們後世人看來似乎是無關重要的面子問題，但事實上卻是那個時代的大問題，大大地影響到各家地位、尊嚴和作戰得失。因此，我們可以推斷當時石田軍的戰況已經到了不容樂觀的境地，迫使三成最終親身來求援。只是，站在島津家的角度而言，事前既沒有任何準備，就突然被命令要上前支援，一時間難以接受，也不是不能理解的。

無論如何，據山田有榮的說法，石田三成求援失敗後：

大概是（三成）回到其陣後，便傳出石田軍敗陣的消息。

由於是回憶，中間的時間點或有偏差。另據另外一位身在義弘陣中的家臣・帖佐宗辰的回憶，石田軍約在午時潰敗，而且當時義弘還沒有穿上甲冑，也就是說，石田軍的敗陣之快，遠超過義弘的想像。

綜合以上零碎的回憶，由三成的求援到石田軍的戰敗之間，是有密切的因果關係，而且中間的時間間隔也應該不太長。

另外，要留意的是，這一連串三成與豐久的互動都發生在豐久陣中，而據戰後倖存的島津家臣回憶，豐久的軍陣與島津義弘的軍陣是分開的，豐久軍是位於更貼近前線的位置。

因此，我們一直以為三成是向義弘求救不果，其實不然。嚴格而言，三成是向豐久軍求救，義弘完全處於事外。也就是說，「島津軍冷眼旁觀」之說其實有所偏頗，頂多只能說是「島津豐久傍觀不戰」而已。

殺出重圍，只求生路

隨著石田軍在內的豐臣西軍陸續戰敗，關原之戰已經走入尾聲，在那個時代，主力敗退後，餘下的軍兵便會立刻喪失戰意，旋即進入勝方的剿滅戰階段。那時候大谷軍已大致被全殲，石田、宇喜多、小西軍也恐怕進入了這個階段。剩下來的島津軍由於兵力較少（約一千五百人，諸說），在豐臣西軍之中並不起眼，豐臣東軍諸隊也將焦點放在「戰犯們」上，一開始並沒有留意到島津軍。

然而，危牆之下，豈有完卵，島津軍成為豐臣東軍下個目標，只是時間問題。有趣的是，身在前線的島津豐久眼見如此危機，卻是戰意十足，打算主動出擊，但遭到家臣們的制止。直到豐臣東軍朝島津豐久、義弘軍陣的方向殺來時，島津豐久軍終於出擊，以弓箭和火繩槍射擊打響了戰鐘，並且隨即陷入肉搏戰，根本分不清楚敵我，中級將領也只能靠找尋敵我方主帥的帥旗來確認敵人在何處。

混戰之中，豐久的家臣山田有榮等人與豐久失散，後來只找到豐久的愛駒，卻找不到豐久本人，最終推測豐久已經戰死。實際上，在參戰並倖存下來的島津家臣回憶錄之中，並沒有任何關於島津豐久戰死的記載，這有兩個可能。一是混亂之中，豐久與眾人失散，直至戰死為止也沒有人作記錄；另一個可能是與豐久一起作戰的家臣都戰死沙場，所以沒有人能夠為此留下任何口供。總之，按照後世的說法，豐久是在戰場南方一處名為「烏頭坂」的地方力戰而亡，其遺體被運送到附近的瑠璃光寺（今．岐阜縣大垣市）埋葬，享年三十一歲。

在豐久生死未卜之時，島津義弘也打算殺出重圍。其經過也只有僥倖存命的義弘家臣們的回憶可據，但記錄上存在十分多的矛盾，難以整合出一個完整的樣貌來。

總的來說，軍力不足的島津義弘軍在前面的石田三成、宇喜多秀家軍敗北後，已經顧不上豐久軍。義弘軍為了逃命，決定在亂軍之中朝相反方向，即東南的伊勢方向逃亡，至於傳說中的「敵中突破」戰，則只見於江戶時代薩摩島津家的家史之中。

如若根據部分參戰家臣的回憶錄來看，當時島津軍趁豐臣東軍與豐臣西軍亂戰之中，以輕裝備乘亂突破。前面提到，由於戰況混亂，雙方的友軍之間誤傷盟友的事也在發生。

幸然，一開始豐臣東軍盯住石田三成和宇喜多秀家，沒有理會人數相對少很多，又輕裝竄逃的島津軍。然而，作為全軍的核心和命根，島津義弘卻想出了一個破釜沉舟的方法。據義弘的家臣．神戶久五郎回憶，當時眾人問義弘該往何處逃亡時，義弘反問何方的敵人人數更多。家臣們回答說東面的敵人較多。於是，義弘下令：

那麼，我們就朝人數較多的一方衝擊吧！

但是家臣發現面前盡是敵人，再次向義弘確認行動時，義弘回答說：

遇敵殺敵，突破失敗的話，我義弘就在那裡切腹自盡好了！

義弘的家臣明白主君的意思後，便隨義弘一起朝東面挺進。但隨著與敵人交戰，義弘身邊的家臣將兵慢慢消耗殆盡，幸然與豐久失散的島津家臣及時找到所剩無幾的義弘軍，於是一起朝東南的伊勢街道逃亡。

可是，豐臣東軍的追擊沒有結束。在戰國時代，斬獲敵人的首級和掠奪其武器都是重要的軍功，因此，勝利在手的豐臣東軍在當時已將目標轉為掠奪戰利品上了。眼見向南逃亡的島津軍在眼前掠過，豐臣東軍的將士們當然不會放過這個黃金機會。

據家臣們的回憶錄，眼見敵軍追擊將至，義弘的重臣．長壽院盛淳負責殿後，又大罵自陣中慌亂逃亡的士兵，他說：

這裡距離薩摩足足有五百多里，就算你們想逃亡，也是十分遙遠的，逃竄的傢伙

我都知道是誰！（《井上主膳回憶錄》）

盛淳的意思就是說「那些陣前逃亡的人，我死後也會記著他們」，多少有種詛咒的意味。或者是因為這個原因，一些打算逃跑的人停住腳步，決定與盛淳戰至最後。

當確認義弘已經逃離戰場後，盛淳便假扮成義弘，和他的家臣盡量為義弘爭取更多時間，確保沒有敵軍再去追擊。結果，盛淳便在戰場上為主君．義弘壯烈犧牲。

擊落井伊直政

雖然島津家到了最後關頭真的奮戰不懈，但其在本質上，也不過是一場逃亡劇。另一個成為島津家「勇武傳說」的插曲，就是島津軍的火繩槍成功擊中德川家康的重臣．井伊直政。

關於島津軍是怎樣擊落井伊直政，在島津家的史料呈現十分錯亂的情況，莫衷一是。然而，參考前面引用過的帖佐宗辰回憶錄，當時島津軍是在石田三成軍敗陣後，開始被豐臣東軍包圍，身穿白色甲冑，騎著黑色駿馬的井伊直政對井伊軍兵說：

汝等更待何時，快去擊倒兵庫入道（義弘）！

就在這個時候，義弘家臣．川上四郎兵衛的家臣柏木源藤立即舉槍擊中直政落馬，這使得井伊軍陣前頓時大亂。義弘見狀後對兵士下令：

就是現在！快跟我一起衝散敵人再逃走！

至於井伊直政被擊中身體的哪個部位，同樣是眾說紛紜，井伊家的史料稱直政右胸被擊中，但因為甲冑硬厚，彈丸被反彈，擊到直政的右手腕，由於劇痛難耐，直政最終落馬。

總之，島津義弘失去了侄子島津豐久，犧牲掉家臣長壽院盛淳等人下，終於成功從關原戰場逃出生天，沿伊勢街道南下，經伊勢、伊賀再到達大坂，最後經海路回到九州。

最後還有一個小插曲，雖然島津家擊落井伊直政，但直政在戰後與被生擒、逃亡失敗的島津家臣見面時，力讚島津家的撤退戰十分出色。在此後的交涉工作上，直政不計較曾被島津軍擊倒的前嫌，積極勸說主君德川家康和島津家和解，以圖盡快收割關原決戰的成果。

結果，直政說動了家康，德川家康與島津家在慶長八年達成和解（有關島津家與德川家和解的始末，詳見本書第二部）。但是，直政本人卻在一年前的慶長七年（一六〇二）因為這次槍傷感染併發症而死。

豐臣西軍的英雄落日

九月十五日的關原之戰就這樣於中午時分大致完結。從僅有的史料裡，顯示豐臣西軍可說是陷入一邊倒的劣勢，南宮山的友軍不戰，小早川秀秋、脇坂安治等人開戰後隨即倒戈，頃刻之間，豐臣西軍之中真正應戰的，就只有石田三成、宇喜多秀家、大谷吉繼、小西行長等數隊，前節提到的島津義弘也要到戰事最後階段才被迫加入戰鬥，因此，豐臣西軍在寡不敵眾、準備不足的情況下崩敗而亡。

那麼，除了成功逃走的島津義弘外，其他豐臣西軍主角們的命運末路又是如何的呢？在這之前，先交代一下原本應為決戰場的大垣城在戰後的情況。

大垣城陷落

原本由豐臣西軍據守的美濃大垣城在九月十七日陷落。當時，留在城內三之丸的九州大名相良賴房得知豐臣西軍戰敗後，為了保命，終於答應舊知水野勝成的邀請，聯同秋月種長和高橋元種突然發動攻擊，殺害了同樣從九州趕來支援豐臣西軍的領主·熊谷直陳、垣見家純和木村勝正，並將三人的首級交給了城外的水野勝成，作為倒戈的見面禮。

受到大垣城內亂的影響，豐臣東軍於九月二十一日寫信給相良賴房，嘉許他加盟之餘，又要求他和秋月、高橋二人想辦法除去守城的福原長堯（石田三成妹夫）。兩日後的九月二十三日，福原長堯眼見城外有豐臣東軍，城內又有倒戈的九州大名，於當日開城投降。

後來，由於長堯在侵略朝鮮時，曾向秀吉呈報不利於黑田長政等人的消息，因此長政等豐臣東軍強烈要求家康處死福原長堯。最終，這位有份引發「蝴蝶效應」的人物也終究難逃一死。

相反，出賣盟友的相良賴房、秋月種長和高橋元種則如願獲家康免除了罪責，成功保住了家業（後來的情況詳見第二部）。

大谷吉繼之死

大谷吉繼在開戰後因為位置關係，以及早早被豐臣東軍鎖定是「搞事分子」之一，立即成為眾矢之的。經過兩小時的戰鬥，大谷吉繼隊在早上十點左右全軍覆沒，據後來的地誌和一些稗史記載，大谷吉繼在全軍戰敗之前，由近臣保護，到關原山中村一處名為「宮之上」的地方自殺，為這場慘敗劃上了句號。然而，他的兒子大谷大學成功逃出，在十五年後的大坂之戰中為豐臣家作戰。

佐和山城與石田三成之末路

吉繼陣亡後數小時內，豐臣西軍已經支離破碎，各大名只能按本能尋找生路。對於豐臣東軍而言，關原之戰的勝利還不算是戰事的結束。九月十六日，家康命令倒戈的小早川秀秋、脇坂安治等人為先鋒，攻打石田三成不在的佐和山城，並於九月十七日展開了攻城戰。

然而，城主石田三成不在，主力軍也已經在關原被打敗，戰死、逃亡者不計其數。這時候的佐和山城內就只剩下三成的父親．石田正繼、兄長．石田正澄和留守的家臣一起率領少數守城兵做最後的抵抗。只是，在大軍壓境的情況下，佐和山城僅一天便告陷落，石田三成的父、兄、妻子全數死於戰中，佐和山城也在戰火中盡成灰燼。

雖然佐和山城已破，但最重要的目標．石田三成仍然在逃。一直到了九月二十二日，豐臣東軍的一員．田中吉政在近江與越前兩國的邊界附近抓獲了石田三成，並且立刻通報給家康和豐臣東軍的大名知道。

田中吉政與石田三成少時已認識，或許是這個原因，抓捕三成的任務交到了吉政的手上。由於是重大的戰功，在關原之戰裡沒有多大貢獻的田中家便大力著墨於捕獲石田三成的經過上，作為自家的豐功偉績。

據田中家的史料記載，當德川家康下達追捕三成的命令後：

吉政公命令家臣找出三成所在，二十三日（二十二日之誤）三成隱身於近江國草野（今．滋賀縣長濱市），喬裝成農夫的模樣。（當地的）村民．男吉次帶領（吉政的家臣）田中政武到場，發現三成的身影後，覺得奇怪，問其身分。雖然三成說自己只是一介農夫，但由於隊中有人認得三成的長相，看清楚後立即上前逮捕他，並送往大津。（《田中家系圖》）

雖然田中家的史料沒有交代為什麼三成會躲在長濱，但考慮到那裡是三成的出生地，而且從關原到佐和山的通路已全是豐臣東軍的軍隊，三成即使想回到佐和山城也是毫無辦法的，只好朝反方向逃走。只是，最終還是被自己的舊友找到，死期已定。

小西行長被捕

另一個被指名為主犯的小西行長則在三成被捕前三日，即九月十九日在關原戰場附近伊吹山下被當地一個叫「林藏主」的僧人找到，並交給了當地的領主・竹中重門（注：竹中半兵衛重虎之子）手上，再引渡給豐臣東軍看管（一說是由重門的家臣親手抓獲）。

另據家康的侍醫板坂卜齋的回憶錄裡，記錄了翌慶長六年，在江戶來了一個自稱參與了抓捕小西行長行動的人，透露行長被捕的經過。雖然前後內容有些出入，但姑且作為參考來看看：

在附近的山區時，突然聽到有人說：「那邊的人過來一下」（略）

當我們走近，問他有什麼事時，他說：「我乃小西攝津守，把我交到內府大人那邊領賞吧」。

我們說：「這真是聞所未聞的事，閣下還是快點跑吧」。

但是他說：「我要自殺是很容易的，但我是吉利支丹（基督教徒），不可自殺。」

附近的百姓聽聞這事後，便與我一起護送他到家康公的陣營。

雖然我們不知道為什麼小西行長沒有逃走，並且在戰場附近就被抓獲，總之，小西行長成為了第一個被抓住的「頭號戰犯」。隨著大谷吉繼戰死沙場，小西行長和石田三成又已經先後被捕，眼下就只剩毛利家的安國寺惠瓊了。

安國寺惠瓊被捕

當時盛傳惠瓊獲得毛利秀元的保護，喬裝成普通僧人與毛利軍撤退到京都，再躲在鞍馬寺的月性院裡。由於搜捕風聲很緊，惠瓊再次逃走，在九月二十四日準備離開京都。

然而，惠瓊的行蹤很快便被德川家康的家臣．奧平信昌發現，當惠瓊逃到京都六條的本願寺時，終於被信昌的家臣．鳥居信商抓獲。奧平信昌確認惠瓊的身分後，便將他轉交到身在大津的德川家康處。

九月二十九日，豐臣西軍的首謀石田三成、小西行長和安國寺惠瓊三人被豐臣東軍押至大坂，在十月一日再被移送至京都六條河原處，被判以斬首之刑。處斬後，家康下令將三人的首級，連同早前在近江國日野（今・滋賀縣日野町）自殺的長束正家的首級，一起梟首在附近的三條橋上，引來京都的上下趕來圍觀。

前田玄以逃過一劫

至於三奉行之一的前田玄以則因為兒子・前田茂勝在田邊城之戰時見勢倒戈，與豐臣東軍的反攻軍一起攻下福知山城，加上前田玄以在關原之戰前管理京都有數，又與朝廷關係密切，最終被家康赦罪，逃過一劫。

被家康玩弄的毛利輝元

就這樣，豐臣西軍主謀之內，就只剩下毛利輝元和宇喜多秀家還在等待「審判」

的結果。特別是輝元據守大坂城，自然成為了下一個豐臣東軍要處理的對象。對於豐臣東軍而言，重奪大坂城，將豐臣秀賴的「守護權」拿回來才算得上是完全勝利。因此，毛利輝元要全身而退，交還大坂城是首先要做的事。

想當初，毛利輝元一方面藉著豐臣西軍真正總帥的名義，在四國、伊勢和九州叱吒風雲，左右調兵，一方面又為了以防萬一，在自己不出面的情況下，默許吉川廣家和福原廣俊跟豐臣東軍進行和平交涉，希望在兩方面都取得平衡。

最終，毛利軍在支戰場盡心盡力，但在主戰場則避重就輕，沒有全力而赴，或者說，輝元與毛利家是希望關原之戰一旦變成長期戰，又或者戰況慢慢對豐臣西軍有利時，才跟豐臣東軍和德川家康翻臉，一舉收取勝利的果實。然而，輝元的如意算盤間接導致了豐臣西軍的慘敗，而半天便結束的決戰使這個表面看來是毫無破綻的策略一下子完全泡湯。

九月十七日，黑田長政與福島正則在家康的授意下，寫信給大坂城內的毛利輝元，表示認可輝元和毛利家在整個事件上對家康沒有敵意，完全是豐臣奉行和石田三成等人的計策。同時，又強調家康重視與輝元的友好關係，一切好商量。

十九日，輝元露出了底牌，要求家康和豐臣東軍一起保證毛利家的領地分毫不差，也就是免受處分。到了九月二十二日，家康等人也露出底牌，要求輝元退出大坂城西之丸，以示自身清白和誠意，暗示這樣做才能保證毛利家的安泰。

至此，擺在毛利輝元面前，有兩個選擇，一是如後續的發展一樣，向家康妥協，自行離開大坂城，以示誠意；二是反過來挾持大坂城和豐臣秀賴，與家康進行最後的對抗。

結果就如我們所知，毛利輝元沒有選擇第二個選擇。為什麼呢？輝元沒有為自己的選擇進行說明，但不難想像輝元之所以沒有這樣做，不外乎兩個原因。第一是即使大坂城是當時的銅牆鐵壁，天下第一名城，外面還有在關原之戰中元氣無損的毛利軍，可以再與豐臣東軍一戰生死。

可是，毛利輝元或許擔心領國空虛，一旦擁城反抗，挾持秀賴來對抗，那麼「謀反」之罪也就坐實，而當時輝元已將毛利家大部分兵力派往外地，領國較為空虛，毛利領周邊的豐臣東軍大名應家康的號召，向毛利領發動攻擊的話，即使毛利軍可以在大坂發動抵抗戰，但最終也未必能保住家底。

再說，豐臣西軍的大名已經或死或降，能夠幫助毛利輝元的勢力已無多少。就如輝元跟廣家多次在書信裡提及偉大的祖父．毛利元就一樣，輝元當時心裡或許已經明白，奪取天下的時機已過，既然再沒有掌控天下的機會，恪遵元就遺訓，守衛家業才是當前的大義。因此，縱使時間把握上已有失誤，但輝元當時已經沒有耽誤家族命運的本錢了。為此，輝元盡最後努力，希望黑田如水，還有遭自己軟禁的蜂須賀家政可以幫忙，向家康說項，以求獲得寬大處置。

在吉川廣家的努力下，交涉工作尚算順利。在九月二十五日，本多忠勝、井伊直政聯同曾經參與斡旋的藤堂高虎、淺野幸長、黑田長政、福島正則和池田輝政一起連署，向輝元保證會力保毛利家安泰和領國寸土不失。輝元相信了這個聯名擔保，決定以和為貴，接受了豐臣東軍的要求，率軍離開大坂城，退到位於木津（今・大阪府大阪市）的毛利府邸。

但是，毛利輝元的如意算盤終究沒有打響。到了十月初，德川家康突然推翻當日大名們的承諾，宣布大幅削減毛利家領地的決定，毛利家原本擁有的八國（周防、長門、安藝、石見、出雲、伯耆、備後、備中）只剩下周防和長門兩國（即今日的山口縣全域），其餘的大部分在戰後分賜給豐臣東軍的大名如福島正則（安藝廣島城主）、堀尾吉晴・忠氏（出雲松江城主）等。

江戶時代的毛利家（萩藩）對這次被騙自然記憶猶新、含恨不已，更成為二百多年後推倒德川政權的一個精神寄託。

不過這裡的問題是，為什麼德川家康會在十月初反悔呢？首先是當時局勢已定，除了會津的上杉景勝和薩摩的島津家外，已經沒有強大的敵人可以幫助毛利家，而上杉、島津兩家也自身難保。前者剛從最上領的前線撤退，再次陷入四周大名的包圍之中，後者也在嚴防肥後的加藤清正南下。

再說，十月份當時，家康回到大坂後，四國、伊勢和九州的戰報也陸續上報，毛利輝元面從腹背，積極發揮主帥角色的事實也成為了家康足以反悔的證據和本錢。

更重要、也是對毛利家更為不利的是，當日與毛利輝元約法三章的只是他的家臣本多忠勝和井伊直政，還有福島正則、黑田長政等幾名豐臣東軍大名，家康本人從頭到尾並沒有親自出來保證過。不少史家因此認為，這反映了家康從一開始便不打算放過毛利輝元，只是借助兩名重臣去瞞騙輝元，以求他甘心妥協，盡快離開大坂城。

從目前的史料來看，毛利輝元似乎也自知理虧，而且為時已晚，收到如此晴天霹靂的消息後，沒有做出強烈的反抗。到了十一月五日，毛利輝元終於向德川家康妥協，並且上表感謝家康的「寬大處置」，事後削髮出家，道號「宗瑞」，是為謝罪引責之意。就這樣，自偉大祖父・毛利元就打拚一生，堅守近半個世紀的毛利家業就此斷送大半，毛利家要等待二百多年後才能為這次被騙報仇。

霸氣不失的上杉景勝

九月十五日的關原之戰，由豐臣東軍獲得勝利的消息要到半個月後，即十月二日左右才傳到奧羽地區。當時仍然在指揮攻打長谷堂城的直江兼續，以及身在會津的上杉景勝聞訊後，知道已經失去了作戰意義，於是立即下令撤退，並且切換為防守當先的體制。

當然，同樣收到關原之戰勝利的最上義光和伊達政宗看到上杉軍撤退後，士氣大振，最上義光立即全力收復失地，在隆冬到來前的兩個月，大致奪回了村山郡北部至最上郡（今・山形縣中北部）的淪陷區，將各處的上杉軍趕出領地。到了翌慶長六年四月，最上義光又乘勝追擊，拿下夢寐以求的庄內地區，更在家康的授意下，成功將該地區作為自己艱苦抗戰的補償。

另一方面，伊達政宗也開始再次反攻，但由於上杉軍全力抵抗，伊達軍獨力之下，也無法取得優勢。加上家康方面傳來消息，視上杉家投降與否，將會在翌年發起新一輪的上杉征伐。於是在十一月左右，政宗也暫時停止進攻，等待家康的指示。

因此，上杉景勝眼前要做的，一方面是摸索與豐臣東軍媾和的機會，另一方面則是嚴防四方的豐臣東軍大名藉機進攻領地。換言之，軍事與外交兩方面的工作必須同時進行才行。

不過，與上杉家眉來眼去的小野寺家和佐竹家則沒有那麼多的時間去抗爭。不久後，在最上義光的指控下，陷入孤立的小野寺家被判定為豐臣西軍，慶長六年初被罰沒收領地，小野寺義道被流放到石見國（今·島根縣西部），而佐竹家也被指消極支援豐臣東軍，同樣被判定通敵，遭到家康判處轉封至出羽國秋田（今·秋田縣）。

此外，也間接與上杉家互通消息的真田昌幸同樣沒法倖免。在慶長六年被家康判處沒收上田領，且與兒子真田信繁和近臣一起到紀伊國高野山附近的九度山軟禁，而且家康方下令真田昌幸一行人至死為止，不得下山。

兩大盟友和同志先後被罰後，上杉家將遭到同樣處分的流言不絕於耳。為此，上杉景勝先派老臣·本庄繁長等人上京交涉，磋商景勝與兼續正式上京請罪的時間表。

不過，跟毛利輝元努力尋求家康寬大處置不同，上杉景勝上京請罪之際，仍然不失名門上杉家的風度和傲骨。慶長六年六月，上杉景勝和直江兼續只帶同四十多名近衛隊自會津出發上京，充分向外界展示謝罪的訊息。

但是，好戲還在後面。當兩人在七月初到達大坂之後，提前獲得了家康的同意，先前往大坂城謁見豐臣秀賴，然後再拜會德川家康。從這個順序安排裡，我們可以看到了兩個重要的訊息。第一是上杉景勝和直江兼續仍然奉秀賴為君，在天下人面前堅持和宣傳上杉家從沒有叛逆豐臣政權。

第二是兩人先行拜會豐臣秀賴，意味著上杉家的謝罪是針對去年（慶長五年）久久不上京，被指對秀賴不忠的指控。也就是說，上杉家願意為推遲上京守護秀賴之罪引責，同時否認自己曾與石田三成等豐臣西軍勾結的事實。

即便如此，如今大勢已去的情況下，上杉家再怎樣自圓其說也只能聽從勝利者・德川家康的處分安排。與毛利輝元不同，上杉景勝與家康為敵的起因是基於景勝不服從家康當時扛著豐臣政權的大義名分，要求自己上京的指示。因此，家康在這次的交涉裡完全由德川家自行處置，不容其他大名置喙，哪怕是在奧羽戰場盡心盡力的最上義光和伊達政宗，也沒有獲得家康尋求諮詢的機會。

結果，到了當年八月十六日，家康判處上杉家由會津一百萬餘石，減至置賜、信夫、伊達三郡合共三十萬石，與毛利輝元同病相憐。儘管如此，上杉景勝和毛利輝元一樣接受了這個嚴苛的處分。至此，曾在戰國時代，於北陸、奧羽叱吒風雲數十年的名門上杉家，淪為居於伊達、最上之後的中等大名。

流放荒島的宇喜多秀家

我們提到宇喜多秀家在關原之戰前，一直被家臣騷亂所困擾，最終在參與關原之戰時，由於過半數重臣的離開，使宇喜多軍的戰力大打折扣，在決戰場上沒有起到關鍵作用。

戰敗後，秀家逃去無蹤，家康則在戰後宣布沒收宇喜多家的領地，改賜給倒戈有功的小早川秀秋。九月十八日，家康命令福島正則和黑田長政指示已離開秀家的宇喜多舊臣如花房、戶川等負責接收宇喜多領的工作。

至於秀家本人，據曾隨秀家一起逃難到薩摩的宇喜多家臣．難波秀經的回憶錄記載，當時只有六、七名家臣跟隨秀家逃亡，在美濃國內潛伏了一段時間，後來不知怎樣隱密地與身在京都的母親取得聯繫，再由難波秀經接到堺港（今．大阪府堺市），然後在慶長六年初再一起逃到九州薩摩國（今．鹿兒島縣西部），尋求島津家的庇護。

史料上沒有任何線索可以幫我們窺見秀家逃到薩摩的經過，但據島津家的史料，秀家是在慶長六年六月乘船到達薩摩國的山川港。當時島津家仍然未跟德川家康達成和解，處於高度戒備的狀態。

秀家到達後，獲得了昔日的盟友．島津義弘和島津忠恆父子收留。不久後，秀家出家，道號「成元」，後來又改為「休復」。逃到島津家的秀家當然希望能夠釜底抽薪，通過島津家恢復名譽，同時也希望得到家康的赦免。

問題是，島津家為什麼要冒上風險收留已然成為「戰犯」的秀家呢？有史家認為島津家認為秀家奇貨可居，可以藉著交出「戰犯」來換取家康的好感和赦免，也有史家認為這很可能也出於同情秀家落難的心情。

無論如何，秀家在島津家庇護下生活，於鄰國的大隅國牛根（今・鹿兒島縣垂水市）待了一年多後，終於迎來了命運時刻的來臨。島津忠恆（家久）在慶長七年八月上京與家康見面，基本上確認了島津家投降的方針。在那時候便談到了處置秀家的問題。但事件擾攘到一年後的慶長八年七月，島津家與家康方面終於就移交秀家一事達成共識。

島津家在同月底試圖遊說秀家接受安排，但意外的是秀家從容地表示諒解島津家的苦衷，願意離開島津領，於八月初出發前往京都。為此，昔日的戰友・島津義弘特意趕到牛根，趕在秀家出發前，與秀家重聚。

義弘在起行前，對兒子忠恆透露了自己的心跡，他說：

雖然這些年休復（秀家）在我方逗留，但因為沒有機會，最終一直沒法與他見

面，我想他心裡也不是滋味，所以現在打算去跟他一會（《島津家文書》）

不過，義弘、忠恆和島津義久也並非一心賣友求榮。與德川家的交涉裡，島津家同意交出秀家的條件是，家康要保證秀家的性命安全。事經三年，宇喜多家早已滅亡，德川家又難得能跟島津家達成和解，當然欣然同意了島津家的要求。

同年九月，秀家到達京都後，被判處流放到駿河國久能山（今・靜岡縣靜岡市），但到了慶長十一年（一六〇六），又被安排流放到太平洋海上的八丈島（今・東京都八丈島），秀家在那裡度過了餘生。

關原之戰後的豐臣政權

慶長五年和曆九月十五日關原之戰曲終人散。豐臣西軍高舉義旗，打倒專橫的德川家康的行動終究還是失敗了。成千上萬的人命在關原，以及各個支戰場上消逝。

豐臣西軍的戰敗意味著豐臣政權內意圖打倒德川家康的計劃完全失敗，有能力扳倒家康的有力者也在此戰裡消滅殆盡。顯然，豐臣政權以及關原之戰後的日本裡，已經沒有人可以阻礙德川家康篡奪天下了。

關原之戰的兩年半後，即慶長八年（一六〇三），德川家康成功讓朝廷任命自己為征夷大將軍，即獲得了開設獨立於豐臣政權之外的武家政權（所謂的「幕府」政權）的權力和名分。然而，德川家康並沒有急於在「自立為王」後，立即滅亡黯然失色的豐臣政權，要等到十二年後（一六一五）的大坂之陣，家康準備萬全後，才動用大軍，一舉滅亡了豐臣政權和它引以為傲的大坂城。

那是因為關原之戰的本質，只是一場起自豐臣政權內部，由侵略朝鮮的戰爭所引發，再經由秀吉的死去噴發而出的權力鬥爭。豐臣西軍與豐臣東軍在當初，都是標榜自己是守護豐臣秀賴，效忠已故太閤秀吉的「官軍」、「義軍」。

當然，除了德川家康和那些心知肚明家康意圖的大名外，這場戰爭在當時仍然只是一場內鬥，一場使政權內的反家康派敗下來的戰事，但完全不是一場消滅豐臣政權的戰爭，因為從始至終，豐臣秀賴在關原之戰裡是毫無角色的，僅是一個完全被置身事外的八歲小兒。

豐臣西軍最終沒有動用秀賴這張王牌，這在一方面說是一個重大的失誤，但同時也是有他們的苦衷在其中。他們標榜自己為豐臣家的忠臣（起碼石田三成、大谷吉繼和豐臣三奉行會這樣想），不到決勝時刻，也不會端出秀賴來加強勝算，否則一旦戰事如史實那樣落得慘敗的結果，難免會將他們最為牽掛的秀賴拉下水來，不僅自己身敗名裂，也會立即加速了豐臣政權的滅亡。

站在豐臣東軍的立場而言，除了德川家康外，其他大名也沒有將戰事視為滅亡豐臣政權的前哨戰，他們當時的眼中大概只想著快速消滅使他們身負污名的政敵。恐怕他們到了戰後才回過神來，慢慢意識到自己已經走在葬送豐臣政權的路途上了。

至於德川家康，他在成為征夷大將軍前，仍然是豐臣政權的代言人兼代理人，他也明白到大坂城內的豐臣秀賴仍然是不少人，包括與他一起成為勝利者的豐臣東軍大名們期待的未來主人。

無容置疑的是，關原之戰的爆發加速了豐臣政權的滅亡，以及方便了德川家康奪取日本統治權的步伐。但是，要完全取代和消滅歷史性統一日本的豐臣政權絕非易事，並不可能只靠一場關原決戰就可成就的。

豐臣政權在關原之戰裡確實損失了一些想擁護政權的大名，但基本上是完好無傷，在政治上也沒有與豐臣西軍們扯上關係，因此，只要豐臣秀賴順利長大成人，而德川家康又及時撒手人寰的話，豐臣秀賴仍有機會奪回主導權的，只是後者並沒有如願發生而已。

即便如此，豐臣政權在戰後除了要忍受德川家康更加肆無忌憚地獨掌大權外，更要親眼看著家康自立門戶，而無法做出任何動作去制止。可以說，一切在秀賴長大成人之前，豐臣西軍戰敗後的豐臣政權除了隱忍外，就只能盡可能不做出任何政治錯誤，不給予德川家康任何機會挑釁，同時也要盡力與全國的諸侯維持關係，維持向心力。

另一邊的德川家康在慶長八年（一六〇三）成為將軍，在江戶成立名正言順的新武家政權後，沒有操之過急地著手消滅豐臣政權，而是一步一步沖淡大名們對豐臣政權的記憶，再用實際的政策和政治手腕，使他們認清他和他的德川家才是他們今後的主君。諸大名在關原之戰後，再一次發現自己陷入了另一場看得見，卻不用動手的政治角力的漩渦之中。

這場發生在「關原之後」，由豐臣、德川兩方角力的暗戰就這樣一直持續到十二年後的大坂之陣，豐臣政權完全被消滅為止。

第二部

關原考疑

第一章——豐臣西軍之謎
第二章——豐臣西軍敵將錄
終　章——慘敗關原之後

第一章　豐臣西軍之謎

石田三成——豐臣政權的最後忠臣身敗名裂的背後

欠缺人和的忠臣？

石田三成聯合毛利輝元、大谷吉繼、小西行長組成豐臣西軍，最終在連串失誤下，在關原之戰裡滿盤皆輸。不少人都歸咎於石田三成作為核心人物，魅力不足，而且高傲不群的性格作風使他欠缺人緣，最終不僅無法引誘豐臣東軍的人倒戈，也使豐臣西軍的成員在關鍵時刻一一叛離。

那麼，究竟是否真的如坊間所說的那樣呢？

雖然從現存史料裡，我們沒能找到石田三成與一眾大名相交甚歡，深知深交的證據，但我們從一手史料裡，同樣沒能找到當時的大名們在私信、日記裡提到三成的惡言，又或者是說出對三成恨之入骨的話。

前者很可能是因為三成與他的盟友大多在關原之戰後死去，在政治壓力之下，自然沒有人再敢為他們發聲。然而，後者卻沒有這樣的壓力和限制，真的對三成心懷不滿的話，大可在書信等暢所欲言，但現實裡卻沒有這樣的痕跡。

既然如此，我們姑且可以推斷，三成生前未必與眾人交惡，同時也不一定與多人深交，而真正與三成交心的，看來也不外乎是大谷吉繼、小西行長等幾個人了。

「關原戰史編」裡便提到，在德川家康的安排下，石田三成成為平息豐臣七將之怒的唯一引責者。事後，三成被迫在佐和山城退隱時，就只有大谷吉繼和小西行長為他奔走，到毛利輝元傳遞消息。雖然這不能說他們二人就是純粹地為三成辦事，但起碼可以說，他們與三成的價值觀應該相差不遠，才會願意為失勢的三成出力。

根據板坂卜齋的回憶錄所載，豐臣東軍在小早川秀秋、脇坂安治等人帶領下，於九月十六日攻陷佐和山城。三成的父、兄、妻與佐和山城共存亡。豐臣東軍在收繳城中錢財武具時，卜齋說：

城中金銀分毫不存，皆因治部少輔無貯餘財之故。

雖然我們手上沒有石田三成的財政收支資料，以證他的理財原則和手腕，但按照他對於自己治下的領地做出非常仔細的指示和管治政策來看，三成對於民政，特別是掌握收入、安定農民生產方面的規定尤為詳細，加上佐和山位處交通要道，治下領地的收入雖不及一國規模的諸侯，但也斷不是貧窮之輩。

因此，卜齋說三成不在的佐和山城內已無分銀，除了是因為三成受命前往朝鮮督戰，需要大量支出外，恐怕另一大原因就是他都把金銀用在購買軍備，以及耗費在打倒家康的計劃上了。

卜齋這個記錄恰恰與江戶時代初期成書，由成長在戰國時代的儒醫江村專齋口傳，再由他的弟子・伊藤宗恕筆錄而成的《老人雜話》裡一個有關三成的傳聞完美地吻合起來。

據同書所載，石田三成曾這樣告誡家臣，他說：

奉公辦事之人凡從主君那裡得來之物，必須全數用在主君之上，不可殘留分毫。殘留則為盜賊，而耗用過多，反過來要借錢抵用者，是為愚人。

這或許只是專齋道聽途說的傳聞，但當與前面卜齋的記聞配合來看時，分外讓人感到一致。可以說，石田三成很可能真的像專齋耳聞那樣，真的把自己的所有全數奉獻給主君和主家了。

如此看來，三成似乎是一個奉獻為公的性格，或許這種性格才導致他沒能感染其他私心為先的大名一起謀劃，但在主君秀吉眼裡，三成這種性格使他成為一個不可多得的家臣。

話雖如此，三成又是否真的是一個毫無人間魅力可言的木訥忠臣呢？答案似乎是「否」的。據曾與三成親交的名僧．澤庵宗彭（傳說中日本的著名小吃「澤庵醃蘿蔔」的始創者）的弟子．武野宗朝在師父圓寂後寫成的《東海和尚紀年錄》所載，宗彭因為主持三成亡母的法事為契機，開始與三成結交，更在關原之戰前接任成為了京都臨濟宗的名剎．大德寺的住持。

三成敗死之後，宗彭也因為這個淵源而受到了牽連，在教派裡受盡排斥。但由於宗彭身為高僧，曾獲朝廷與天皇認證，三成死去十年後，宗彭身上的「污點」也逐漸為人遺忘。不少皈依臨濟宗的大名都想請他來當領內佛寺的開基住持。其中，曾經與宗彭也有交情的豐臣東軍大名如黑田長政、長岡忠興和淺野幸長都有此意。然而，宗彭以「不管怎樣，那些為了迎合將軍（家康），聯手迫死三成的人，我斷難相容」為由，一一拒絕了邀請。

又據《東海和尚紀年錄》的記載，其中一人的淺野幸長在晚年曾想跟宗彭這位故交見面，但又得知宗彭的態度，所以沒有事前通報。宗彭聞訊後，立即爬牆離開，刻意躲避幸長。

如果武野宗朝所言不假，那麼宗彭看來就是少數有跡可循，與三成親密，又始終堅守友誼之人。縱然我們已經無法知道三成怎樣使宗彭如此堅定，但看來三成還是有讓人佩服感銘之處的。

謎之重臣——島左近

提到石田三成，除了他的忠義外，便會提到他有一個左右手：島左近清興（另有一說為「勝猛」）。一般是說，石田三成看中了島左近的個性與自己的大志相投，於是極力遊說左近成為自己的家臣，傳說中，三成更將自己一半的俸祿給予左近作為誠意，而左近便說自己不是看上高額俸祿，而是看上了三成心中的大志及赤誠。最終兩人結成君臣關係，成為到現在都為人津津樂道的美談。

提到三成將自己一半的俸祿給予左近的故事，早在江戶時代就已經存在，也就是江戶時代創作的故事。《古今武家盛衰記》等故事集便記載後世評價：

治部少輔（石田三成）有兩樣比他更厲害的東西，島左近跟佐和山城

眾所周知，佐和山城（今．彥根市）就是三成的主城，在戰國時代，佐和山城是扼守琵琶湖東岸的重鎮，也是當時北陸、東海地區進入京都的必經之處，豐臣秀吉把佐和山城交給石田三成，可見三成所受到的重視何等之高。

那麼，島左近又是否能跟佐和山城一比呢？事實上島左近的事蹟所知甚少，現在大概肯定他是來自大和國（今．奈良縣），祖宗據說是當地商人出身，後來成為該地區的有力武士筒井家，也就是本能寺之變後捨棄明智光秀的筒井順慶的家臣，後來筒井家沒落後，島家曾短暫地跟隨過蒲生氏鄉，待在伊勢。

氏鄉在豐臣秀吉統一日本後，被轉封到奧州會津（今．福島縣會津若松市），島家似乎沒有跟隨，而是留在了伊勢，並在秀吉入侵朝鮮半島前後成為了三成的家臣，也的確曾作為三成家臣行動，但之後直到關原之戰戰死為止，左近的動向幾乎不見於史料。

不過，近年發現的新史料，有助我們確定島左近的確是三成的家臣，並且可以斷定左近是三成與常陸大名佐竹家的外交負責人之一。考慮到佐竹家與三成日後的關係甚密，即使這些新發現不足以完全肯定左近是三成最得力的重臣，但肯定也不是一介走卒，左近的真實還有待新的發現。

另外，據當時同在主戰場的一名島津家家臣回憶稱，石田軍面對豐臣東軍猛攻下力戰，但當「柴田（一般認為是「島」左近之誤）倒下後，石田軍便陷入崩盤之勢，最終一敗塗地。雖然，我們現時無法確認此說真假，但姑且作為一個參考，留待日後的新發現，再作考證。

回到上述的評價，為什麼後世對於來歷不明的島左近如此看重呢？事實上背後是有一個含意的。德川幕府史觀下的政治立場裡，石田三成不過是一個擾亂天下，斷送豐臣政權的佞人奸臣，但這裡出了一個問題：為什麼這樣的「佞人奸臣」卻能跟「神君」德川家康爭一日之長短呢？

江戶人為了自圓其說，三成也的確是純純的文官一名，斷不可能說他「突然勇武」，於是便想到了捧「勇武的」島左近上場，去彌補「文弱」三成公然挑戰「無敵」家康的不合理。

換句話說，島左近成為後人津津樂道的重情重義之臣，其實某程度上只是為了補完「三成奸臣」觀的產物而已。隨著時代遠去，原意也隨之消弭，但「重義的勇武之臣」形象卻深入人心，到了幕末明治時代「反德川」的史觀出台後，這個形象便成為今日我們聽到的美談。

大一大萬大吉之謎

最後，順帶一提石田三成另外一個膾炙人口的關鍵詞——大一大萬大吉。

按後世人的說法，「大一大萬大吉」的意思是：

大一即天下，天下間一人為萬民，萬民為一人者，則天下大吉

一般來說，「大一大萬大吉」被認為三成的家紋或軍旗，經過江戶時代的洗練，這儼然成為了鐵一般的事實。然而，照目前所得的情況來說，史家其實無法肯定傳說展現石田三成政治理念的「大一大萬大吉」乃三成所製。

石田三成之子孫擁有「大一大萬大吉」之旗，但無法確認那便是當時的遺物，很可能只是後來按照軍記小說的橋段來仿造的。在慶長年間製成，目前最古老的關原合戰屏風裡，看不到三成隊有用上「大一大萬大吉」旗，而是白旗。

而且退一步來說，即使傳說的「大一大萬大吉」真實存在，也不過是三成本隊的「旗指物」，即用以識別三成本隊的旗幟，而不是他的家徽。

再說，在江戶時代繪製的各種關原合戰屏風中，也看到「大一大万大吉」有不同的形態，這顯然是因為繪製的人只知「大一大萬大吉」，但卻不知道哪個才是「官方版本」。

兩種「大一大萬大吉」

事實上，目前相信三成所用的家徽是「九曜紋」（左圖下）或「下吊藤」（左圖上）。「下吊藤」還有一種是在中間加入了「石」字的版本，那個也是後來幫三成「特別製作」的，三成並沒有真實使用。

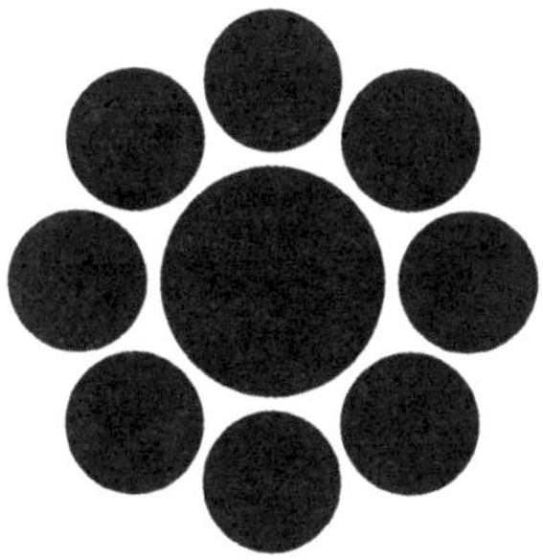

以上所見，關原決戰之敗，以及德川幕府的成立，石田三成的人物像變得十分模糊，而且隨著時代推移，充斥著許多流言和誤解，使得三成在豐臣西軍起事裡的作用、角色錯亂，不能明確。

從前面所見，縱使三成是鐵心捍衛豐臣政權不假，但缺乏了故主秀吉，三成失去了靠山，只能自行招集同志，共抗大敵。

然而，單靠自己，自然勢弱力微，即使再有孤憤，也難以單人對抗。所以，三成才需同心同志的諸侯出力，共襄義舉。

可惜，綜觀日本在內的所有聯盟協作，人多心雜，要讓眾人始終如一，本來就不是易事。石田三成在這事情上，從結果上是失敗了，但起碼在竭力試圖保住豐臣政權的事情上，三成毅然拒絕了與不少人一樣，向現實低頭，當一個識時務者。縱使三成最終救不了豐臣政權，也不減他堪當赤子忠臣的評價。

大谷吉繼——於決斷時刻奉獻忠義的背後真相

若狹敦賀城主．大谷吉繼幾乎獲所有日本戰國愛好者一致公認為石田三成最堅實的盟友，為石田三成同生共死，慷慨就義。這樣看來，他的壯烈戰死恐怕也是眾人期待的結局。

只是，如本書「關原戰史編」裡提到，大谷吉繼成為豐臣西軍首腦們裡，唯一在關原戰死的大將，與大谷軍佈陣位置，以及豐臣西軍來不及佈陣，導致大谷軍單獨處於豐臣東軍面前，成為眾矢之的。

除了他的戰死外，更重要也是最基本的問題，就是他加入豐臣西軍的原因和經過。相信不少讀者對於吉繼加盟豐臣西軍的故事耳熟能詳，近年改編自歷史小說名家司馬遼太郎名著的熱門主題電影《關原》也有若干提到。

簡單來說，傳統說法上的經過是這樣的。當時吉繼隨家康出征會津的上杉景勝的命令，在抱病的情況下，仍然領兵出動。當他來到近江國的佐和山城附近，奉命來接走同樣收到出兵命令，代替當時正在閉門思過的父親石田三成出動的石田隼人正一起出發。

然而，當時三成已有舉兵反抗家康專橫之志，於是便向摯友吉繼坦言計劃。吉繼一開始以三成的計劃大膽無謀而拒絕參與，但數日後，面對三成的堅定意志，以及想念昔日友誼，吉繼最終決定回心轉意，與三成共襄義舉，對抗德川家康以及豐臣東軍。

一如前述，以上的說法早已家傳戶曉了，問題是站在史學的考證角度，這個說法又是否禁得起考驗呢？筆者便來簡單地考察一下。

當時吉繼真的是抱病嗎？

不少讀者都聽過關原之戰當時，吉繼是抱病出戰，所患的病名叫「癩病」，即痲瘋病，是一種慢性傳染病。所以，在所有的大河劇和電影裡的吉繼大多是白布裹頭，而且滿身瘡痍，須遮掩半臉的扮相。

不過，事實上史家也只能推想吉繼很可能是得了癩病；而在史料裡，我們其實沒法證明吉繼真的患上了癩病，只知道他年輕的時候已經染有疾病，又曾到上野國（今日的群馬縣）的草津溫泉進行水療。換言之，吉繼本身的身體狀況的確一直都不太好，但卻又不能直截了當地說他患的病就是「癩病」。

最早指他患上「癩病」的是來自本願寺顯如在天正十四年的日記裡，記載了一個聽來的傳言指，吉繼因為得了「惡瘡」，於是要胡亂斬人，再將死者的血沾在瘡上才能痊癒云云。

先不論當時吉繼是不是真的得了惡瘡，光從顯如聽來的這個傳言本身也不是特別可信。後來，顯如也再沒有跟進記載，不能排除不是道聽塗說的可能，但總之就是一樁無頭公案。

另外一個給人錯覺的原因，是因為吉繼在年輕時便自改了一個法名「白頭」，而且多次作為署名之用，於是後人很可能便將「白頭」跟「癩病」聯想在一起，慢慢形成了白布裹頭的吉繼像。

不過，史料上來說，往後直至關原之戰為止，也再沒有看到有關吉繼病狀的記載，僅僅看到吉繼曾經在文祿三年（一五九四）寫信給直江兼續時，說自己「眼睛得病」，沒法簽名云云。

的確，眼疾是癩病的其中一個病徵，於是也讓不少人更加相信吉繼的確患上癩病。不過，先不說吉繼患上癩病無從查起，在那個時代，不少武將都被「眼疾」困擾，到了三百年後的幕末——維新時代，來到日本的美國醫師赫本恩（J.C.HEPBURN）等人均指出過日本人普遍患有各種不同的眼疾，但跟「癩病」沒有必然關係。由此來看，單憑「眼疾」便推斷吉繼患上癩病是有點武斷，或許只是受到後來的以訛傳訛影響而已。

反之，有不少狀況證據可以推斷吉繼並非得了癩病，或者只是身體一直不好而已。例如吉繼曾經在慶長五年七月底，寫信給島津義弘說自己前一天因為喝醉了，無法及時回信，等到酒醒了才向義弘寫信賠罪。這首先顯示吉繼還是健康得可以喝酒大醉，不像是受癩病折磨的樣子。

另外，同時代與吉繼有交際的人們的筆記、日記裡也從沒有提到吉繼患上癩病，需知道那個時代的日本人（哪怕是任何一個國家）對傳染病都可是視如鬼魅，不可能任由吉繼到處行動，對病穢尤其敏感，可以說近乎神經質的公卿貴族們更沒有為此雞飛狗跳，而真正患上癲病的人在當時都必須被隔離獨處。日本對癲病的恐懼一直要到二戰後才陸續解除，戰國時代的日本上流社會豈會對吉繼特別寬仁厚待呢？

再說，九月十五日關原之戰後，京都貴族們聽到吉繼於關原戰死的消息後，無不為此感慨痛惜，其哀悼之情，遠遠超過半個月後被處死的石田三成、小西行長等人。可見，吉繼的病症雖然存在，但不至於阻礙吉繼與貴族們、大名們的交流。

因此，我們雖然沒有確實的證據，但綜合以上跡象來推斷，吉繼當時只是得了慢性病患，既沒有傳染性，也對人無害，所以才能繼續與上流社會交流。總之，在沒有更直接的證據出現之前，我們暫可斷定他患上癲病的可能性比較低。

加盟豐臣西軍的決定性因素

另一個重要考察是為什麼吉繼會決定加入豐臣西軍，上面的「情與義值千金」的故事固然可歌可泣，但是我們還是要冷靜客觀地檢證一下。第一個問題是，目前我們還沒有找到足證吉繼與三成是好友的證據。

雖然，我們不難想像他們之間有交流，但是不是成為好友則是另一個問題了。這也影響到我們斷定吉繼是否真的到了最後一刻才決定參與三成的起兵計劃。因為早在石田三成遭受加藤清正、細川忠興等武功派七將襲擊，被迫以退出政壇來保命後，吉繼已經為其奔走，希望毛利輝元出面周旋，輝元也積極回應，只是後來家康已判定了，三成也只好退到佐和山，在私底下做工作。

吉繼幫助三成，究竟是出於友誼，還是只是因為不希望豐臣政權內的反家康派被完全排除，所以才出手幫助，這既是見仁見智的事，而兩者也其實並非只能二取其一的問題。總之，吉繼與三成對德川家康有所警戒，以及跟毛利輝元有所聯繫的事實是重要的線索和啟示。

到了慶長五年七月十二至十三日，即回到當初吉繼奉命出兵參與討伐上杉景勝的時候，吉繼的確是經過佐和山，到了附近的樽井（今．岐阜城垂井町）後便以身體不適為由停了下來。問題是為什麼吉繼在當天於佐和山附近停了下來呢？

當然，讀者朋友第一個會想到的，必定是石田三成拚死遊說的場面。然而，我們很難確定，而一個更能起到關鍵作用的人其實已經出現了。七月十三日至十四日，毛利輝元的家臣們益田元祥等人，還有後來暗通豐臣東軍的吉川廣家寫信給家康，帶來了以下的消息：

安國寺惠瓊至江州（近江）時，與石田三成和大谷吉繼不知有何討論，之後便立即回到大坂，據悉他是被輝元召回的。

安國寺惠瓊當時是奉輝元之命，作為毛利家的先鋒領兵到大坂，接替已經出征會津的家康，保護秀賴，以及穩住京坂，輝元也已經準備好出發。問題是惠瓊到了大坂之後突然又到了近江，與石田三成跟大谷吉繼密談後，便被輝元召回到大坂去，而輝元也在兩天後全速開赴大坂，一步一步地走上擔任豐臣西軍總帥的位置。

從前述的時間軸來看，我們姑且推斷三成或許曾經遊說過吉繼，又或者惠瓊也牽涉其中。但這裡要留意的是，如果吉繼一開始便有與三成互通鼻息，沒有必要故意領兵向東。所以，我們可以推定吉繼當初真的是打算出兵追隨家康的軍事行動，但到了垂井後便停了下來，當中的關鍵與其說是石田三成，還不如說是十三日跑來的安國寺惠瓊了。

前面已經提到三成被迫引退時，吉繼已跟毛利輝元有聯繫，想保住三成。吉繼在一年後被說動的最大理由，也必然是家康以外數最大勢力之一的毛利家在安國寺惠瓊的奔走下，表現出願意參與反家康計劃的意思，大大增強了計劃的可行性以及起兵的實力，才使吉繼停下來，並且決定實際地反擊家康。

又或者，吉繼當時很可能是因為知道安國寺惠瓊正在趕來，於是決定停下來與之密會，再作打算吧。

無論如何，即使不排除吉繼想到與三成共擊家康的情義因素也夾在其中的可能性，但從安國寺惠瓊到達大坂後立即趕赴佐和山，再返回大坂後，吉繼便已經與三成站在同一陣線，領導豐臣西軍，這都更加意味著安國寺惠瓊的關鍵性其實更大。

因此，從上面簡單的分析，雖然整個詳細經過已經是永遠的謎，但我們大致可以推斷大谷吉繼先是與毛利輝元有合作互通的先兆，後來到了關鍵的慶長五年七月十三日至十四日，安國寺惠瓊的參與和保證，加強了大谷吉繼參與反家康計劃的決心。

即使說，與三成的「情義比金堅」或許只是一個美麗的傳說，但大谷吉繼的確為了保住豐臣家，尋找與家康對抗的機會，而他一直期待的最重要關鍵因素，可能並不是「好友」石田三成，而是因為更有本錢跟實力的毛利輝元和毛利家。在關原之戰裡，吉繼的確如願地為豐臣家奮戰，只是最終志半中途，壯志未酬，在關原裡受盡圍攻而戰敗，死於關原戰場的某處。

到了江戶時代，戰場仍然由竹中家統治，在關原宮山中村的宮上蓋有吉繼之墓，傳說竹中家和當地居民是靠著那裡一座傳說為藤堂家建立的五重塔，作為鎖定吉繼之墓的根據。只是，那個五重塔已經不存，而是不是藤堂家所建，為誰而建也已經不得而知了。

小西行長——基督教大名落日關原

多謎的前半生

在豐臣西軍的眾大名之中，小西行長一直被認為是豐臣西軍裡最為忠於原定目標的人物之一。儼如與大谷吉繼一樣，行長也是石田三成的不二盟友。然而，礙於關原之戰的大敗，除了作為著名的基督徒大名外，基本上人們對小西行長所知不多。究竟他在豐臣西軍的行動裡發揮了什麼作用，以及他在豐臣西軍的慘敗裡，又是否需要負起責任呢？

在談及小西行長加入豐臣西軍前，首先要簡單說說他的履歷。小西行長於永祿元年（一五五八）生於京都，在後世的軍記小說裡，一般描寫小西行長為出身和泉國堺地（今・大阪府堺市）的商人・小西家之子，但事實上按照與行長相交甚篤的耶穌會傳教士的描述，行長其實是生於京都，是父親・小西立佐（一作「隆佐」）次子，上有一位兄長・小西如清。

而且，按照耶穌會的記載，小西家的出身成謎，沒有任何可信的證據顯示小西家是堺地出身的，也沒法證明其父立佐是商人出身。因此，小西行長與商業關係密切之說，多少是跟後來行長的經歷有關，但總的來說，這都只是來自於江戶時代的軍記小說之說，並不可信。

唯一可以肯定的是，小西行長出生時，的確有不少小西家的成員已經信奉基督教。小西行長父親・立佐（受洗名・George 或者 Louis）、母親・馬格達萊娜（受洗名・Magdalena）和長兄・如清（受洗名・Bent）都受洗成為教徒，而行長的教名則是「阿戈斯蒂諾（Agostino）」。

小西家的成員紛紛成為基督教徒，跟十六世紀中期京都的環境有關。當時，耶穌會傳教士獲得在京的室町幕府第十三代將軍足利義輝、左右幕府政治的強大大名・三好長慶對耶穌會採取友善政策，因此，京都裡不少人不論身分、背景高低都成為不同程度的教徒。

回到主題，行長成年之後的動向一直成謎。我們只能確認他曾到備前，成為宇喜多家的家臣，但至於具體是在什麼時候，是他隻身出仕，還是父親、一家都為宇喜多家出力，則不得而知。

只是，「小西」兩字是在天正七年（一五七九）左右出現於史料，而且是信長寫給秀吉的家臣．蜂須賀正勝的書信之中。信長在信中嘉獎「小西」率領備前（宇喜多）的水軍擊退了敵對的毛利軍。這個「小西」是否就是行長，也是存在懸念的，總之，當時宇喜多家在秀吉的努力下轉為效力信長，為宇喜多家效力的小西家自然成為了織田陣營的一分子。

也因為這個原因，小西家和小西行長很可能是通過宇喜多家與秀吉接觸，成為行長轉投秀吉的契機。以目前的史料來說，行長在兩年後的天正九年左右正式成為秀吉的家臣，而且負責為奉信長之命，攻打毛利家的秀吉調達瀨戶內海東部的物流資源；行長的父、兄也先後成為了秀吉統治下的堺地行政官。就這樣，小西三父子多少與商人、水軍和商業有所關聯，很有可能他們多少也具備了商貿與貨運物流的才幹，從而奠定了後人對「行長＝商人之子」的印象。

豐臣政權的外交官

天正十五年（一五八七），秀吉命令小西行長和加藤清正分領九州肥後國（今·熊本縣）的北半部，行長領有中部的宇土（今·熊本縣宇土市）、益城和中南部的八代（今·同縣八代市）和天草（今·同縣天草市），而清正則領有宇土北面和肥後國南端的佐敷，以隈本（熊本）為中心，兩人與東南球摩郡的當地大名·相良賴房形成三家鼎立的局面。

同年六月，秀吉頒布第一次禁止基督教傳教，迫使在日本各地進行傳教活動的傳教士離開日本，而不少與傳教士親近的大名被迫低調信教，或者直接放棄信仰；也有如高山重友一樣，為了信仰而自願犧牲，放棄大名的身分。

不過，同樣篤信基督教的小西家則因為掌握著秀吉對外貿易的重要關口和人脈，因此，秀吉沒有嚴命小西家也放棄信仰。收服九州後，秀吉又命令小西行長與石田三成等人一起重建當地最大的國際港口博多港，行長與三成的關係也由此開始。

文祿元年（一五九二），秀吉開始入侵朝鮮王國時，小西行長擔任先鋒，直指朝鮮半島西北的重鎮平壤，而加藤清正則作為第二軍的大將，一路入侵朝鮮半島的東北，更經略長白山南的兀良哈。

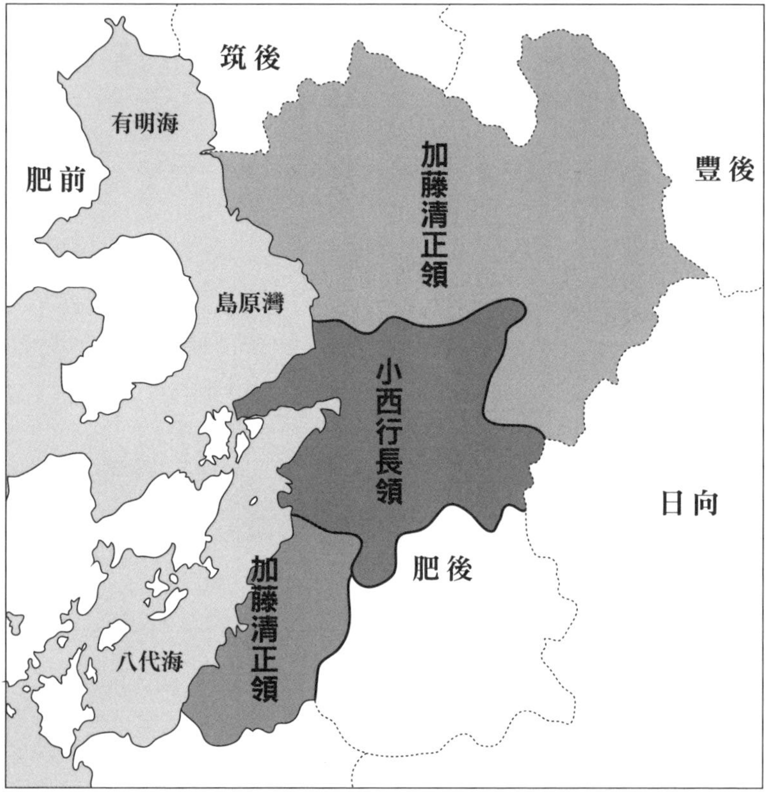

肥後國小西行長與加藤清正的領地圖

文祿二年初，明帝國增援部隊於平壤城之戰大敗行長軍。行長本來就希望侵略戰爭盡快結束，此次大敗後更加積極展開與明帝國的和平談判。行長派出重臣內藤如安到北京，與明帝國談判，並且提出明帝國冊封秀吉為日本國王，自己在內的上級大名一一獲得明帝國賜予官位。而且，行長更向明帝國要求任命自己為戰後負責修復日、明、朝三國關係的代表，控制九州全島。

由此可見，從過往的經驗裡，行長深知三國交惡對日本毫無益處，不太能同意秀吉繼續戰爭，因此希望通過自己的方式去了結戰爭，同時也為自己的野心盡力而為。

可是，最終秀吉與明帝國因為朝鮮王國的處置問題無法達成共識，談判終於以失敗告終。慶長元年（一五九六）第二次侵略戰爭再起後，小西行長帶著還沒來得及修整的自家軍再赴前線，直至秀吉於兩年後病逝為止。

無能為力的關原之戰

秀吉死去後，行長理所當然地與好友．石田三成靠近，一起出生入死，最終成為了豐臣西軍的一員。可是，這並不意味著小西行長與對手德川家康有所嫌隙。

事實上，自秀吉死去，家康一步一步走上專橫跋扈的霸道時，行長卻是豐臣西軍裡首個認定家康的命令是代表豐臣政權，家康本人也是新的權力者。因此，我們不見得行長個人對家康的所作所為抱著巨大的不滿，起碼不及三成與吉繼那樣深切警戒著家康的專橫。

不過，友情的力量，以及對家康專權，對豐臣家的威脅與日俱增的現實問題，還有與自己關係一般的加藤清正堅決支持家康，壓迫石田三成和豐臣奉行的事件相繼發生後，行長還是決定與三成、吉繼和安國寺惠瓊一起組成豐臣西軍，與家康對抗。自侵略朝鮮以來，與行長交情不俗的島津義弘也很可能因為這個因素，於豐臣西軍舉兵後差不多同一時間便宣布加盟。

因此，縱使與家康沒有必然的仇恨，但在種種的利害關係下，行長還是成為了豐臣西軍的核心成員，最終與三成、吉繼和惠瓊，還有「副帥」宇喜多秀家一起從一開始遭到豐臣東軍點名為「叛逆的首謀」之一。

雖然，在現有史料裡，幾乎沒法確認小西行長怎樣帶著小西軍在主戰中作戰，只知他很可能在石田軍附近佈陣，但開戰後不久便與三成、秀家一起遭到豐臣東軍攻破。值得一提的是，比起總帥毛利輝元為首的盟友，小西行長加盟豐臣西軍後，便率領自家大部分主力，在主戰場區域轉戰，而且代表豐臣西軍發佈指令。

後來行長在關原之戰戰敗，鄰居加藤清正揮軍攻打宇土時，赫然發現那裡的守軍極少，根本未能組織足夠力量，防禦清正的猛攻。更有甚者，孤困守城的小西家重臣．小西美作守只能借助友好的南鄰島津家庇護，逃到薩摩。

行長率領的小西軍在關原主戰場是否不堪一擊，我們已經不得而知，也無法容易斷定。但有一點要考慮的是，自侵略朝鮮戰爭以來，身居先鋒的小西軍自那場平壤城之戰大慘敗後，一直留在當地前線，戰爭結束後僅兩年，便再次率領軍隊決定豐臣政權的未來，估計當時小西軍的軍力恐怕根本沒法完全恢復元氣。

故此，在較為可信的資料裡，幾乎看不到小西軍的動向和蹤影。這斷斷不是因為行長乃「商人之子」而不懂用兵，而是有著上述的難言之隱。

無論如何，小西行長戰敗後背負「首謀」之名，在美濃國的山區被捕後，與當天一起舉兵的石田三成和安國寺惠瓊一起被處以斬首之刑，享年四十三歲。

行長死後，加藤清正受到家康利誘而心急立功，本來跟行長關係便不太好的關係，在援助黑田如水、松井康之對抗大友義統後，立即揮兵入侵行長不在的宇土領。

十月中旬，行長的宇土城在圍攻下被迫開城投降，南部的主城．八代城也在差不多時間陷落。至此，小西家在當地約十三年的統治完全劃上句號，小西領在戰後全數被加藤清正兼併，成為其新領國的一部分。

在江戶時代初期，小西家原本統治的宇土家受到新領主加藤家的打壓，以及後來在天草發生的基督徒騷亂（俗稱的「天草一揆」）影響，小西行長生前擁護基督教的形象既深入人物，也成為了後世軍記小說對小西行長的最大著墨點——一個棄絕佛教，瘋狂信仰基督教，一心想弘揚其教義的大名。

因此，經歷關原之戰的身敗名裂後，曾經在豐臣政權下如魚得水的小西行長終究成為江戶時代的文士墨客筆下的異類怪才。

真田昌幸——亂世梟雄的關原之戰

「表裏比興」

在第一部的「關原戰史編」裡提到，真田昌幸在上田城之戰裡似降非降的態度，使德川秀忠率領的德川軍被迫在上田停留了幾天，最終錯過了重要的關原決戰。真田昌幸此舉也因而被後世稱為成功活在亂世混局的小巨人。

說到真田昌幸的形象，便離不開四個字：「表裏比興」。那原本是豐臣家的重臣石田三成寫信給上杉景勝時用到的，原文是「表裏比興者に候間、成敗を加えらるべき旨仰せ出され候」。

究竟「表裏比興の者」是什麼意思呢？去年有些翻譯真田家相關日文著作的中文書籍，或者網路的文章裡，似乎有些譯者也被這個詞難倒了，有些甚至翻譯成「卑鄙無恥」、「小人」，其實不太對的，這有必要先來說明一下。

其實大家可能不知道，「表裏比興」這個詞不僅難倒了中文圈子的翻譯者，也難倒了日本的相關史家，甚至日本的國語學者。首先，這個詞是由兩個詞組成的，即「表裏」及「比興」，前者不難理解，也不難翻譯，問題就出在後者，以及前後兩者加起來是什麼意思。

上面提到，不少中文世界對「比興」的翻譯是用了「卑鄙」，這其實不是完全錯誤的，因為翻開日本國語辭典，也的確有這個解釋，不過要留意的是，「比興」＝「卑鄙」的意思是自從江戶時代中期才出現的，那時代「比興」與「卑怯」因為同音，於是久而久之，便變成異寫同義。

原本在更早之前的文學作品裡，用「比興」＝「卑鄙」是解不通的，「比興」原本在上代文學是意作「有趣」、「有意思」的意思，跟江戶時代的用法可謂南轅北轍，在戰國時代也似乎仍未出現或普遍使用「比興」＝「卑鄙」這個辭意。所以，究竟「比興」怎樣演變成「卑鄙」這個意思便難倒了國語學者了。

如要配合前面的「表裏」來一起解釋的話，「比興」＝「卑鄙」（表裏卑鄙？）便顯得難以理解，也十分勉強了。還有，當初三成說昌幸是「表裏比興」，假如真的是「卑鄙」「無恥小人」的意思，為什麼還要煞有介事地跟景勝說，更揚言秀吉要追討昌幸？處理一個「卑鄙」「無恥小人」還要關白秀吉大聲明言嗎？

以上的不合理、難以理解也顯示了「表裏比興」＝「卑鄙」在語意、語境及實際情況上都是解不通的。

好了，那究竟是什麼意思呢？其實中世文學裡，「比興」還有「不合理」、「不一致」的意思，如果配合前面的「表裏」來理解，其實最合理的翻譯就是「內外不一」、「表裏不一」，甚至「深藏不露」的意思，俗套一點就是「腹黑」的意思。

由於真田昌幸當時在景勝及家康兩邊左右逢源，當時秀吉又沒完全跟家康和解，對昌幸這種態度不太滿意，但同時處於弱勢的昌幸也只能這樣做才能求存。後來與家康和解後，秀吉便沒有再提討伐昌幸的事，所以，上面所指的「表裏比興の者」，其實就是指昌幸能在上杉、德川兩大豪強中委曲求存，是個不簡單的老傢伙，不得不防。

所以，從某程度來說，秀吉說昌幸是「表裏比興」，其實算是誇昌幸：「你這個老奸巨猾的老傢伙！」，或者再理想點說，能被豐臣政權點名點評，也算是一種肯定？

傳說中的「犬伏之別」

「犬伏之別」就是指關原之戰前夕，真田昌幸、信幸及信繁三父子接到家康命令，要求他們三人一起率兵與家康會合，一起討伐會津的上杉景勝。然而，三父子在下野國犬伏秘談後，決定各投東西。長子．信幸投奔豐臣東軍，昌幸、信繁則投豐臣西軍。這是因為信幸乃家康重臣．本多忠勝的女婿，而信繁則是豐臣西軍的骨幹分子．大谷吉繼的女婿，而昌幸跟三成又是一起娶了宇喜多家的女兒為妻，同樣建立起姻親關係。

江戶時代的松代真田藩的史書之一的《翁物語》說，真田昌幸在當時預見到這場決定「後秀吉時代」的東西大戰早晚上演，於是為了保全家族於不敗之地，便讓兩個

石田、真田、大谷、本多關係圖

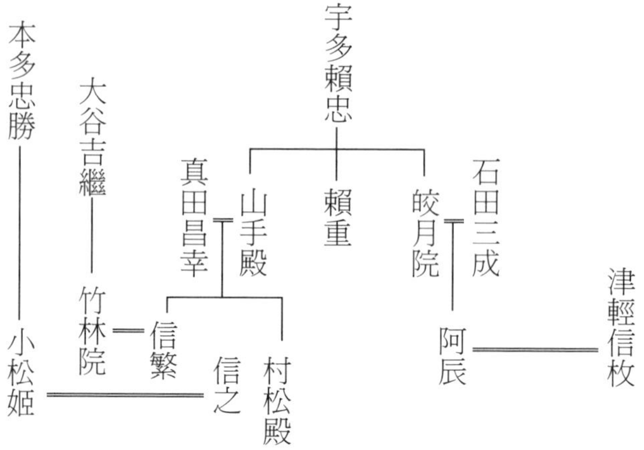

兒子分投東西，將昌幸描繪成非常有戰略眼光的人物。

不過，以當時的情況來說，不論昌幸如何佈局，長子與二兒子的立場必然會跟他們的婚姻扯上關係，事實上無須昌幸指點、安排。

再者，在整個戰國時代，這種危險分散的做法早已司空見慣，甚至可以說是所有活在亂世的武士家族必然的做法。因此，《翁物語》描寫的昌幸實在說不上十分高明。

不管如何，這樣一來，真田三父子為親情及姻義，各走東西，父子兄弟雙絕的「悲劇」早已膾炙人口。但是，問題來了，首先，事實上這個「犬伏之別」的出處其實是出自松代藩的藩士著作《滋野世記》，之後相關的資料大多沿襲了這個說法，於是感人的「犬伏之別」就此練成。

然而，由於《滋野世記》是成書於十八世紀的資料，是否可信就很是可疑。但很多史家也沒有再去深究。那麼，究竟是否真的存在犬伏之別呢？

這裡要先說明信幸的立場。真田信幸與石田三成的關係其實不差，甚至應該說是很不錯的。現存的真田家史料裡，三成寫給信幸的書信有二十多封，恐怕實際數量是數倍之多，內容上也顯示出兩人有較穩定的交流，因此，兩人之間沒有必然的仇恨。

但是，由於信幸是本多忠勝的女婿，親家康的立場也是無容置疑的，因此，信幸在當時早早把兒子送到江戶當人質。另外，早在前一年的慶長四年，信幸已把小松姬等女眷藉機送出大坂，這個有人解讀成信幸已為投東軍做好準備，但難免有點倒果為因之感。不管如何，信幸偏向東軍的立場是可以理解的。至於次子・信繁在當時還沒完全獨當一面，按著父親和岳父的指示行事。

那麼，下一個問題是有關當時昌幸是否在犬伏的問題，史家們大多利用《仙石家譜》、《森家記錄》等他家史料，試圖中立地證明昌幸的確在犬伏，而目前也的確沒有能否定的資料。

但是，前述的兩史料都是成書於十七世紀末至十八世紀左右的編纂物，以此為引證能有多客觀就真的見仁見智。

此外，一般認為三人到最後才決定分走各路，這裡就有一份三成在八月五日寫給真田三父子的書信，下款明記是寫給昌幸、信幸、信繁的，於是就很容易以為三人都在一起。然而，事實上第二日即八月六日，三成再寫信給昌幸時就寫到「豆州（信幸）的情況怎樣了，我很擔心」，推斷三成在第二日後好像發現了信幸的行動有所異樣，於是向昌幸求證。

到了八月七日，三成寫信給佐竹義宣時就說「真田之事，他表明百分百效忠豐臣方」；到了兩週後的八月二十一日，家康已經指示信幸要做好防範監視信濃至會津道路的工作。由此我們可以推斷，在此之前，信幸已完全投向豐臣東軍。

從上面可看，三成起初或許真的認為信幸跟父弟的立場一致，及後便有點疑惑，最終也知道信幸已為豐臣東軍作戰。

說到這裡，「犬伏之別」是否存在已經不太重要。從以上的史料及人事關係來看，犬伏之別的發生是不太合乎情理的，最終三父子也各自進入上田及沼田兩城，意味著他們早已分道揚鑣，只是三成還有一絲幻想而已。當然抱有幻想的可能還有真田松代藩的藩士們。

最後還有一個小尾巴，就是久被笑話的德川秀忠攻打上田城的事。在戰史編裡，我們提到後世一直批評指秀忠經驗不足，最終錯過了關原決戰，也因此而被描繪成被老將昌幸玩弄的無能之輩。

然而，事實上這說法在近年出現變化。最重要的是從史料中看到秀忠攻打真田似乎是既定目標，近衛前久寫給其子信尋的書信中提到：

信州真田敵對，中納言（秀忠）、榊原式部少輔（康政）等被派到該地，及後不久又被（家康）命令上洛了（《近衛家文書》）

至於上田城之戰，我們還是沒法看清究竟是一場怎樣的戰事。據秀忠寫給淺野幸長的書信，真田昌幸一開始為出兵遲滯，打算向秀忠謝罪，但後來又跟秀忠說自己改變主意，自有主張，所以取消了謝罪，決定與秀忠軍一戰。所謂改變主意具體是指什麼，秀忠在書信裡沒有明說，但一般相信昌幸顧及了與姻親兄弟．石田三成和親家．大谷吉繼，想對他們力盡道義。加上他深知長子．信幸已屬豐臣東軍，最終即使自己選錯，也不至於害了真田家的基業，選擇上相對更為方便。

無論如何，在軍事上初出茅廬的德川秀忠最終為此浪費了時間，加上在交戰期間，突然收到家康早已到達決戰地附近的消息。在當時，恐怕秀忠是心急如焚，悲從中來。

德川家康的御醫板坂卜齋的回憶錄也寫到，秀忠急趕上洛，終於在九月十九日面見家康時，由於急行軍，大部分部隊人馬失散，家康責罵秀忠說：

此次之戰是勝利了，萬一輸了，就是復仇之戰，那時候就需要你帶齊人馬西上，即使說是趕路，也不應弄得軍隊散落

如果相信此段記事，從中可以看到家康或許打算溫存秀忠隊留作備用，而不是一早要求他無視真田，上京會合。因此，真田昌幸、信繁是否真的大勝一場，還是只是遇到秀忠中途轉向，因而無法全力攻堅呢？這只好留待各位自斷了。

即便如此，秀忠趕不上決戰也影響不到最終豐臣東軍奪得勝利的結果。九月十五日的關原之戰奇蹟地在一日內塵埃落定後，待在上田城的真田昌幸得知大勢已去，於是早早向德川方表態投降，結束了軍事抗爭。事後，德川家康決定放逐真田昌幸和真田信繁到高野山，作為兩人投效西軍的懲罰。

一些說法指，家康決定對昌幸和信繁罪赦一等，放過他們父子倆，還是因為長子．真田信幸通過岳父兼家康的重臣．本多忠勝居中求情所致，但事實上並非盡是如此。

事實上，除了早早被認定為「甲級戰犯」，戰後被捕處死的石田三成、安國寺惠瓊和小西行長，以及在戰事中戰死的大谷吉繼外，生還的「乙級戰犯」們大多在幾經波折下獲得續命，不是被流放，就是被減封。換言之，德川家康處置西軍大名時，從一開始便不是以死罪為前提，加以肅清。

以這個標準來看，真田昌幸與信繁被流放到高野山也是在預定的處罰範疇之中，不見得全是信幸、忠勝求情之故。無論如何，昌幸開城投降後，便與信繁在同年十二月中離開上田，前往高野山，並在那裡迎來了自己的死期。

直江兼續與上杉家——成為大戰導火線的「直江狀」真假之辨

過激的反駁言論

眾所周知，要追溯慶長五年九月十五日關原之戰的導火線有二。一個是兩個月前的七月十七日，豐臣三奉行增田長盛、長束正家和前田玄以三人同意石田三成、毛利輝元等人的計劃，以豐臣政權的名義，向天下人發佈《內府違規諸條》，正式集結

「豐臣西軍」，與德川家康和他的豐臣東軍對抗。

然而，歸根究柢，讓他們獲得空檔向家康宣戰的契機，也就是引爆關原之戰的另一個導火線，則是同年四月，德川家康以叛逆之罪為名，征伐上杉家的戰事。

在戰史編裡，我們提到上杉家在慶長五年初，遭到鄰國越後的堀家首輔．堀直政指控，指上杉家在領內大興土木，似有不軌之舉。德川家康認為奇貨可居，決定派人責問上杉景勝，由此展開了德川與上杉的暗戰。

四月，與上杉景勝的重臣．直江兼續友好的相國寺住持．西笑承兌寫信相勸兼續，希望兼續能夠代表上杉家釋除家康的疑慮，與之謀和。

結果如戰史編所述，直江兼續似乎沒有聽從承兌的好言相勸，向家康發出了一封讓家康震怒不已的回信。這很可能就是人們津津樂道的「直江狀」。

只是，究竟直江兼續是怎樣激怒家康，又是不是真的由那封「直江狀」引起的呢？

首先，承兌在四月一日寫給兼續的信共有十一點：

一、景勝上京延滯，惹家康不悅，上方已傳出上杉家不忠之言，故內府（家康）派使者（伊奈昭綱、河村長門守）前來一問究竟。

二、上杉家在神指原（今．福島縣會津若松市）建築新城，又在通往越後（今．

新潟縣）邊界上修建道路、橋樑，甚為不妥。

三、如景勝公對秀賴公沒有異心，請寫下誓書明示。

四、內府深知景勝公正直，所以只要好好說明，定沒有問題。

五、堀直政對上杉家的指控在前，閣下和上杉家有必要陳明。

六、早前，內府與前田利長公的問題也在內府處理下，得以和平解決，貴家不可不察。

七、增田長盛、大谷吉繼二人與內府曾商談貴家之事，若景勝公上京，兩人定必助言，也會向家康重臣・榊原康政幫忙。

八、現時的事正是因為景勝公不上洛才導致的，所以請盡快上京。

九、現時於上方，流傳會津廣集武器，諸作道、橋，正在準備發動戰爭。

十、內府正在籌謀與高麗（朝鮮王國）交涉和戰之事，想與景勝公商議，故還請景勝公盡快上京。

十一、本僧與閣下相交數年，想救上杉家的危機，故送書一封。

面對承兌的相勸，上杉家和直江兼續的反應除了四月十四日發出的「直江狀」以外，我們已經無法清楚知曉。然而，在本書「戰史編」裡提過，一個月後的五月七日，大谷吉繼、增田長盛、長束正家、前田玄以、生駒親正、中村一氏和堀尾吉晴連署寫信給家康的書信中便提到過：

直江兼續的言行雖然惹家康生氣，但仍希望家康不要在今年出兵，萬不得已也請延至明年（慶長六年）春再出兵。

事實上，在後面還加了一句：

其人（直江兼續）至今也沒有做出什麼非分之事，說白了就是因為他乃一介鄉下人出身，沒有規矩才會致此的。

因此，兼續在收到承兌的書信後的確是回信了，而且在承兌擔任住持的相國寺行事記錄上確認了信件在五月初已經送達上方。按時間來看，兼續很可能是在四月中下旬回信，這與一般「直江狀」上出現的「四月十四日」大概吻合。

這次的回信直接針對家康做出了一些過激的言論，惹怒了家康不在話下，還特意讓前來勸阻家康出兵的豐臣家臣們說出「直江乃鄉下人」之言來撫平家康的怒火。由此可見，先勿論「直江狀」是否就是牽動家康遠征會津的「兇手」，但恐怕直江兼續那封回信不是一般的辯解之言。

那麼，相國寺裡提到的兼續回信究竟是不是就是那封過激的「直江狀」呢？

站在史料分析的角度，按照前面的內容來看，兼續似乎做出過激言論之事不假，但由於「始作俑者」上杉家或因害怕惹火燒身，或因為沒有保留此信件，在為數龐大的上杉家史料群和德川家的史料裡，都未發現正本。目前留存下來的「直江狀」均非正本，而是抄寫在不同書物中的抄寫本，又或者按照書物的內容偽造出來的偽假物；而目前最早的「直江狀」，出現在江戶時代中期的十七世紀初。

而再深入一步，論及「直江狀」裡的文言用詞而言，符合當時的慣例之處不少，也有一些只有當時人才知道內情的事項，得到了其他史料認證的（如大谷吉繼與增田長盛的斡旋）；但同時也有一些明顯是常見於江戶時代的文筆修飾之詞。

因此，以這些蛛絲馬跡來看，現存的各種「直江狀」內容上應是按照實際存在的「正本」之上，經過各種書物的傳抄和改筆，終於成為了現時我們看到的那封又長又充滿挑釁性的「直江狀」。因此，我們要判斷這些「直江狀」的真偽、哪些是「正本」裡已有，哪些部分是添加物，均存在極大的困難。

總之，直江兼續這次過激回應，即使不一定是直接的主因，但最終還是成為了德川家康決定率兵征伐的一個契機。

計中有計、將計就計？

不少書籍和學者均認為，德川家康力排眾勸，一心討伐上杉景勝，其實是一個「引蛇出洞」的計策，目的是為了誘出上方的潛在敵人浮上水面，方便自己再一網打盡。事實上又是否這樣呢？

雖然「如果」是歷史學的禁語，不能，也沒有需要多作想像。但是，我們不妨這樣思考：德川家康是否真的處心積慮地討伐上杉？

如「關原戰史編」所述，家康是在同年六月才決議征伐上杉，還遭到眾人的勸阻。從各種安排來看，家康並不像是早早謀劃這個軍事行動。再說，即使當時的豐臣政權已唯他馬首是瞻，但畢竟征伐的對手是同為「顧命」之臣的上杉景勝，兵力雄厚，不論是大義名分，還是軍事上的準備，家康都在六月左右才急速展開和組織，如果是早有預謀，那麼我們更應反問：家康的勝算和把握是從何處而來的？

反過來說，作為豐臣政權的新霸主，面對上杉景勝一而再、再而三延遲上京謁見秀賴，和表明立場，家康也絕無任之縱之的道理，否則家康要確立自己的威信和人氣也將受到影響。換言之，面對景勝和兼續的不合作態度，德川家康同樣騎虎難下，必須快速解決這個政治炸彈，因此，征伐上杉表面上看來，儼如家康目中無人的霸道行為，但事實上這不是他隨意為之的決定。

再說，我們也知道家康出師向東，一直到了下野國前後才得知石田三成與毛利輝元聯手的消息，當時的家康其實處於被動，沒有像早已預料的人一樣，立即進行反攻的部署，說到底，我們均無法從史料上，看到他對隨軍的大名們有多大的信心和信賴。總之，家康當時斷難以在事前都一一想好搞定這些不穩定因素的方法。

即使德川家康不可能擁有未卜先知的能力，那麼，另一邊的直江兼續和石田三成又有沒有可能在家康背後結成同盟，實行東西夾擊家康的計策呢？

這個說法是早在江戶時代的軍記小說，如《關原軍記大成》等書中必定出現的一個說法。在軍記小說之中，甚至出現了聲稱是三成與兼續確立合擊家康的密約書信。其中，三成對兼續說：

現在盡如我等年來的計略和推演而行，實在是天助我也！

這一句成為了江戶時代以來膾炙人口的三成名言。的確，「天助我也」（「天の助け」或「天が与ふ」）之類在三成寫給姻親．真田昌幸的書信裡也能看到，但不足以判定真是三成的真跡，因為這句在江戶時代也是十分常見的句子。而且，這封書信只見於軍記小說，更加可以想像這不過又是小說家的想像物而已。

另外，在不少鄉土史家的描述中，石田三成與直江兼續二人自上杉家於天正十四年加盟豐臣政權以來，便慢慢成為了政治上的同志。然而，縱使三成與兼續在政務上的交流和合作的確不少，甚至在上杉家受秀吉之命，轉封至會津時，三成也協助兼續確保移封安定無虞。但是，三成是否願意連密謀扳倒家康這樣的大事都事前告知遠方的直江兼續，則是另一個問題了。

事實上，即使面對姻親的真田昌幸，三成以「當時他人不可信任」為由，一直到七月底左右才將舉兵起事的決定如盤托出，更因此遭到了昌幸批評。可見，心思細密的石田三成不到把握在手的一刻，絕不敢輕易地透露計劃，更何況是遠在千里之外的上杉家？

到了七月底，三成的確聯絡到上杉家，談論到與佐竹、相馬等家一起夾擊家康的計畫，而與三成接洽的也的確是直江兼續。然而，那時已經是家康東征之後的事，豐臣西軍急需找尋和確定能夠牽制、拖住家康的人馬，上杉家自然成為了當時最理想的同盟人選；而上杉家同樣亟欲找到可以阻住家康北上的幫手，所以，兩方情投意合，利益一致，合作是自然而然的事。

即使後人認定兩人早有合謀之說是言之鑿鑿，實在解讀過多，但從結果而言，倒不是大錯特錯的理解，只是時間上遠遲於後世人的想像而已。

總結以上的考論，直江兼續做出過激的言論與後世盛名的「直江狀」並非同一之物，充其量是部分相似，後者乃由江戶時代的好事者通過想像下加添的「二次創作」。同時，直江兼續的回應既非為了配合石田三成的計劃，引誘家康離開上方；同時也不是為了刺激家康，靠上杉家一己之力與之對抗。筆者認為，兼續的回信與後來其主君．上杉景勝在六月底向家臣表明，不容進讒者中傷上杉家，更不許家康不明是非下，硬要自己上京解釋的態度是如出一轍的。

與上杉家力保尊嚴一樣，家康同樣為了確保自己的新「天下人」的地位和威名不致受損，終於放棄了原本的政治談判，決定以實力征伐上杉，迫使其屈服，最終間接地協助苦找機會反擊的石田三成等人一臂之力，促成了左右豐臣政權和日本國運的大戰。

直江狀中文翻譯文

今月一日之尊函，已於昨天十三日到達，並詳細拜讀了，幸甚幸甚。

一、就當國（上杉家／上杉領）之事，對於其地（上方＝京坂）流傳各種流言令內府大人感到可疑，我等實在感到遺憾非常。然而，既然京都伏見種種的流言都已是無法制止，更何況景勝資歷尚淺，有這樣的流言亦不須大驚小怪。請閣下放心，這樣的事今後肯定還會發生的。

一、有關景勝上洛延遲之事引來種種說法，實在匪夷所思。前年改封不久便上洛，去年九月回國，今年正月時又被命上洛。這樣的話，何時才可處理領國內政呢？再者本國（會津）乃雪國，十月至三月之間什麼事都做不了，閣下可找熟知我國的人詢問一下。若仍然覺得景勝乃心存異心的話，煩請說出來讓我等參詳一下。

一、有說「如景勝沒有異心的話，請交出誓詞以作證明」，這樣的話，去年以來提出的數張誓詞也等同作廢了。

一、太閤在世之時，常說景勝為規矩實誠之人，至今亦絲毫沒有改變，與現今朝令夕改的世代盡是不同。

一、雖然景勝絕無異心，可是誣告者之讒言既沒有受到處罰，甚至直接信以為真，認定景勝有異心之舉，實在遺憾萬分。若非草率行事的話，請把誣告者找出來，查清當中的是非曲直。如不辦妥，可想像內府大人乃表裡不一之徒了。

一、北國（前田）肥前守（利長）之事，內府大人任一己之意將之處理，實在威光不淺啊。

一、增田（長盛）、大谷（吉繼）兩位大人代為仲介之事，實在難得。固然相關之事可由兩位大人代為辯解，榊原（康政）大人作為本家的仲介擔當者，如景勝異心已昭然若揭的話，自然會向我家提出異議。這樣才是符合武士之道，同時也是為內府大人盡力。可是，現今卻竟成為誣告者堀監物的代辯者，更沒有制止此人胡說八道。是忠臣，是佞人，還有賴閣下自己判斷。

一、以上乃有關流言的第一點，上洛延遲之事。

一、第二，有關儲集武器之事，上方的武士大都收集今燒、炭取、瓢等迷惑人心的東西。而鄉下武士則會收集長槍、鐵砲、弓箭等武器。若考慮到每國（地方）的風俗，自然不會有可疑了。縱使因為沒有收藏這些東西（今燒、炭取、瓢），而要去準備也好，那景勝要有多少財富才夠呢？以此大作文章，於天下實在是不適當的舉動。

一、第三，有關鋪路、架舟橋，是為了交通往來暢行無阻而做的，乃一國之主的任務。於越後亦有設路、架舟橋，而且至今仍然架置於越後，此事堀監物都理應熟知才是。當我們轉封至本國（會津）之時，亦沒有把它們處理掉，說是本國，久太郎（堀秀治）要把所有路、橋都拆毀的話，那需要費多少人力物力才夠啊？竟然連設路也不做。景勝領（會津）內，不單是越後，通往上野、下野、岩城、相馬、（伊達）政宗領、最上、由利、仙北諸境都一如以往地鋪設道路，其他大名都沒有什麼不滿，就是只有堀監物（直政）懼怕鋪路而諸多投訴。相信閣下可以想像得到，此人乃何等不知兵事之輩吧。若景勝果真對天下存有異心的話，則應在諸邊境內設乾堀，堵塞通路，這才算是防戰的準備工作。於十面鋪路的話，一旦有異心，自然將在諸路面對各路敵軍，這樣的話，單是一面的防禦都已不可能了，更遑論要防禦十面了。就算說要向境外出兵，若只有一個方面的話，景勝（這裡指上杉軍）還可以全力盡出，但若向兩個方面出兵的話，還可以傾巢而出嗎？（堀監物）真是一個叫人無奈非常的笨蛋啊。景勝領內的道路、橋樑，可請江戶派使者經白河口進來巡視一下，通往奧州的邊境也可派使者來巡察，相信把各地邊境都看過後，使者定必能理解的。

一、雖不想輕言犯上，然則內府大人曾言道自今以後都不妄說虛言，可是說高麗不降服，後年便出兵云云，不就是虛言嗎？可笑可笑！

一、景勝今年三月正值謙信法忌，原本此事辦好後，就打算上洛。正當要準備軍備、軍隊，以及處理內政之時，由增田、大谷大人派來的使者便到來告知，景勝現存有異心，情況不好。說「如無異心就立即上洛」，又說「這是內府大人的想法」。本來，如非行事草率的話，理應先聽取誣告者的說辭，再查明其實，這樣才是誠懇的做法。可是，現在卻無端的宣稱（我家）存有異心，說什麼「如無異心就立即上洛」之類騙小孩的把戲來玩弄我們，真是十分遺憾。昨日還是心存異心之輩，其手段本已有違常理，卻又帶著不知羞恥之嘴臉上洛，或結親，或領取新封賞，或不知恥地與其他人打交道。世間如此的風氣實在與景勝的風格大相逕庭。即使從來沒有異心，卻在被世人指異心天下共知之時上洛的話，（景勝）向來的實誠之風評、作為武士的面目皆付諸流水。所以，除非找誣告者出來當面對質，查明其罪，否則我們都不會上洛。以上的立場，景勝有理與否，還望閣下能思考一二。家中藤田能登守（信吉）於七月中旬離開本家，走到江戶後又上洛之事，相信閣下都已知道。是景勝有錯，還是內府大人表裡不一，就交給世人評論了。

一、其實也不需要多說了，景勝本來就絕無異心。現時卻已墮入無法上洛的圈套之中，叫人十分憤恨，是否上洛便視乎內府大人的判斷力了。即使就這樣留在本國，被指責違背了太閤的規定，使以前提交的誓詞作廢，捨棄秀賴少主於不顧也好，與內府大人僵持對立的話，就算成了天下霸主，也難逃罵名。這是畢生的莫大恥辱，我等能不顧這後果而公然謀反嗎？請閣下放心吧。但是，把誣告者的讒言當成事實，陷無辜者於不義，實在使人無奈。既然這樣，誓詞、約定也是多餘的。

一、於其地（京坂）把景勝說作叛逆，於（上杉領的）鄰國便說我家將有行動，故要準備動員，或說要加派人手駐城，或說要準備兵糧，或說要在邊境收押人質、設置關卡之類種種的流言，都是愚昧之輩搞的鬼，我家自然不予理會。

一、雖然閣下說應秘密地派使者到內府大人處，然而從鄰國既有誣告者中傷我家，又有家臣·藤田能登守出走，更被內府大人懷疑有異心，如在這個時刻認錯道歉的話，世間定會說我家乃表裡不一之輩的。故此，以上的諸條在查明事實之前，將不會向上方申訴的。還望閣下代為調解，我家萬分感謝。

一、雖身在遠國，以上都是我等推量後的想法，希望閣下把此情況代為傳達。現今乃使人苦悶之世代，本為事實的事情也變成謊話，當然，我等相信閣下是能分清是非黑白的，故一寫便寫了這麼多了。當中失禮之處甚多，但為了令閣下了解我等的心底話，也顧不得這麼多了。

九州大名——「關原之後」的真正殊死戰

慶長五年（一六〇〇）九月十五日，決定豐臣政權與德川幕府明暗的「天下二分之戰」的主戰在美濃國關原一帶展開，而且出乎絕大部分人的想像，這場重要之戰在半天裡便分出勝負，讓不少野心勃勃的，壯志凌雲的人意興闌珊，眼看德川家康成為最終的最大贏家。

然而，關原之戰並未隨著九月十五日的「主戰」而曲終人散。礙於通訊需時，日本各地的支戰仍然繼續。其中在日本西端的九州，沒有參與主戰的加藤清正與黑田如水作為德川陣營的旗頭，在九州與當地的反德川陣營展開戰鬥，當中，最著名的當數黑田如水打敗大友吉統的石垣原之戰（正確的稱呼應是「立石之戰」）。

第一部第四章裡已經提到了「立石之戰」的經過，同時，「立石之戰」也決定了兩名原屬豐臣西軍的大名——立花宗茂與鍋島直茂兩人的命運，又突顯了關原之戰後的真空，尤其是加藤清正與黑田如水這兩位主宰關原九州戰場的人怎樣在處理戰後問題時立場出現微妙的迥異。

立花宗茂的抗戰VS.鍋島直茂的賭博

時間調到關原之戰主戰結束後半個月，即慶長五年（一六〇〇）十月，毛利輝元、宇喜多秀家與石田三成為首的西軍早已一敗塗地。然而，西軍的餘黨之中還有不少人能夠成功逃出生天，保住性命。當中，就包括了在主戰場中成功突破東軍包圍，千辛萬苦下逃回薩摩的島津義弘；另外在近江大津城之戰中功敗垂成，被迫逃亡的立花宗茂（當時名叫「立花親成」，以下統一稱為「宗茂」），還有一直秘而不發，希望看準時機才出擊的鍋島直茂。

立花宗茂（親成）的家族關係圖

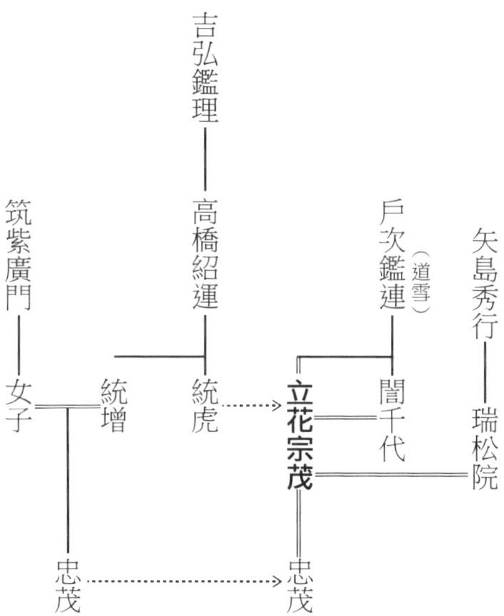

立花宗茂在大津城之戰的同一天得知豐臣西軍於關原之戰大敗後，決定逃亡，經大坂出海路回到九州柳川。雖然成功撿回一

命，幸運地於十月初回到了九州，但接下來的難題就是怎樣應對正打算乘勝進擊的豐臣東軍重鎮．加藤清正與黑田如水。

如上節所述，當時的九州戰場裡，「立石之戰」剛結束，在九州北部最為活躍的豐臣西軍大名．大友吉統已經向如水投降，豐前跟豐後的豐臣西軍算是分崩離析，盡在黑田如水的控制之中。

剩下來的主要西軍殘黨，除了剛回到九州筑後（今．福岡縣南部）的立花宗茂外，還有肥前國（今．佐賀縣東部）的龍造寺高房與鍋島直茂、薩摩島津家，還有日向國（今．宮崎縣）南部的伊東祐慶和高橋重種（立花宗茂之弟）。

發生在美濃的關原主戰捷報在九月底已經傳遍九州，豐臣西軍殘黨眼前要做的，就是如何力保不失，免受罪責。擺在他們眼前的選擇只有兩個——要麼對加藤清正與黑田如水作出最後的對抗，要麼就是找機會倒向豐臣東軍，通過清正和如水向德川家康輸誠。

在這個需要分辨明暗，識清時務的關鍵時刻，立花宗茂在十月初回到柳川城後首先做的，卻是犒勞在大津城之戰奮戰的家臣，感謝他們自起兵以來的忠誠。

當然，宗茂這樣做並非只為了做例行公事。因為在柳川城外，早已得知宗茂回到柳川的各路東軍大軍已經步步進迫。所以，宗茂除了做該做的事外，也是要提高士氣，為下一場硬仗做準備。

就在這個時候，另一個立場極度尷尬的龍造寺高房與鍋島直茂則決定在十月中上旬左右趁機倒戈，主動地出兵入侵筑後的久留米城與柳川城，來換取九州豐臣東軍的信任。

血戰柳川

這裡有需要稍稍說明龍造寺家和鍋島家的情況。當時的龍造寺家自戰國末期的沖田畷之戰裡，當家龍造寺隆信戰死以來，早已中衰沒落，在秀吉生前，龍造寺家的權力盡在鍋島直茂、勝茂父子的控制之中。關原之戰前夕，鍋島勝茂隨從豐臣西軍起事，參與攻擊伏見城和伊勢攻略（雖然江戶時代的鍋島藩矢口否認存心參與的事實）。

另一方面，留在九州肥前的鍋島直茂則一直對參與何方不露痕跡，左右逢源。雖然目前的史料上未能準確地確認龍造寺跟鍋島是什麼時候正式倒戈，但不難想像，到了立石之戰後，九州的豐臣東軍形勢大好，實際握有龍造寺家實權的鍋島直茂便想到了利用在侵略朝鮮時，與自己同一戰線，出生入死的加藤清正的友情。到了十月初，直茂成功獲得了清正和如水的諒解，決定以出兵南下入侵筑後的立花領，作為豐臣東軍接納自己的「回禮」。

當時的筑後主要有久留米城主・毛利秀包跟立花宗茂，但那時候秀包仍未回到九州，只有殘兵留守。於是龍造寺・鍋島軍便如黑田軍一起包圍久留米城，數日後迫使秀包家臣交出人質，開城投降。

久留米城之戰結束後，鍋島軍便直線南下，向柳川攻來。跟鍋島直茂一樣，立花宗茂也是跟加藤清正和黑田如水同在朝鮮戰場出生入死，交情不俗的。然而，加藤清正最初對外對宗茂展示不留情面的態度。清正在十月二日跟同為好友的淺野幸長報告宗茂已經回到柳川城的消息，然後表示：

待我軍處理宇土的事（宇土是小西行長的領地）後，便會立即北上，將立花宗茂一網打盡，屆時再跟你報告

不過，清正的強硬立場在之後出現了顯著的變化。在這之前，立花宗茂還是得先面對同樣為求生存，倒戈來襲的龍造寺・鍋島軍。十月十五日，龍造寺・鍋島軍大舉入侵立花領。雖然立花軍早以勇猛著稱九州，但剛打完大津城之戰，慌忙趕回老家的立花軍根本沒有足夠時間組織堅固的反擊。與此同時，加藤清正已經按計劃佔領了宇土，以及降服了筑紫家，而黑田如水也決定派兵支援鍋島軍的行動。

然而，宗茂並非只想以戰死來盡自己的道義。當時的他已然決定尋找與豐臣東軍議和和獲得原諒的機會。因此，宗茂面對直茂、清正和如水時，極力避免與後兩者發生衝突。加藤清正軍在十月中旬自宇土北上柳川時，也發現了立花軍刻意避戰，沒有與加藤軍戰鬥的意慾。這些動作都顯示了宗茂與豐臣東軍的關係不願進一步惡化，使自己喪失獲得赦免的機會。

另一邊的黑田如水和加藤清正對處理立花宗茂的態度也出現分歧。一直希望節省成本，將九州盡收手中的如水進入立花領後不久，便放慢了腳步，恐怕這是因為如水曾多次目擊耳聞過立花軍的勇武，無意為了拔掉早已無關戰局成敗的柳川城而浪費兵力。

至於加藤清正方面，雖然眼見立花軍釋出善意，但家康在八月已向清正許下承諾，容讓他自行拿下肥後、筑後兩國。面對家康的利誘，清正當然決定向柳川城挺進。

深知寡不敵眾的宗茂為求作最後反擊，同時也為了向豐臣東軍展示自己無意為敵，一切只針對倒戈的鍋島軍和自保，集中兵力應對直茂的來襲。數日後，立花軍突襲鍋島本營，以求驅逐敵人，也就是後來立花藩稱之為「江上之戰」（鍋島藩稱之為「柳川之戰」）的血戰。

但是，宗茂的嘗試最終失敗而回，立花統次、小野鎮幸等重臣或戰死或重傷，立花家已經近來了了最危急的時候。可是，就在這時候，存命的重臣立花親次帶著家康的保證書從京都趕回柳川，向加藤清正與黑田如水談判停戰。

立花親次的「及時雨」拯救了宗茂以及立花家，拿到家康赦免的保證書，意味著宗茂可以放棄早已沒有意義的抵抗，而本來與宗茂便沒有仇隙的清正與如水也本著各自的打算，一同決定接受了立花家的投降。至於為了保命才決定入侵柳川的鍋島直茂，當他收到了家康的指令後，也明白到無需再堅持攻打，是時候轉為利用江上之戰，與家康方進行談判，因此也退出了圍攻戰。

圍攻立花領的戰爭結束後，加藤清正派重臣加藤重次進入柳川城，看管立花宗茂的一族、上下家臣家眷等。

在這裡，沒有了政治上的對立後，清正對宗茂的情誼也自然可以「火力全開」。清正派遣重臣入主柳川城時，保留了柳川城的本丸，作為宗茂的暫居之所，由立花家自己管理，另一方面則重點要求入城的加藤軍不可胡作非為，而且還加了以下的指示：

必須確保立花家的財物、妻幼身命的安全，如果他們之中有人怕亂逃到附近的地方，又或者逃到你所在之地時，切不可輕率安排，他們的家宅、家內財物等也要完好的看管，如果他們決定要逃到我領，也要按他們意願來安排，至於把安置他們到（加藤領的）什麼地方，就由你來決定好了……若有任何胡來之處，唯你是問！

不只是嚴命家臣，清正還要求將這書信的禁令部分制成法令牌（制札），設置在柳川城下，以告示駐紮在加藤軍上下將士的法度。

勸說島津

立花宗茂投降後立即獲如水要求作為九州東軍的先鋒，準備下一步的平定戰，目標就是南端的島津家。不過，就在處理島津家的問題上，加藤清正、黑田如水與立花宗茂之間的立場與態度開始出現分差。

當時，德川家康的態度也是偏向嚴罰主戰犯島津義弘以及島津家（有關島津家怎樣與德川家康展開長達一年多的外交戰，最終確保了領地不削不減的問題，詳見本書本部第四章）。與島津家領地接壤的加藤清正對討伐島津也較為強硬，然而，另一邊的黑田如水與立花宗茂卻有不同想法。

如水在立花宗茂轉投東軍之後，一方面通過井伊直政跟德川家康確認意向，一方面跟與兒子黑田長政積極協調「戰犯」島津義弘與置身事外的島津義久、島津家久盡快向家康投降和辯解。

如水首先派宗茂在十月底向義弘、義久及家久說明利害，確認島津家沒有抗爭的意思。於是，宗茂寫下了一封長長的書信，將江上之戰以及立花家的結局原原本本的告訴三人。其中，宗茂向島津義弘、義久和家久說道：

為了貴家著想，快點將想申訴辯解的事說出來，我已經跟如水跟清正談過，將會作為傳話人，幫你們三位傳達意思，只要你們盡快派出使者前來

最後，宗茂也苦口婆心的勸告三人：

秀忠公很快便要出征來討伐薩摩⋯⋯現在天下已經平靜，九州將會重新洗牌，是時候盡快認清形勢，趁秀忠公未真正動身之前，立即派出使者來吧！在下會拚命到底，為貴家提供幫忙

數天後，如水也加入了遊說行列，與義弘進行書信往來，希望島津家盡快表明立場。到了十一月，黑田家因為關原主戰以及九州支戰的功勞，獲家康賜封筑前一國，而且黑田長政也獲家康命令，一同協調九州的和平工作，或許是對得到筑前一國頗為心滿意足的關係，消息確認後黑田如水與長政更加積極地推動與島津家和平地解決戰後問題，更與島津義久和島津義弘兄弟大打友誼牌，希望順利地促成九州的和平，無意再行出兵。

然而，有一個人對如水這個計劃感到不滿，那就是盟友加藤清正。當島津家聽從立花宗茂建議，派出謝罪使者，以及向井伊直政提出辯解的消息傳出後，加藤清正立即寫信給家康另一個重臣榊原康政抱怨，揭發島津家並沒有真心投降，反而調動軍隊到薩摩與肥後的邊境，又涉嫌與小西家的遺臣串通，在南部集結，讓清正如臨大敵，難以釋除疑慮。清正更在最後向康政說：

等我處理完南境的防衛部署後，如果龍伯（義久）、家久還說不知情的話，那就等我親自來大坂，將前後的情況親身向家康公報告好了，有勞你代我先向家康公通報一下！

面對清正的怒火，井伊直政和黑田長政雙方都加緊催促島津家表明意志，以免難得的和平再次毀於一旦。

結果，清正的不滿及猜疑還是被家康壓了下去。成功獲得赦免，又化解了出兵島津的危機後，立花宗茂一方面接受了加藤軍的托管，一方面等待著自己的命運。不久後宗茂上京尋求直接跟德川家康見面，獲得正式原諒，但這一等就是數年之久。到了慶長六年三月，柳川一帶成為了岡崎城主田中吉政的新領地，開始了立花宗茂與柳川的分別歲月。

至於利用自身在戰國亂世的經驗，看準時機，極順利地帶領龍造寺．鍋島家洗脫叛逆污名的鍋島直茂在柳川城之戰後，獲得了勝利者德川家康的認可，在慶長六年獲得家康保證領地的安全。

比起老練穩重的鍋島直茂，屢敗屢戰的立花宗茂運氣卻沒那麼好。他要到三年後的慶長九年（一六〇四）才回復名譽，回歸諸侯之列。等到二十年後的元和六年（一六二〇），宗茂才重回柳川故地。在西軍諸將中，只有宗茂和丹羽長重雙雙成功回到故領。

那時候，在關原之戰後極力幫助自己的加藤清正和黑田如水，以及同樣為了生存，選擇倒戈來襲的鍋島直茂，還有接受了宗茂好意勸告，保住了家業的島津義弘都已經一一離開人世。

小領主們的「無仁義之戰」

當九州北部展開求存求勝的血戰時，南九州的肥後（今・熊本縣）的小領主——相良賴房、秋月種長、高橋元種和日向（宮崎縣）的伊東祐兵、祐慶父子跟前面的立花宗茂一樣，早早表明了加盟豐臣西軍的立場。然而，跟宗茂力戰到最後不同，他們四人早在關原之戰後立即倒戈，為自家的身家性命作出最後、堪稱為「無仁義」之戰。

在「戰史編」裡已經提到，相良賴房、秋月種長、高橋元種當時身在主戰場附

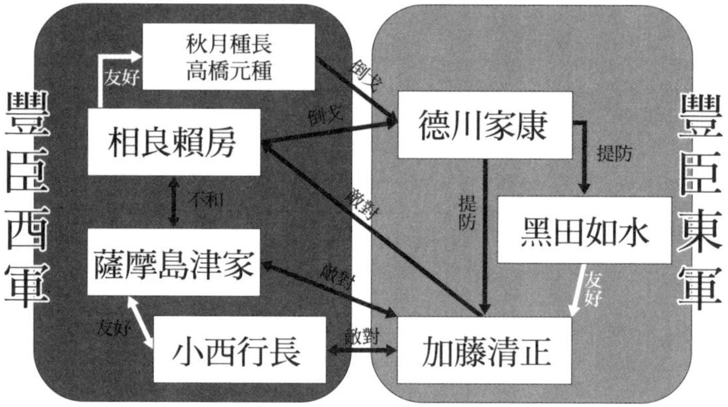

關原之戰時九州地區的大名關係

近的大垣城。他們眼見豐臣西軍兵敗關原，立即倒戈，並藉著殺害同樣由九州來到上方助戰的木村由信、垣見一直和熊谷直陳（一名「直盛」）三人，將他們三人的首級送到德川家康的重臣・井伊直政處，以向豐臣東軍示好。

雖然他們的倒戈得到了家康的認可，但他們在九州的家臣仍然不知道自己的主君已經變節，一直到了數天後，消息輾轉傳到九州後，相良、秋月和高橋三家的家臣才立即反應起來，配合主君的行動。只是，九州戰場大局已定，相良賴房、秋月種長、高橋元種三人早已被加藤清正和黑田如水鎖定為豐臣西軍成員，即使三人一直向清正和如水示好，但當時一心要盡吞肥後一國的清正無視了相良賴房的要求，又以相良家暗通島津家，兵犯加藤、相良、島津三家接壤之地佐敷城附近為由，力勸如水不要聽信相良家之言。可以說，

至於一直沒有出兵的伊東祐兵、祐慶父子則另有打算。父子二人希望藉著這個機會直接在九州倒戈，發兵攻打鄰居兼「盟友」高橋元種居城．宮崎城（今．宮崎縣宮崎市），同時想藉此機會，預留兵力攻打份屬豐臣西軍的島津家，為祖宗一雪滅家之恨，向德川家康投誠。

伊東家與島津家在室町．戰國時代以來，一直是世仇宿敵。本來，伊東家藉著島津家內亂之機，佔有絕對的優勢。但是，當島津家在島津貴久、義久父子的帶領下走向一統，又在天正三年（一五七五）的木崎原之戰被島津義弘大敗後，伊東家一度沒落，一直到豐臣秀吉平定九州後才得以回歸故里（有關伊東、島津兩家在戰國時代的恩怨情仇，請參看拙作《日本戰國織豐時代史》）。

然而，靠秀吉的同情回歸故里時，當年雄霸南九州的伊東家已經成為歷史，日向國內早已是群雄割據的地方，前述的秋月、高橋和宿敵島津家分佈在新生伊東家的周圍。對，伊東家而言，島津家是勢不兩立的存在。因此，當伊東家得知島津家將會成為豐臣東軍在關原之戰後的主要敵人後，為了自己，為了祖先的榮辱，伊東父子於十月初開始入侵了北鄰的高橋家，再找尋機會對島津家用兵。

只是，即使伊東家想藉此洗清污點，再作報仇，在這之前的當務之急是如何讓九州的豐臣東軍加藤清正和黑田如水認可才行。在這點上，加藤清正再一次成為路障。十月十三日，清正寫信給黑田如水時，便提到了：

已閱伊東家送來的書信，他們也是相良家的同黨，不足為信。

相良家的部分留作後述，總之，欲以實力奪下肥後、筑後兩國的加藤清正而言，正要一心對付南方的島津家和相良家。伊東家原本可為清正的助力，但由於此前行動方向不明，未能獲得清正信賴。結果，伊東家還是要靠自己的行動來顯示誠意。

可是，當高橋元種和秋月種長在十月回到日向後，伊東家發現兩家已再次成為盟友，於是伊東家只能將努力放在島津家身上。不過，德川家康放棄了對島津家強硬的態度，改為用外交談判的方式迫使島津家投降；加上秋月和高橋兩家均不願與島津為敵，更不願便宜了伊東家，在自己的家門外養虎為患。

於是，伊東家全力配合家康的和解方針，積極促請島津家屈服的工作。結果，伊東家藉機重建家威、為祖報仇的計劃最終在兩年後德川、島津兩家和解後完全幻滅。不過，日向國伊東、秋月和高橋三家的問題大致在慶長六年了結，三家有驚無險下，終如願地獲得家康赦免，洗脫加入豐臣西軍的罪名。

日向國三家的問題之所以較為輕易的解決，除了因為三家勢孤力弱，但又在牽制島津家上有著重要作用外，最主要的原因還是因為加藤清正沒有多加干預。

讓加藤清正無暇分神的主因，就是前面提到的相良家問題轉移了他的視線。相良賴房與秋月、高橋倒戈的消息在十月中上旬傳到肥後之前，留守在相良領的相良家臣已經以豐臣西軍的立場，攻擊加藤清正的佐敷城。當相良家倒戈的消息傳至清正耳中時，卻沒能獲得清正的認可。

在關原之戰前，相良、島津和小西三家關係良好，對加藤清正而言，他們自然都是敵人。如今，德川家康為了拉攏清正忠心地為自己效力，給予了相贈肥後、筑後兩國的承諾，清正當然視之為清除不睦鄰居的絕佳機會。

十月中，相良家家臣跟前述的伊東家先後寫信給加藤清正，希望清正高抬貴手，但均遭到清正的嚴拒。清正對如水說，當滅亡了小西家後，便不會輕易放過相良家：

無論相良家作出怎樣的辯解，近年的怨恨和這次佐敷的事，無論內府公怎樣打算赦免他們，我都會以這些理由申辯，力主無必要讓他們靠攏……得內府所許，我已得肥後、筑後兩國，赦與不赦相良家，皆在我一念之間！

不過，當清正打算以實力拿下肥後、筑後兩國時，島津家的戰後處理問題再次成為重大變數。家康向島津施壓之時，又不想使清正的勢力在九州中部坐大；同樣不想讓自己身後出了一個加藤家這樣巨大勢力，還要掛念跟島津家的交情，黑田如水與家康的心思不謀而合，轉為用外交斡旋的方式處理，間接使清正頓時陷入孤立。

此一時彼一時，被清正壓得喘不上氣的相良家當然不會放過這個逃出生天的機會。相良賴房深知，一旦攻打島津家的事成為事實，則從虎口逃出來的相良家又將成為島津家和主攻的加藤家之間率先犧牲之物。因此，對相良家而言，立即聯絡黑田如水和島津義弘，願意借新功剛立的契機，為島津家向家康說情，另一方面相良賴房又聯絡一起倒戈的高橋、秋月兩家從旁協助，希望盡快促成島津家的抗戰態度軟化。

到了十一月，加入了立花宗茂、鍋島直茂居中調停，家康又忙於重建上方的權力與處置毛利、上杉、長宗我部等大諸侯家的問題，也不再急於出兵九州。到了慶長五年底，最想南下侵邊的加藤清正眼見天時、地利皆不在手，終於也對相良家放軟了態度，將兵鋒都放準在島津家上。

結果，差一點遭到清正軍蹂躪的相良家獲得懼怕清正坐大、攬局的德川家康幫助，保住了球摩郡（今·熊本縣人吉市）的領地不失，與清正互為毗鄰，迎來了新時代的到來。

以上可見，大友義統、加藤清正、黑田如水、立花宗茂、島津義弘、鍋島直茂、相良賴房、伊東祐兵、高橋元種和秋月種長九人之中，除了極少數存在必然對立的人物外，九州大多數分立豐臣東、西兩軍的諸侯們本身沒有必然的仇恨，他們對豐臣東、西兩軍的領導人物也沒有必然的忠誠。當確定天下霸權的關原之戰完結後，如何保家護族成為了凌駕一切的最高課題。

除了義統早早敗退，其餘八人抓住了關原之戰的機會，迎來了重生的機會。而有趣的是，關原之戰的主戰後，九州戰區的戰事本質悄然變樣，由共擊豐臣西軍，變成豐臣東軍的黑田如水與加藤清正各自圖利，同時從豐臣西軍倒戈過來的小領主們為了保命，開展了各種的求生之戰，與加藤、黑田還有島津三家的明爭暗鬥紐絡在一起，譜出關原戰後短暫又混亂的局面。

薩摩島津家——戰後「求赦外交」的內與外

大難不死，必有後患

慶長五年（一六〇〇）九月中旬爆發的關原之戰在一日內曲終人散，家康陣營獲得全面的勝利，另一邊的反家康陣營則被俘、被殺、被迫逃亡。在第一部第四章裡，我們已經概述了「鬼石曼子」島津義弘（當時出家，道號「惟新」，以下統一稱為「義弘」）與侄子島津豐久帶著家臣及殘兵演出從戰場上逃出生天的著名一幕。

雖然島津豐久以及義弘的部分重要家臣不幸在途中戰死，但最重要的島津義弘還是成功地回到了薩摩。然而，故事還沒有因此結束，應該說正戲才要準備上演。

獲得勝利的家康陣營不可能放過積極參與反家康陣營的島津義弘。在九州戰場，屬家康陣營的加藤清正和黑田如水正在掃蕩當地的反家康陣營勢力，如大友義統以及立花宗茂等。在十月中旬，除了南九州以外的大部分區域已算是塵埃落定，剩下來主要的敵人當然就是島津家了。不過，情況卻有一點複雜。

眾所周知，島津義弘帶著侄子豐久以及自己的家臣參與了打倒家康的戰事，但這可算是以個人名義來參加，老當家，即義弘的長兄島津義久（龍伯）和親兒子島津忠恆（後來改名「家久」）沒有參與，明面上是也沒有支援義弘的行動的。可以說，要算起責任來的話，島津家跟島津義弘的「罪責」是可以分開處理的。

不過，說沒有關係也首先要讓家康陣營相信才行。況且，義弘現在已經逃回薩摩，島津家不可能交出「戰犯」來脫離關係，也就不得不跟義弘一起面對家康了。就這樣，島津家又一次展開應對中央政權的外交戰。熟知島津家家史的讀者也會記得，上一次島津家在天正末年，即信長死後（一五八二至一五八八）應對豐臣秀吉的統一戰爭，最終談判失敗，以戰敗投降告終，但仍然倖免家業掉失。這一次面對新的天下人德川家康，島津家又是怎樣吸取教訓，最終再一次保住家業呢？

追兵將至

十月中旬，義弘回到薩摩後，一方面寫信及犒勞與自己逃回薩摩的家臣，與此同時，義弘也跟長兄龍伯見面，交代戰事經過以及善後方策，然後再與兒子忠恆通信，島津家三大代表便這樣隔空地進行了三方討論。

另一邊，家康的追擊也隨之而至，家康方的井伊直政、寺澤廣高、山口直友以及九州戰場的家康陣營代表黑田如水也先後聯絡島津家，要求他們做出解釋以及回應。數日後的十月二十二日，龍伯與忠恆作為島津家的前任、現任當家回應家康陣營。兩人對寺澤廣高辯解說：

惟新（義弘）回來薩摩後，已經從他那裡了解到此次在上方的戰事情況，今次（三成、輝元與義弘等人）的計謀，我倆毫不知情，而且我等片刻沒有忘記內府公的厚恩

島津龍伯和島津忠恆表明了對家康毫無敵意之後，也不忘來一記回馬槍：

內府公也知道我們都向秀賴君宣誓效忠，為此更寫下誓書，放在神社之內為證。為此，當奉行眾（增田長盛、前田玄以、長束正家）下令而來，我們為恪守君臣之義，自然遵從他們的指令了。當然，這不代表我們島津對內府公有不義之心

本書第一部第一章裡提到，在秀吉死前死後，豐臣政權多次要求諸大名交出誓書，立志對秀賴絕對效忠，不存二心。島津家利用這個過去，作為義弘投效反家康陣營的正當理由，而且強調義弘的出兵是基於奉行眾，也就是他們背後的豐臣政權的命令，與家康沒有私恨，當時的家康仍然是豐臣政權的最高重臣，按道理上說，是難以反駁島津家的說辭的。

龍伯與忠恆回信後，真正的當事人・島津義弘也在不久後寫信給黑田如水，內容跟上述的完全一樣，反映出這已是島津家的官方立場，只待家康陣營如何回應。當然，島津家吸取了上一次敗給秀吉的教訓，也不敢只寄望外交上的交涉，而是繼續做兩手準備，包括指派一族的重臣，也就是後來薩摩藩的「國老」島津忠長在薩摩、肥後邊境的出水作監視，屯兵於該地，以防加藤清正以及黑田如水突然攻擊。

不過，黑田如水與兒子黑田長政早早釋出善意，無意加派軍力去入侵薩摩，這跟家康在當時認為不急於派兵南下的方針有關，黑田家也無意為家康去與戰力尚存的島津家對戰。於是，如水便通過新降的立花宗茂，向島津家曉以大義，勸說他們盡早表明立場，以免真的招致家康派德川秀忠帶兵來襲。立花宗茂也利用自身的經歷，規勸龍伯、忠恆及義弘盡快派出使者示意，宗茂又表示自己願意居中調解。（有關立花宗茂的投降過程，詳細請參閱前章）

面對多方的勸說，島津龍伯與義弘兄弟到了十一月初終於再次回應。兩人分別寫信給黑田如水，希望如水居中斡旋，向家康表示善意，數日後得到如水願意促成其事的回應。但是，這樣並不代表島津家已經完全捨棄反家康陣營，義弘仍舊指示島津忠長去接應當時仍在對抗加藤清正的小西家家臣，並且安排他們逃亡到出水躲藏。還有，後來島津家又收留了輾轉逃來的宇喜多秀家，更窩藏秀家達兩年多之久。

這些兩手準備都代表著島津家無意無條件地向家康屈服，仍然爭取最大努力去應付萬一出現的情況，既意味著島津家不認為義弘參與反家康陣營有錯誤，沒有完全信任家康的「誠意」，但同時又不忘留著籌碼，待他日所用。

話雖如此，政治終究是現實的，家康先禮後兵的策略也擺在眼前，只因在家康面前，還有毛利家、長宗我部家、上杉家等一連串戰後處理要做，才沒有全力向島津家施壓。

在這時候，鷹派立場的加藤清正便橫槍殺出，險些成了島津與德川和解的障礙。加藤清正獲家康承諾，事成後會獲得筑後、肥後兩國，自然不希望自己今後在南方出現強大的鄰居，加上島津家非敵非友的態度都讓清正十分反感，對如水和家康打算對島津家行懷柔策略的事，更是深感不滿。

況且，前文已提到清正深知島津家在薩、肥前線做兩手工作，所以對於島津家向如水、家康表示恭順的態度甚為質疑。於是，清正便不斷向家康表示反對和解的意向，但終究還是被家康撫平下來。

至此，加藤清正只能一邊忍著，一邊強化邊境的戒備。可以說在島津家的問題上，家康與如水聯手，將加藤清正置於事外，不讓他在推進和平的進程上成為障礙，因此即使身在敵方前線，清正在這件事也無用武之地了。

就這樣，島津家與家康陣營的交涉一直在缺乏足夠的信任基礎下緩慢進行，一方既謝罪認錯又保持警戒，另一方則又勸導又加緊威嚇。時間就這樣過去，混亂非常的慶長五年也就這樣結束了。

內憂初現

在這段僵持時期，島津家內部除了加緊備戰，以及繼續外交應酬外，另一個重要的工作便是維繫人心，以防家臣團因為主家面對困境，難局未解而心生恐慌。

在慶長五年底，大量的加賞持續進行，除了分派福利，島津家高層也不忘收集家臣的宣誓書，要求家臣們保證不會背信棄義，又要求僥倖在朝鮮侵略倖存、或在關原之戰後逃回薩摩的家臣們通通立誓，保證不會為了兩次的失敗，記恨島津義弘及島津家。可以說，當時島津家不只對中央政權，對內部家臣也是疑心暗鬼，處於不安定的狀態，而這時候，島津家便開始想到了另一個麻煩種子……（後述）。

時間到了第二年慶長六年初，一直沒有在第一線對應事態的島津忠恆終於有動作，命令重臣・鎌田政近上京，代表島津家去查察德川家康的真正意圖，以做出下一步的決定。其中，忠恆雖然早早向家康陣營表達了不忘家康的厚恩，但在書信中，忠恆同時向政近表達了巨大的憂慮：

世上傳聞，有諸侯即便交出了確實的誓詞，最後還是被判罰了。如果這樣的事發生在島津身上，可為當家之恥辱。雖然想極力避免與上方一戰，但到了我家危急存亡之時，這也將是無可奈何的事，期望到時候家中上下果敢應戰，一同為島津拚命到最後

忠恆心中的悲觀與擔憂是來自於家康在和解後，藉口處分了毛利輝元和長宗我部盛親，這消息傳出後對於仍未表明降意的島津家和會津上杉家構成重大的壓力，是降是戰都在不可確定的雲霧之中。

然而，到了同月底，家康的近臣．船越景直代表家康寫信給島津義弘，再次強調和保證島津家的安泰，只需島津家做出實質的行動示意便可。在這時候，上述的鎌田政近連同另一名島津家臣．新納旅庵已出發前往伏見，與家康方磋談。另一邊的家康繼船越景直後，又再派山口直友、井伊直政和寺澤廣高開出新的提案。

直友與直政，還有寺澤廣高一方面通知島津家上杉景勝即將上京請罪，暗示島津家也需提早示意，在這裡，直友和寺澤廣高在二月突然要求島津龍伯代表島津家上京示意臣服。這是家康方首次明確提出島津家服從的具體方式。

為什麼家康要求龍伯上京，作為島津家臣服的象徵呢？家康方面沒有具體說明理由，但這裡筆者認為有兩個因素可以考量。第一是龍伯作為島津家的靈魂人物，又是「戰犯」義弘之兄，新當家忠恆的義父，只要龍伯願意上洛，既足以代表島津家的誠意，同時龍伯一旦離開島津家，島津上下為了龍伯的安全也不會貿然生事。

第二，島津龍伯自從降服於豐臣政權之下後，便被豐臣政權冷遇，改由義弘受盡恩寵，德川家康自然也看在眼裡。如今，讓龍伯上洛，既是否定了豐臣政權重視的島津義弘的「正統性」，而讓龍伯光榮復權，也算是籠絡心繫島津龍伯的島津家臣。

加上候任當家忠恆也是龍伯的女婿，家康尊崇龍伯，理論上對忠恆也是沒有影響，也不會打擊到忠恆繼任當家的權益。可以說，家康提出由龍伯做代表，為島津家上京謝罪算是機關算盡，計算周全。不過，家康的計算最終百密一疏，善意的橄欖枝不久後成為了島津家險些再陷分裂的種子，容後再談。

自家康方要求龍伯出面上京後，促請島津家做出回應的壓力日益增加，參與到斡旋工作的人也越來越多。獲加封至廣島的福島正則，以及肥後一國的加藤清正也加入其中。加藤清正對島津家的不信依舊，家康雖然小心地不讓清正插手島津家的和平工作，但同時也利用清正對島津的不滿，轉化為給予島津家壓力的工具。加藤清正寫信給身在薩肥前線，一直監視加藤家動向的島津忠長時，便表露出強硬的態度：

貴家對上方不應心存懷疑，應該沒有疑義，一心謝罪才是最重要的。如果貴家謝罪不獲上方批准，待我方在收到指示後，便會謹遵上意行事，還望貴家留意

清正的外壓對於島津家而言自然是一大隱憂，而家康陣營則繼續展示友好，對島津義弘、島津忠恆示意，只求島津家作出更多的行動表示和解之意。時間到了慶長六年夏天，島津家面對家康要求龍伯上京的事上仍然心存疑慮，於是決定先派重臣島津忠長上京，再摸清情況，盡可能爭取龍伯不用上京而解決問題。在這時候，奉命前往京都調查的鎌田政近終於發出報告書，將在京都伏見的所見所聞詳細回報。

其中，政近通知上杉景勝與重臣直江兼續已經在同年七月底與家康見面，並且獲得赦免及處分，島津家也是時候要回應家康方開出的條件了，同時政近也向島津家傳達家康的意向，家康喊停了原本島津家打算派出忠長的計劃，執意要求龍伯親身上京。

在家康的強硬要求下，龍伯本人向義弘跟忠恆表示願意成行，可是，這個舉動同時間在島津家內部製造新的裂痕。當中關鍵在於龍伯以拯救島津家為己任上京，但這樣一來，在豐臣政權以來在島津家已有一定影響力的義弘一派形同被架空閒置，同時忠恆的立場也變得十分尷尬。一邊是親父，一邊是岳父（註：忠恆之妻龜壽姬是龍伯的三女），龍伯通過拯救島津家，重新獲得了政治資本，增強了在島津家的發言權，這對於忠恆而言也是十分不是滋味的結果。

另一邊的龍伯也的確心生自己的盤算。他利用了這個機會鞏固了自身與親族的權益，當自己重新獲得價值後，對於義弘與忠恆的顧忌也相對減少。

其實，龍伯本來膝下就沒有兒子，一直只能期待女兒們為自己生下外孫，來維持自己的血脈。可是諷刺的是，忠恆與龍伯的三女兒．龜壽姬關係不好，一直沒有子嗣，這樣一來龍伯對忠恆的態度也會變得十分微妙，更會將心思放在其他女婿和外孫身上，當時龍伯已漸漸將「希望」放在次女．玉姬之子島津久信身上，對義弘和忠恆構成潛在威脅。

故此，一旦上洛事成，再次回到薩摩的龍伯由原本已是一家的精神支柱，進一步化身為救家英雄，與忠恆的關係也將更加尷尬。可見，與家康進行求赦外交的同時，島津家的矛盾與分裂也日益表面化，在忠恆以及他的家臣角度來看，龍伯上京顯然會成為一個定時炸彈，但是，如果不予龍伯上京，又將難保家康方面不會藉機發難。當時的島津家也慢慢分成忠恆、義弘、龍伯三派，三方之間的思慮交錯，長久下去將對本已危急存亡的島津家帶來重大影響。

天祐忠恆

就在這個進退兩難的局面下，上天好像聽到忠恆的哀求一樣，給予了一個天大的機會，強烈表明願意上京的龍伯在這時突然身患惡疾，久久不能痊癒，上京日程被迫一再拖延，有鑑於此，忠恆、義弘立即提議以龍伯臥病為由，由原本代表島津家上京，但被家康拒絕的島津忠長以龍伯的代言人身分上京致意，獲得了家康方的認可。

島津忠長在慶長七年上京後，成功爭取了家康寫下誓書，保證了島津家的安泰以及領地不變。這本是讓島津家上下鬆一口氣的喜事，但對於忠恆而言卻並非盡是如此。因為家康寫的誓書，對象只有龍伯一人，意味著家康始終只認定龍伯為唯一的交涉代表。只要龍伯也認定自己是唯一能拯救島津家之人，而利用這個資本去奪回家中的權威，這對忠恆而言，還沒坐暖的當家之位隨時會被他人奪去。

不過，上天還是繼續照顧忠恆，龍伯的病情一直沒有好轉，當忠長回到薩摩，轉達家康等待與龍伯會面的消息時，得到的卻是龍伯上京期日被迫推延的結果。到了同年六月，島津家因為龍伯上京問題，引發暗然的「冷戰」，忠恆與龍伯的關係也急速轉冷，兩者之間的猜忌也越來越深。為此，自知可能命不久矣的龍伯為將來，以及女兒、孫兒的安全起見，寫了誓言交給了忠恆，保證自己仍然視忠恆為繼承人，同時也不會藉上京一事來威脅忠恆的利益。

即便如此，忠恆與親生父親義弘也沒有放下警戒，希望早日鎖定忠恆的當家位置，讓龍伯早日死心。島津家內部正在祕密做調整，而家康方則仍舊在催促龍伯上京，完成和平交涉。然而，關鍵人物龍伯始終無法痊癒，到了同年七月，龍伯終於放棄上京的念頭，改派忠恆作為島津家的總代表上京，向家康請罪。如此一來，島津家陷入分裂的危機似乎有望得以克服。然而，事情卻沒有就此結束。

縱使龍伯向家康報請由身為女婿的忠恆代為上京，但龍伯與忠恆之間的矛盾仍然沒有消除，在上京的細節以及事後的安排裡，兩人仍然存在不小的分歧，龍伯也責怪忠恆表面上作為龍伯的代表上京，實際上是想藉這機會確立自己作為島津家唯一代表，等同扼殺了自己復權的野心，決定由忠恆上京後便不再理會龍伯，在上京的事宜上獨行獨斷。

龍伯為此深感不忿，在忠恆上京之前指責忠恆「凡事不聽我言，擅斷上京之事，欠忠孝之心」。龍伯背後自然代表著支持龍伯復權的「龍伯派」之利益可能就此被奪去，深感不安及不滿。面對如此壓力，忠恆在出發前寫下長文，試圖安撫龍伯，更強調自己這次毅意出行上京是「對島津家的忠義，對龍伯的效忠」，毫無非分之想，野心之念。

餘波未了

龍伯收到忠恆的辯解後，暫時壓下不安，暫且目送忠恆離開薩摩。不過，對於忠恆而言，還有一個隱憂必須除去，以使自己離開後家中依舊安定。那個隱憂就是伊集院忠真。

伊集院忠真的父親．伊集院忠棟（幸侃）在豐臣政權時代獲得秀吉器重，積極地在島津家內推動豐臣政權政策的實施，博取秀吉對島津家的信任，但忠棟也因此受盡島津家上下的厭惡，包括島津龍伯。

結果，在秀吉死後翌年的慶長四年，失去靠山的忠棟在伏見被主君．忠恆殺害。忠真得知父親遇害後，便在封地日向國（今．宮崎縣南部）發兵抵抗，即後世所稱的「庄內之亂」。

事件最後在德川家康的斡旋下平息，忠真降服並立誓忠於島津忠恆，上述龍伯與忠恆所指的「內府公的厚恩」之一便是指這件事。事隔數年後，忠真表面上臣從，但事實上是被島津家隔離監視，一族也被分派到龍伯、忠恆、義弘之下服差，本無作為。

然而，忠恆出發上京之時，突然命令忠真隨行，並且在不久之後派人殺害忠真以及他的兄弟，對外只以家臣械鬥來處置，但內部消息則沒有那麼簡單。在島津家內部的斷罪書中清楚提到忠真通過龍伯的重臣平田增宗，協助龍伯擁立外孫島津久信去取代忠恆，更在外暗中聯絡加藤清正，打算來一個裡應外合，將忠恆請出當家之位（也有說法指這是察覺死期將至的忠真意在死前搞亂島津家的陰謀）。

不論真相如何，事件被忠恆察覺後，忠真隨即被殺，潛在的麻煩分子也一應被除去，忠真的死也沒有驚動德川家康，最終忠恆以當家兼龍伯代言人的身分成功面見德川家康，忠恆的地位也因此終於得以鞏固。

事後，忠恆與龍伯的關係表面上繼續平穩，但當龍伯在慶長十六年（一六一一）死去後，家久便將龍伯之女，即自己的正室龜壽姬冷放一邊，與自己的一群側室量產兒女。但為免過度刺激龍伯的親族，忠恆承認了龍伯其他女婿的地位，分別立為日置島津家和垂水島津家，作為宗家的藩籬，以安人心。

最後順帶一提，後世薩摩藩為了強化藩祖・忠恆偉大，在藩史上一概無視了龍伯作用，甚至抹去了龍伯願意上京的事實，改寫成龍伯態度消極，忠恆背著不孝之名，以救家為先，毅然上京，樹立忠恆的理想形象。

以上可見，在歷時兩年多的「求赦外交」中，島津家與德川家康陣營的交涉相對較為順利，反而因為「求赦外交」中產生的深層分裂危機，差一點便將久歷打擊的島津家再次推向分崩離析的邊緣。

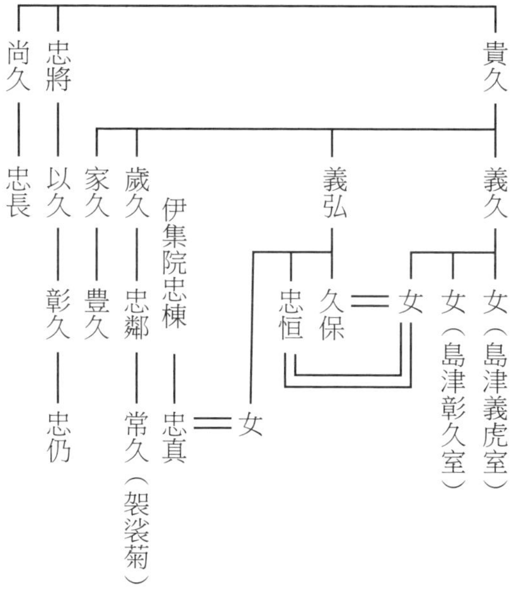
貴久
義久
女（島津義虎室）
女（島津彰久室）
女
義弘
久保
忠恒
女
歲久
忠鄰
常久（袈裟菊）
伊集院忠棟
忠真
家久
豊久
忠將
以久
彰久
忠仍
尚久
忠長

第二章　豐臣西軍敵將錄

加藤清正——毀譽參半的桀驁不馴之將

日本版的打虎英雄傳說

作為一個豐臣政權的武將，比起其他的豐臣東軍，加藤清正有許多比較有名的事蹟。包括在侵略朝鮮半島的時候的功績，比如說他曾經成功俘虜了朝鮮的兩位王子，又曾經率軍打到長白山南的兀良哈，即今天鴨綠江盡頭的北朝鮮與中俄三國交界的地帶。

所以我們可以說，加藤清正在整個侵略朝鮮的戰役裡面，他是站在最前線，也是在整個豐臣日本侵略朝鮮王國的戰事中，被朝鮮王國和明帝國視為不亞於豐臣秀吉的大敵。

除了這些大事件外，在侵略朝鮮的過程中，加藤清正還有一個著名的小故事，包括我們經常聽到的「獵虎」（虎狩り）。當時日本軍到了朝鮮之後，就幾乎把整個朝鮮半島給占領了。此後，他們就開始準備占領後的統治活動，當時朝鮮半島的山區裡時有野生老虎為患，日本軍當初純粹以除害為由去狩獵老虎。

後來就有些武將把老虎死的、活的也好，都獻給秀吉，然後秀吉非常的開心。不久後，不知道是誰跟秀吉說老虎的肉和內臟對健康、延命非常有幫助，正中秀吉的心意，所以，秀吉便下令在朝鮮的武將們去狩獵老虎，給他去養身。於是，駐紮在朝鮮半島各地的大名們開始爭先奪後地去狩獵老虎。

傳說中，加藤清正也是其中一人，而且盛傳他是帶頭用洋槍（鐵砲）去轟老虎，把老虎殺死的。久而久之，到了江戶、明治時期就形成了非常有名的「清正虎退治」傳說，害人的老虎都被清正給殺死。

雖然傳說廣為人知，但從現有的史料來看，並沒有證據顯示清正曾狩獵老虎，並且獻給秀吉，清正在侵略朝鮮的戰爭裡，主要還是靠鎮守半島東北部，和活抓兩名朝鮮王子，建立功勳。

率性而行的莽漢？

作為曾活躍於國際舞台之間的武將，加藤清正受到後世不少人的歌頌，也有很多的美談、傳說。但是值得留意的是，這些歌頌、美談均來自於他死後。事實上，清正在生時，曾經被一個同樣是名將的人狠狠地評價，這個人便是與肥後加藤家南鄰的名將．「鬼石曼子」島津義弘。

時間是慶長四年（一五九九）閏三月，前田利家剛離開人世不久，德川家康立即專橫起來，島津義弘除了關注到家康的行動外，也關切當時的時局下，生國薩摩大隅兩國（今．鹿兒島縣）的安全，以及北鄰．肥後國（今．熊本縣）的形勢。

尤其是義弘跟豐臣西軍的盟友兼宇土城主．小西行長關係親近，時有書信、禮節來往。眼見過小西行長跟加藤清正自侵略朝鮮戰爭以來便告不和，這個火苗燒在自己的家門前，夾在中間的義弘當然十分擔心。

這時候，義弘便跟兒子島津忠恆提到：

清正多次率性而行，恐怕他很可能會不加思慮便出兵行動，這時候出水邊境（薩摩國北部邊境）沒做好警覺的話，情況堪憂（《島津家文書》）

雖然我們目前已不能詳知義弘怎樣得出清正「多次率性而行」、「不加思慮便行動」的評價，但考慮到義弘也在朝鮮跟行長和清正出生入死，這個評價應該有一定的根據。

不過，這裡要留意的是，義弘指的只是清正很可能會因為朝鮮之役中的不忿不平，在時局紛亂時胡來，還沒有指出清正已跟家康聯手。

眾所周知，清正是其中一個積極跟家康聯手，間接搖晃豐臣政權安穩的大名。但是，清正和家康的合作並非從一開始便一帆風順、合作無間的。在戰史編裡曾經提到，那時候家康一方面與不滿石田三成和豐臣三奉行的大名們聯手，一方面力阻同等的前田利長上京干預自己專權時，卻又下令嚴防加藤清正上京攪局。

除了擔憂清正是否會以忠於豐臣家為重，突然上京阻止自己專橫外，家康還對清正的作風感到不安。例如在糾彈石田三成等人的事件時，加藤清正始終不服家康赦免三成的決定。當時便傳出加藤清正一直要求家康處死三成，遭到家康拒絕，在上方便傳出清正對家康圖謀不軌的流言。

不久後，在九州島津家裡，爆發了一場名為「庄內之亂」的事件，島津家臣伊集院忠棟在伏見被主君・島津忠恆殺死，忠棟之子・忠真隨即在日向國起兵發抗，引發德川家康出面干涉。

巧合的是，在這事件裡，身在鄰國的加藤清正也暗地裡加入干預行列。不過，更為有趣的是，當家康力圖協助島津家擺平內亂，藉此拉攏島津家之際，加藤清正卻反其道而行，暗派少量部隊支援起事的伊集院忠真，又收容忠真之弟到自己的領內暫避，更代他們向家康建議收伊集院兄弟為家臣，以絕島津家的追殺，但遭到家康拒絕。

清正介入島津家內亂的目的，恐怕是想削弱島津家的實力，為自己的邊境減少壓力。無論如何，「庄內之亂」朝著家康的路線獲得平息，忠真被迫投降，意味著清正暗中攪局的計劃失敗，而且清正的行徑家康全部看在眼裡。

自此之後，家康對清正的態度明顯開始改變。在表面上，家康仍然繼續與清正合作，但實際上也開始提防著清正。慶長五年六月，家康出征會津時，拒絕了清正意欲隨隊出征的要求，指示清正留在九州，以防當地的豐臣西軍起事。然而，按上面的發展而言，家康不讓清正前來，更像是生怕清正會成為不安因素，影響出征的結果。

加藤清正的野心與失策

到了豐臣西軍真的起事後，處於被動的家康不得不減輕對清正的防範，反過來再向清正拋磚引玉，確保清正留在豐臣東軍的陣營裡。事實上，豐臣西軍起事前夕，主帥毛利輝元便寫信給加藤清正，希望他也立即上京守護秀賴，後來豐臣西軍起事後，輝元再次派豐前小倉（今・福岡縣北九州市）城主・森（毛利）吉成遊說清正。七月底，清正向當時九州裡唯一的盟友・黑田如水說：

至今我仍然未從奉行眾聽到太閤公真正的「遺言」，究竟太閤公真的希望我等支持內府公（守護秀賴公），還是沒有這個一說，我也不知道，貴領（黑田家）離毛利領最近，如閣下從安國寺（惠瓊）那邊收到相關情報，煩請告知一二

以上的發言顯示，清正在七月底仍然未決心跟隨家康，還是希望聽取豐臣西軍的說法後，再作定奪。不過，對清正從未放心的德川家康恰恰在不久後，向清正拋出巨大的利誘，頓時打消了清正的疑慮。那就是在戰史編提到的，家康承諾勝利後，將肥後、筑後兩國交給清正統治。

家康的承諾以及前線諸將攻破岐阜城的消息陸續傳到清正耳中後，清正終於在八月中旬向德川家康表明心跡，更將豐臣西軍寫給自己的書信都轉交給家康，以表決心。

當然，清正這個動作並非純粹地顯示他已一心一意追隨家康，而是通過這次表態，希望家康讓自己在九州權宜行事。實際上，當清正得到家康的承諾後，清正恍如真的已將肥後、筑後兩國據為己有一樣。

特別是豐前、豐後的戰事結束後，清正開始了「自己的」關原之戰，宇土的小西領、柳川的立花領，以至後來的相良家和島津家，清正乘著關原之戰的主戰勝利，積極地在九州西部擴張，更試圖阻礙諸侯與家康和解的行動，成為家康推動戰後和平的一個絆腳石。

結果，清正的一連串行動終使家康復加提防，家康當初許下肥後、筑後兩國的承諾也在戰後變了樣。加藤清正只能拿下肥後國的三分之二，剩下來的三分之一留給了獲家康赦免的相良賴房，而另一個本該到手的筑後國則落入同屬豐臣東軍的田中吉政手中。至此，加藤清正在九州攪弄風雲的行動，最終只能獲得較少的成果，充其量是把關係不睦的小西行長領吞下而已。作為忠於豐臣政權的家臣，原本還在為加入何方而迷茫的加藤清正既沒能在此亂戰中得寸進尺，也間接地協助德川家康削弱豐臣政權的根本。

小早川秀秋——神之右手的背叛

被無限放大的「背叛」

發生在慶長五年（一六〇〇）的關原之戰裡，小早川秀秋在開戰前後支持德川家康領導的豐臣東軍，並且協助他們在數小時內打敗了石田三成、宇喜多秀家等人領導的豐臣西軍，奠定了豐臣東軍的勝利（註：秀秋還曾先後改名「秀俊」、「秀詮」，以下統一使用「秀秋」）。

對於小早川秀秋的上述舉動，配合他在戰後兩年早死（享年二十一歲）的結果，從江戶時代起，各種站在儒家思想為本的道德批判，以至現代人（不論日本還是日本國外的華人戰國粉）在討厭德川家康的前提下，對小早川秀秋「助紂為虐」大加批難的情況，早已成了常態，各種影視作品都為此不辭勞苦地一再渲染，貪婪的、膽小的、猶豫不決的秀秋已經深深地烙印在不少人的心目中。

秀秋以及小早川軍在那一刻的決定，改變了日本歷史的走向，這是無容置疑的，對於他做此決定的價值、道德判斷，並非筆者有意探討的問題，早前我們已通過影片解說通過現存史料進行了一些分析，去談論小早川秀秋的「背叛」性質。因此在這裡，筆者不打算再行複述這方面的問題。

縱然秀秋的決定讓不少討厭家康、同情西軍的人們感到憤慨或不解，但若果只停留在對歷史人物的個別行為、判斷，做出所謂「善惡對錯」批判，對於分析該人物的歷史位置和他的整體評價，是毫無益處的。

如上段所言，這裡所關心的是關原之戰以前的小早川秀秋，因為除了關原之戰外，他的短暫人生裡還有幾個事件，例如成為小早川家的養子，以及慶長之役時的問題，雖然也一直被人們所討論，但嚴格來說，僅僅是為了批判他日後的「背叛」，拿來呼應故事，使這些對秀秋的批評更加「順理成章」而已。

那麼，放眼歷史資料，我們又應該怎樣冷靜地理解這兩個事件呢？接下來我們先整理一下秀秋的履歷。

秀吉與秀秋的「蜜月期」

小早川秀秋本為豐臣秀吉之妻．寧寧（北政所）的兄長，木下（杉原）家定的五兒子。秀秋四歲時，秀吉的養嗣子．羽柴秀勝（織田信長的五兒子）病死後，秀秋便成為了姨父秀吉的養子，與秀次一起在秀吉和寧寧的撫養下長大。

當時，除了秀秋與秀次，還有秀次的兄弟小吉秀勝，以及成為了豐臣秀長養子的秀保，他們四人成為了新天下霸主豐臣家的一門分支、中流砥柱。不過，不久後秀長、秀勝、秀保先後病死，連同在文祿四年（一五九五）被迫自殺的秀次在內，支撐豐臣家的血親裡，只剩下了秀秋一人。

當然，秀吉老來連得兩子——豐臣鶴松和豐臣秀賴，再加上秀吉另外收養的宇喜多秀家和結城秀康，豐臣家的將來在關原之戰發生之前，還不至於十分暗淡。可是，對於老來得子的秀吉來說，怎樣平衡親生兒子和秀次與秀秋的關係和地位，便成為早晚要解決的問題。

從結果上來說，這個問題的處理手法真正地成為了左右豐臣政權前途的第一個「地雷」。有關秀秋的地位問題，留待下面再談，接下來先繼續說說在這之前的秀秋與秀吉的關係。

在親生兒子降臨出生，以及確保他們能順利成長之前，膝下無子的秀吉只能將希望多放在養子們的身上。因此，秀吉對養子們的教育自然不敢怠慢。秀秋受惠於姨父奪取天下，在還是十歲未滿時，已經獲得了丹波國的龜山（今・京都府龜岡市）作為領地，當然，真正進行管治的是秀吉安排來輔助秀秋的家臣山口宗永，秀秋當時只是名義上的領主而已。

不過，秀吉著手培養「豐臣新世代」，對少年秀秋自然有所期待。秀吉在秀秋襲封龜山後，親自為秀秋書寫教育要點。合共七點的內容總括來說，是秀吉教導秀秋如何成為一領之主的心得。例如重視學問、不可沉迷田獵，還要按自身的領主身分，穿著相應的服裝和裝扮，如塗黑齒等，可謂政治學與身教合於一身的體貼指導。

還有，秀吉還請朝廷貴族如聖護院道澄等人教導當時才八歲的秀秋蹴鞠、和歌等傳統文藝，這些放在現在今天，就是所謂的「軟實力」。當中，據道澄的回憶，秀秋的蹴鞠造詣尤佳，很快便能得心應手。作為天下霸主的養子，這些屬於上流貴族社會的能力自然必須熟練才行。

秀吉對秀秋的重視還有以下的一個著名例子。兩年後的文祿二年，秀吉下令全國出兵侵略朝鮮，秀秋率兵從丹波到肥前名護屋（今天的佐賀縣唐津市）候命。在這之前，寧寧因為一些事情對秀秋感到不滿，看在眼裡的秀吉便寫信去勸說寧寧重視、愛惜秀秋。秀吉對寧寧說：

既然妳膝下沒有兒子，那就把金五（秀秋）視如己出好了，就好像妳愛護我一樣，多愛護金五吧！如果金五成長得不錯，我也打算在死後將一些遺產留給他（《木下家文書》）

這個小插曲或許顛覆了不少人以為寧寧一直都愛護秀秋的印象，也跟不少人以為秀吉討厭「無能」的秀秋的先入為主觀念有所不同。不過諷刺的是，秀吉的愛護之心也在同一年出現了變化，沒錯！這一年秀吉第二個親生兒子秀賴出生，秀吉的所有計劃和態度，連同秀秋的人生都將出現了重大的轉變。

成為小早川隆景的養子

秀吉與茶茶所生的鶴松出生後不久便因病夭折，但數年後，兩人又再次獲得新希望，二兒子豐臣秀賴於文祿二年（一五九三）誕生。秀賴的出生讓這位統一日本的老英雄重燃希望，同時也心生疑懼。應該怎樣確保獨一無二，深愛萬分的寶貝兒子能成功繼承自己的霸業，成為了秀吉腦海裡的重大課題，其重要性絕對不下於當時正在重開的朝鮮侵略戰爭。

於此刻，在秀吉對原本的指定繼承人秀次動手前，秀秋的安置問題卻早早放上了議事日程上，對！那就是讓秀秋成為小早川隆景的養子，時間是文祿三年（一五九四）七月。

不少讀者都聽說過，秀秋成為隆景的養子，背後存在著秀吉的重大陰謀，即秀吉原本想讓秀秋過繼的，不是後來的小早川家，而是背後的毛利家，讓秀秋成為毛利輝元的養子，時機成熟後，再順理成章地將毛利家的地盤奪過來。同樣無子的隆景為了挽救宗家，不讓秀吉得逞，於是決定挺身而出，並且犧牲了原本的養子兼弟弟秀包，將秀秋接過來，作為自己的養子兼繼承人。

這個秀吉想利用秀秋奪取毛利家，同時解決養子問題的「一石二鳥」之計，以及隆景捨命保家的說法，其實出自江戶時代中期（一七一七年成書）的岩國吉川家史書《陰德太平記》，以及一些參考該書而成的書籍。

本書曾提到，當時的毛利輝元的確一直沒有子嗣，與秀吉可謂同病相憐，在文祿元年（一五九二）之前，輝元還沒有像秀吉那樣收養兒子的計劃，直至文祿元年，秀吉率兵前往名護屋的途中，下榻安藝國廣島城時，輝元才向秀吉申請，讓自己的堂兄弟秀元（四叔父・毛利元清之子）為養子，並且得到了秀吉的認可。

考慮到秀秋是在兩年後的文祿三年七月才成為隆景養子，而秀吉長子・鶴松在輝元收養秀元前一年的天正十九年（一五九一）夏天夭折，次子秀賴則是一年多後的文祿二年出生。因此，如果說輝元的決定是為了抵擋秀吉的「秀秋過繼計劃」，將毛利輝元收養秀元為養子，視為抵擋秀吉「陰謀」的措施，時間上其實不太吻合，甚至有點「未卜先知」的感覺。

說到底，另一邊的秀吉是什麼時候將目光投射到毛利家，或者說，究竟秀吉是否真的曾對毛利家打過主意，在一手史料上都難以確定，自然也難以予以肯定。即使退一步假設秀吉早有預謀，但鶴松出生以來體弱多病，秀吉也步入老年之下，草草送走手下的養子們也似乎過於危險。而且文祿元年，秀吉認可秀元為輝元的養嗣子後，曾經向毛利家這樣說：

輝元年紀尚輕，他日必有親生子，到時候當另立其子為繼承人，至於秀元，當給予他相應的待遇才行（《毛利家文書》）

換句話說，秀吉在文祿元年時既承認了秀元的地位，同時也預先確定了他日出生的輝元親生子（後來的秀就）的地位，以及到時候秀元的安排。如果秀吉當時一直想著要找機會硬塞秀秋給毛利家，是不太可能發出上述指令的。

因為秀吉上述的說法已經等於向毛利家約定，會等待輝元生出兒子來當毛利家接班人，不存在自己派人代替的想法。所以，所謂秀吉方想硬塞秀秋給輝元之說的可信性其實並不大。

既然如此，究竟整件事的實情是怎樣的呢？秀吉方面沒有留下史料，但毛利家卻有一些蛛絲馬跡可循。毛利家內部除了旁系吉川家的《陰德太平記》外，還是有些資料提到了秀秋過繼為養子的記錄。當中，年代最為貼近的，是出自輝元近臣．佐世元嘉在慶長十四年（一六〇九）寫成的回憶錄。

據佐世元嘉的說法，當初不是秀吉方硬塞秀秋，而是外交僧．安國寺惠瓊眼見輝元遲遲沒有親生子，於是私自向豐臣政權交涉，要求讓秀秋成為輝元的養子。不過，隆景得知惠瓊的計劃後，立即要求輝元收養秀元的建議，並且獲得了輝元的接納，惠瓊也因此中止了原定的計劃。

元嘉的說法是否完全可信當然是要考慮的問題，但如果按他的說法比對史實來看，輝元收秀元為養子是在文祿元年四月，那麼惠瓊的計劃如果真的存在過，也必然是在這以前的事了。接下來的問題是，為什麼惠瓊會想到向豐臣政權索要秀秋當輝元的養子呢？

按佐世元嘉的說法，這完全是惠瓊私底下的行動決定，就連隆景也是後來才及時知悉的。這個問題隨著惠瓊在關原之戰後被處決，已經成為孤證，永遠之謎，我們目前也已無法判斷元嘉的片面之辭是否完全屬實。

雖然如此，從上面秀秋在秀吉眼中的地位及好感度來說，惠瓊的行動是真有其事的話，他向豐臣政權索要秀秋，於理於實都絕對不是去接收「爛貨」，反而更有可能的是惠瓊看中了秀秋在豐臣政權以及豐臣家族的高等地位，想將秀秋拉過來，間接提高毛利家在豐臣政權內的政治地位。

不過，除了佐世元嘉的回憶錄外，毛利家內部的史料裡還有一條資料提到過這事件，但時代比佐世元嘉的回憶錄與過繼問題相隔更為久遠。那是承應二年（一六五三）時，即事隔近六十年後，當時擔任萩藩毛利家的家老．益田元堯與國司就正提交回憶錄，當中的內容與佐世元嘉的內容完全相反，他們聲稱其實是秀吉的家臣，兼任對應毛利家事務的黑田如水「私底下」向毛利家聯絡，詢問讓秀秋過繼到毛利家的可行性。

可是，當隆景與輝元得知這不過是如水的個人提議，而非出自秀吉的命令後，決定婉拒如水的提案，秀秋過繼的事也因此暫時不了了之。顯然，益田元堯與國司就正的記述與佐世元嘉的記述之間最大的問題在於，提出讓秀秋過繼給輝元當養子的人究竟是誰。不過，比這個更為有趣的是，兩個看來自相矛盾的記憶卻一致地指明這個提案都是在秀吉不知情的情況下進行交涉的。

所以，先不論益田元堯與國司就正跟佐世元嘉的記述哪一個較為正確，兩份屬於毛利家高層的記憶完美地否定了「秀吉陰謀論」，同時也間接顯示出秀秋雖然成為了被「兜售」的對象，但既然他在政治上不是「爛貨」，惠瓊與如水的「主意」背後暗示出豐臣政權與毛利家的親密關係，在一定程度上規定了日後毛利家在關原之戰上的立場。

無論如何，到了文祿三年（一五九三）七月，秀秋的去向終於塵埃落定，由隆景接收秀秋為養子，再配上毛利輝元的養女為妻，理論上秀秋便成為了豐臣政權與毛利家之間的橋樑，縱使秀秋或許不認為自己成為了「毛利三矢」的一員。只是，這裡最後還有一個問題要討論，那就是為什麼隆景阻止了惠瓊／如水讓秀秋成為輝元養子的提議後，自己代為接收了秀秋呢？

既然秀吉似乎沒有想過打毛利輝元的主意，不難想像接收秀秋其實是隆景向秀吉提出的要求，以徹底解決秀秋的前途問題。具體而言，秀賴出生一年後才決定了這個收養計劃，明顯是衝著秀賴的將來而做的決定（當時秀次仍然健在），而上述的過繼交涉不論正確性有多高，估計秀秋早晚也會成為他家養子，而毛利家也已經有了秀元，秀秋成為小早川家養子的一年後，輝元的長子秀就也順利出生，而秀吉又早已保證了毛利家的將來，毛利家與秀秋再扯上關係的可能性已經十分小。因此，隆景為宗家犧牲之言，也不過是後世人的猜想而已。

如果益田元堯與國司就正的說法（即收養是黑田如水的提議）跟佐世元嘉的記述（收養由安國寺惠瓊提案）都曾的確出現過，那便意味著毛利家與豐臣政權之間很可能曾經進行過討論。從秀秋過繼到小早川家時，一併迎娶輝元養女為妻的附加安排來看，毛利家與小早川隆景其實是積極地想通過拉秀秋到自己的身邊，強化毛利家與小早川家的地位。

只要豐臣政權繼續運作下去，秀秋作為豐臣家族成員的作用也會持續發揮，同時接收了秀秋也順便賣了人情給秀吉，間接幫助秀吉處理養子問題，這對於毛利家整體來說，才是真正的「一石二鳥」之計！

流轉疑雲

成為了隆景養子以及輝元的養女婿後不久，秀秋很快便作為小早川家的繼承人兼豐臣一族的成員，為秀吉再侵朝鮮出力，慶長二年（一五九七）二月，時年十六歲的秀秋以總帥的身分於同年七月出兵朝鮮半島，那是他的初陣。

不過，年僅十六歲的秀秋其實只是掛名的總帥，除了要求秀秋聽從監護人山口宗永的指導外，秀吉便沒有佈置任何任務給秀秋。簡單來說，秀秋的任務就是代替秀吉去督軍，作一個象徵代表。四個月後的慶長二年十一月，日本軍順利重新奪下朝鮮半島南部後，秀吉便命令秀秋回國，他的初陣已經結束。

然而，到了慶長三年（一五九八）四月，即秀吉病死前四個月，秀吉突然指令秀秋從養父隆景領有的筑前、筑後轉封到越前的北庄（今天的福井），並且被削減了領地石高至十四萬石左右。這次被改封、減封的原因一直以來都被指與秀秋在出征朝鮮表現惡劣有關，著名漫畫《花之慶次》更描繪秀秋在朝鮮半島濫殺婦孺來領功，從此被秀吉冷落。

但如上面所示，秀秋在朝鮮半島南部的四個月，根本沒有任何親身的軍事行動，更談不上濫殺婦孺的行為。另外，也有說法指秀秋被移到北庄的背後，與石田三成、增田長盛為首的豐臣官僚有關，甚至是三成等人的陰謀。這是因為秀秋被轉封後，筑前、筑後便由三成以及他的妹夫暫管。

雖然三成在秀秋轉到北庄後，的確成為了筑前、筑後的代官，但這不能斷定就是三成事前準備好的計劃，而且秀吉在同年八月病死前，也命令在死後讓秀秋回到筑前、筑後。事隔僅四個月，如果秀吉真的是有心貶抑秀秋，死前的遺命便顯得難以理解了。

那麼，秀吉究竟為了什麼這樣做呢？其實最直接又合理的原因便是為了更好地掌控侵朝前線的情況，秀秋和小早川隆景原本領有的筑前、筑後，尤其是筑前乃侵朝的前線之一，秀秋作為豐臣家族，而且年紀尚幼，反抗的能力有限，秀吉要加強對前線基地的控制，直接管控比透過小早川家來得更方便，秀吉死前將筑前、筑後還給秀秋也更加理解為轉封只是臨時措施，不是出於要懲罰秀秋。

不被在乎的前半生

從以上的分析，可以再次確認小早川秀秋的實像其實與不少日本戰國史愛好者的想像大有出入。英才教育、秀吉的憐愛、高級政治地位都說明了秀秋並非從一開始便是無能之輩，更非不獲秀吉待見的「多餘之人」。

另一方面，如開首所說，過繼毛利家與小早川家的疑雲和改封北庄的事件，之所以會顯得撲朔迷離，是因為後人都想在這些問題上找到可以強化秀秋「無理背叛」的證據，或者想去說明秀秋在關原之戰的表現怪奇，早已「有跡可循」。因此，以倒果為因的方式去理解過繼毛利家與小早川家的疑雲和改封北庄的事件時，不少人都是先以秀秋「暗愚不敏」的前提去理解和批判，對於秀秋本身的經歷與種種事件的關係，都不是這些意見打算關心的。

我們應該從拘泥於關原之戰中的行動「對錯」框架跳出來，冷靜地重新審視秀秋的真面目，以及他在豐臣政權的存在意義與地位，怎樣左右了他在關原之戰裡的判斷與行動，才是有益的歷史討論吧？

福島正則——盡背黑鍋的率直「叛徒」

只要提到福島正則，想必大家一定會想到他在關原的態度與立場問題，讓不少人心寒與不齒。不過，我們也曾多番說明了關原之戰裡的虛虛實實，並非那麼容易便可以釐清，為了讓大家更容易理解一些關於福島正則在關原之戰為止的一些誤解，以資大家對關原之戰有重新的思考。

福島正則與石田三成沒有重大仇恨

受到絕大多數影視作品影響，我們都會認為福島正則在著名的「襲擊三成事件」裡有著積極重要的角色和作用。以目前的史料來說，正則「襲擊三成事件」裡的行動十分模糊，幾乎沒有任何他單獨行動的資料。

在「襲擊三成事件」裡，比福島正則更積極的是加藤清正、黑田長政和蜂須賀家政，其餘還有藤堂高虎。至於正則跟長岡忠興則屬於被加藤清正說服一起行事，從一開始便沒有跡象顯示正則主動向三成挑起事端。「襲擊三成事件」後，家康出面為武將們調停，迫使了石田三成退出政壇，這裡也沒有看到福島正則有任何反應，倒是加藤清正和黑田長政甚為不滿，清正甚至改向繼承前田利家位置的前田利長要求重審重判，以求三成切腹謝罪為止，但最終沒有成功。

事實上，觀乎史料之中，福島正則與石田三成之間沒有重大的結怨跡象，在目前可信的史料之中，也沒有看到正則曾透露對三成的不滿。三成曾則向真田昌幸透露正在派人向福島正則遊說的事。因此，在影視作品中看到正則對三成「怒目相向」，可以說是被嚴重誇張，而且是將加藤清正、黑田長政的心情套到福島正則身上。

「小山會議」中協助家康製造聲勢？

在漫畫《花之慶次》和《影武者德川家康》之中，福島正則都是德川家康的忠實粉絲，在著名的小山會議之中更為了幫助家康，率先表示自己將徹底追隨家康，甚至獻出代豐臣政權管理的軍糧予家康陣營使用。

傳說中的「小山會議」上，福島正則的發言只出現在江戶時代寫成的軍記物之中，又或者江戶時代寫成，由福島正則遺臣製作的史料內。對於當日是不是真有發言，又或者當日有沒有這場演講，史學界仍然有極大的爭議。起碼在諸多類似的史料中，黑田長政、藤堂高虎、田中吉政等武將相關的傳記文學作品中，都有類似的發言描述或寫法，所以不能斷定就是正則一個人帶頭為家康造勢。

不過，我們可以肯定的是，自家康決定取消攻打上杉景勝，回軍上京後，福島正則的確作為先鋒率先西上。加上福島正則是戰線前沿的尾張國清洲城主，因此正則成為先鋒的原因也因為他的領地已經成為戰線的前沿地帶。在戰略上必須確保反家康陣營不會奪取清洲。對手的豐臣西軍陣營也十分清楚清洲城的重要性，所以在八月初，石田三成寫信給盟友·真田昌幸的書信中，便提到當時仍然在努力遊說福島正則放棄敵對心態，倒戈到豐臣西軍裡去。可以說，福島正則和他的清洲城在慶長五年八月時，曾經是豐臣西軍和豐臣東軍共同聚焦的重點。

岐阜城之戰時與池田輝政爭作先鋒？

二〇〇〇年播映的日本ＮＨＫ大河劇《葵德川三代》裡，有一幕描寫福島正則與池田輝政於岐阜城之戰前夕爭奪攻擊先鋒之位，當中飾演正則的已故演員・蟹江敬三以生動入目的演技，大罵池田輝政與自己搶奪位置，其身影活活地將江戶時代的正則形象呈送給電視前的觀眾。

然而，根據當時在場井伊直政與本多忠勝遺留下來的文書，並沒有看到岐阜城之戰前，兩人為了進攻方式和次序而爭吵的痕跡，再參考長岡忠興、田中吉政、黑田長政與藤堂高虎等將的相關史料，只看到兩人在攻擊岐阜時，因為池田輝政較順利推進，搶先一步向岐阜城進發，讓福島正則這個「東道主」面目無光。由此所見，兩人之間存在隔閡是在開始進擊岐阜之後，但如上繪聲繪影的插曲則只出現在《關原軍記大成》等軍記之中。

依據可信的史料來說，兩人跟本多、井伊等人同意兵分兩路進攻岐阜的織田秀信和他的岐阜城。事後，織田秀信迅速敗北，在池田輝政的主意下，被移送去高野山。兩人一起暫時接管了秀信不在的織田領地，發出禁制令、安全保證等文書。

因此，兩人起碼在戰前與戰後，沒有看到有明顯的不和及爭端，更不見得像劇中，池田輝政不滿福島正則常拿賤岳之戰的往事來獨佔先鋒。本身福島正則作為岐阜戰線南側的領主，以當時的習慣，由熟知地利的領主來當先鋒嚮導是常習，並無不妥。

福島正則與井伊直政在關原之戰爭奪先鋒之謎

另一個福島正則與人爭奪先鋒的故事發生在關原之戰當日。另一個主角是井伊直政，他在當日為了讓德川家打響戰事，帶同女婿兼家康四兒子‧松平忠吉到雙方對峙的前線。

當時福島正則已獲家康任命為先鋒，正則家臣‧可兒才藏發現直政與忠吉後，想阻止兩人前進，但直政詐稱想讓忠吉到前線視察，騙過了可兒才藏，之後便下令向豐臣西軍進攻，成功按「劇本」打響了關原之戰。

由於有關關原之戰的戰爭經過，均沒有詳細記載，已經沒法確定開始的經過。但是，正則被搶去了開戰先機之說，則只出現在軍記，其他有參與關原之戰的豐臣東軍將領的傳記或資料也沒有提到此事。

綜合其他一手史料，福島正則與黑田長政的確是在當日第一批到達的豐臣東軍，而根據吉川廣家的報告，兩人到達關原戰場佈陣後，是一起派人向駐紮在南宮山的吉川廣家交涉，並且要求吉川廣家與毛利秀元方交出人質，保證不會派人出戰。

另外，根據上述吉川廣家的回憶，井伊直政跟本多忠勝、池田輝政等軍隊駐在靠近南宮山北方的位置，與福島正則所在的「山中」有一定的距離，按這些片斷來看，關原之戰前夕，豐臣西軍和豐臣東軍雙方似乎沒有如箭在弦之感，更不存在豐臣東軍要搶先開戰的迫切性。

看完以上四大正誤處，不知各位讀者有何感想，或許大家會覺得，即使這些也難以改變福島正則身為豐臣家的庶族，依然吃裡扒外的事實。但是無論如何，要更合理客觀地分析、評價像福島正則這樣具爭議性的人物，減少不必要的誤解是十分重要和基本的。

藤堂高虎——從「無主孤魂」變成造王者

被誤傳的「打工皇帝」

關於藤堂高虎，在江戶時代以來，一直流傳他曾對家臣說過「不換七次（多次）主君，不能稱得上是武士」（武士たるもの七度主君を変えねば武士とは言えぬ）。的確，高虎的主君曾有數人，但不等於他真有那麼說過。這只是江戶晚期的好事者拿高虎來幻想戰國武士的形象，在藤堂家的史料以及高虎的家訓中都沒有這樣說過，或者鼓勵家臣換工作，反而教育子孫為君者要禮賢下士，對臣慈愛。因此，他那所謂「七轉主君」說法，可信性不大，而且之所以傳得街談巷議，很大程度上是在明治時代以後開始的。

眾所周知，明治新政府發起倒幕戰爭之際，藤堂藩陣前倒戈，支持了新政府，成為幕府軍大敗的原因之一。因此，我們不難想像坊間，尤其是親幕府的人對藤堂藩以及他的先祖藤堂高虎的批難之烈。

不過，藤堂高虎的人氣確實不高，究其原因乃因為他在這場關原之戰前便開始積極接近德川家康，特別是他成功說服原屬豐臣西軍的僚友脇坂安治和朽木元綱倒戈，加快豐臣西軍的崩敗，使豐臣東軍終在關原之戰裡大獲全勝，奠定了德川家康成就霸業的重要一步。

藤堂高虎之所以能夠從豐臣政權下一員普通武將，搖身一變成為權力者不可或缺的「造王者」，絕非只靠拍馬屁，阿諛奉承，獲得了躋身權力中心的機會。

謎團處處的前半生

藤堂高虎出身自近江國犬上郡（今天的滋賀縣犬上郡甲良町），有玩過戰國主題的電視遊戲的朋友可能會記得，遊戲中將高虎設定成同國有名的戰國大名淺井長政麾下的武將。

這個說法其實出自藤堂藩的家譜和家史裡，例如完成於高虎死後不久的《寬永諸家系圖傳》中便提到高虎在著名的姊川之戰中從屬淺井家，後來在天正元年（一五七三）即淺井家滅亡後，高虎改投臣屬織田信長的阿閉家，再在後來轉到織田信長侄子・織田信澄，最後才落戶到豐臣秀吉之弟・豐臣秀長之下。

不過，投身淺井長政到織田信澄為止的說法都是家譜的片面之詞，已成孤證，無法確實。以藤堂家出身近江南部的事實來看，從屬淺井長政的可能性其實比較低。無論如何，高虎輾轉地投效到豐臣（羽柴）秀長之下後，在史料上始有證據。

雖然如此，投效到秀長帳下之後，高虎的事跡能夠確認的也是寥若晨星，唯一可以肯定的是高虎的確獲得了秀長起用，當秀長協助兄長秀吉平定紀伊國太田黨跟根來寺後，獲得了紀伊、大和等合共一百萬石的領地，拱衛豐臣政權南部，史稱「大和豐臣家」。另外，秀長還有出征四國、九州，都為豐臣政權統一天下立下重要功勞。藤堂藩的家譜則指高虎都一一參與了這些戰役，當然這是很有可能的，但是否如家譜所言，高虎一一建功立勳，則只能說是家譜一面之詞，無從稽考。

我們目前能確認高虎早期作為秀長家臣的事跡，主要有兩件。一是入主紀伊國後，高虎奉秀長之兄．秀吉之命，運送紀伊的木材到大坂方向；另一個則是作為秀長的使者，在天正十四年與剛加盟豐臣政權的德川家康聯絡，協調和統籌在京都建築德川家的官邸，在這因緣巧合之下，開始與德川家康建立起關係。

不過，這不代表高虎已經靠向德川家康，起碼直到秀吉於慶長三年（一五九八）為止，高虎與家康的聯絡都止於禮節性的交流，不見得有特別親近的關係。那麼，為什麼藤堂高虎會在秀吉死後便積極投向家康呢？

浮沉不定的十年

要說明高虎投向家康的原因，首先要從投效秀長到投向家康，在高虎身上發生了三個重大轉變，第一是主君秀長在天正十九年初病死，不久後，與秀長交情深厚的「茶聖」千利休因為與秀吉有矛盾，獲罪被誅。

據藤堂家譜以及藤堂藩史的說法，高虎為秀長、秀保接連之死而心灰意冷，孤身前往高野山出家循世，弔念故主。後來獲豐臣秀吉勸導，放棄了出家念頭，回到俗世繼續為豐臣政權效力。

不過，有關前往高野山出家循世之說也是沒有可信史料證實，這裡值得留意的是，秀長死後的大和豐臣家內的人才開始解體，除了藤堂高虎外，桑山重晴、小堀政次（茶人小堀遠州之父）等開始轉為秀吉和豐臣秀次服務，雖然名義上多少還跟秀長之秀保有聯繫，但基本上自秀長死後，豐臣政權一門的領地、家臣已經開始重組，慢慢集中在秀吉與秀次手中。

文祿四年（一五九五）七月，豐臣秀次被秀吉指控謀反，最終一家死盡，秀次本人也憤而自殺。豐臣政權內的一門眾人才凋零，已成定局。隨著豐臣秀長病死、利休、秀次自裁，一直支撐秀吉霸權的舊派系大多被消滅，秀長、利休和秀次的家臣們也盡數成為秀吉的家臣。

雖然高虎在秀吉的侵略戰爭中有積極的參與，但高虎在地位上與後來聯手攻擊石田三成的福島正則、加藤清正、長岡忠興相比，仍然存在一定的距離，可以說高虎在秀吉死前，只是一員幕下之將，不在重臣之列。因此，比起其他舊屬秀長、秀次派系的家臣來說，高虎的待遇算是其中一個最好的，但仍然只屬於中級家臣的程度。

慶長三年八月，秀吉病死後，豐臣政權陷入主少國疑的狀態，或許連帶對豐臣政權的失望與不信任，高虎以及舊屬秀長、秀次派系的家臣，如田中吉政、中村一氏、山內一豐、生駒親正、桑山重晴等大多積極地投向德川家康之下。比起地位較高、政治價值更大的加藤清正、福島正則和池田輝政，高虎這批「無主孤魂」更急需找尋一個穩定的新靠山，新主君，眼下的德川家康正是最合適不過的人選。

通過藤堂高虎至此的故事，我們與其說德川家康分裂、離間豐臣家內部，倒不如說豐臣家在秀吉晚年，早已經出現離心離德的危機，關原之戰不過是一場遲來的清算而已。

黑田長政——實至名歸的最大功臣

眾所周知，黑田長政與其父．黑田如水在協助豐臣東軍打敗豐臣西軍的一連串行動裡，立功不少，包括遊說吉川廣家阻止毛利軍加入戰鬥，又斡旋毛利輝元盡早向德川家康輸誠，交出大坂城的控制權。

為此，德川家康在關原之戰獲得勝利後，對黑田父子論功行賞，最終黑田家從豐前中津（今．大分縣中津市）十八萬石的中級諸侯，增封到筑前五十二萬石，成為一國國主，在江戶時代世稱「三百藩」之中實力名列第七位。可以說，黑田家的榮華與父子二人在關原之戰裡的活躍，有著非常密切的關係。

為了在最大程度上爭取對關原之戰的描寫權，黑田家在江戶時代積極地向世人譜寫他們祖宗在關原之戰的智勇。因此，現時很多有關關原之戰的傳說，例如在著名的小早川秀秋倒戈之謎裡，焦急求勝的家康向小早川軍轟擊，迫使小早川秀秋明示立場，又或者黑田家派駐小早川軍營的家臣多次勸說秀秋倒戈等情節，大多是由黑田藩的編纂史書而來。

這些內容裡固然有不少水分，也有很多與事實不符不合理的地方，但反過來說，我們可以看到黑田家對於關原之戰有著一份強烈的執著及驕傲，也成為了黑田藩教授藩士、維持向心力的一大核心內容。

雖然說後來黑田家傳出來的關原之戰「八卦」多少有點不盡不實，但似乎他們不以為然，甚至我們可以說，黑田家很早便覺得這些八卦只是多了潤飾，但不算失真。

其中一個有名的證據，便是據傳是黑田長政在元和九年（一六二三）病死前，給繼承人．黑田忠之及重臣的遺訓。有史家認為下述的內容過於囂張跋扈，有可能只是後來黑田藩藉長政之名杜撰的，但觀乎筆跡及用語等各因素來看，似乎更應該理解為長政希望在死前將一生的驕傲完全展示出來的一個回憶錄，以下我們簡單地看看他是如何看待他以及黑田家在關原的表現的。首先，黑田長政在遺書的開首部分是這樣說的：

說來當今將軍家（德川家）能夠得到天下，雖說很大程度上是靠著家康公的武德，但說實話，這絕大部分都是因為有如水公及我的忠功所致的。

接著，長政便開始細數他跟父親如水的功勞：

如水一人在九州呼風喚雨，使九州裡的大名們聞風來投。自己則跟隨家康左右於

關原之戰立下汗馬功勞。成功說服毛利、小早川等豐臣西軍大名倒戈。

這些某程度上都是事實，但接下來長政便開始說「如果」了，總的來說就是一言概之：如果黑田父子倒向大坂方，天下各路諸侯，包括加藤清正、福島正則等人也必定堅定地倒向大坂方：

東軍當中很多都是太閤恩顧之臣，如果我們父子倒向大坂方的話，那東軍中大部分人都會立即倒向大坂方了。到時候家康公孤掌難鳴，再面對我父子領導的「大軍」，猶如以卵擊石。

說罷，長政又提到，如果他當時成為大坂方，父親如水帶領全九州的軍隊一同與家康一戰的話：

如此大軍，先不說日本國，即使是外國的孔明、項羽、韓信都來與我軍一戰，我不認為他們便能勝利。我國近代的武將信長、信玄、謙信等人再加上家康公也好，能夠從如此大軍中僥倖地全身而退也是不太可能的！你說如果真的是這樣的話，家康公

豈有不危在旦夕之理呢？

說到這，長政可能害怕眾人不相信，於是便說：**「武士沒有偽言，也不用廣言宣傳，我只是把所見所聞的事實說出來罷了」**，長政又在後面再三強調一下「事實」：

家康公能治天下，大家雖說是靠著以我為首的數名諸侯，但說實話還是主要靠如水跟我兩人的努力。事實上關原之戰勝利後，家康公還特意拉著我的手說「今次的勝利都是靠長政你啊！」

那麼靠著以上的赫赫「戰功」，長政獲得了筑前一國作為封賞，長政又是怎麼想的呢？心中存在巨大驕傲的長政事實上也沒有就此放下筆鋒，到最後長政還是要再抱怨一下這個封賞，長政在遺書中是先這樣說的：

我家有如此大功，理應有相當的封賞才對，最後本多忠勝跟我說將會得到筑前一國時，我跟他說「以我家忠功，理應起碼得到兩國，但如今天下太平了，放眼日本國內，已經沒有人能與家康公為敵，相信也沒有機會再為家康貢獻武功。不過筑前位處

海渡中國的出口，又是昔日（九州）探題家的封國，以此格調，多給兩國也行吧？」

雖然他沒有交代忠勝是怎麼回應的，但發牢騷大力抱怨一番後，一面又說：

筑前國本為（九州）探題的封國，是一處特別之地……筑前作為面向大唐（中國）的門戶，我家作為前線的先鋒，也算是達成本願了

從以上的各部分，我們可以看到黑田長政的驕傲及自信與其他同樣有功於家康的東軍將領相比，可算是最為突出明顯的一位，正所謂「人之將死，其言也善」，即將死去的老將對於自己的武功抱有特殊的感情也是不難理解的。至於黑田長政在遺書中的回想是自我感覺太良好、大言不慚不要臉，還是說出了事實，只是太坦白而已呢？那就任憑各位讀者自行評說了。

終章　分析豐臣西軍的慘敗原因

原本被認為是曠日持久的世紀大決戰最終在半日內塵埃落定。豐臣西軍原本理應準備周全，表面看來萬無一失，而又緊握大義名分，但仍然迎來快速慘敗的結局。這裡筆者認為有三大要點可以說明豐臣西軍敗北的原因。

一、戰線分散，漸失戰機

慶長五年七月中下旬，豐臣西軍乘家康東征後急速舉兵，以毛利輝元和宇喜多秀家兩名「顧命」大名和豐臣三奉行的名義，呼籲各地諸侯揭竿起義的檄文廣發天下，單以現存數量而言，就已近六十份，可以想像當時豐臣西軍在討伐家康的準備上，做了算得上充分的準備，而且呼籲的對象也廣及全國，從九州南端到東日本地區，無遠弗屆。

正因為如此，隨著各地諸侯先後加盟，與豐臣東軍的抗爭戰線也蔓延至全國，結果形成了奧羽、北陸、近畿、伊勢、四國和北九州六個支戰區。

對於豐臣西軍與豐臣東軍而言，掌控各個支戰區戰況的重要性絕對不下於主戰場的決戰，因為支戰區的局勢戰況有利於壯大己方陣營聲勢和士氣，同時製造壓力迫使對手陣營的成員倒戈和崩解。正因為這個原因，我們在第一部裡，看到兩大陣營在決戰前一直努力拉攏對方的成員加盟。

雖然如此，從地理上看，除了離主戰場較近的近畿（田邊城之戰和大津城之戰）戰場外，其他支戰區的勝利對主戰區的直接影響性並不大，主戰的勝敗始終是所有戰區的主軸和關鍵。一旦主戰結果已定，即使兩大陣營在其他支戰場的勝敗不同，也只能任由主戰場的勝利者一方奪取勝利。因此，對於兩大陣營而言，支戰區的勝敗是不可不理，但又鞭長莫及的雞肋。

即便如此，豐臣西軍與豐臣東軍的首腦和核心成員在各支戰區的聯絡和調度得當與否，自是一個不可忽略的課題。從第一部「關原戰史編」的內容可見，豐臣西軍與豐臣東軍受內外條件影響，在這方面的戰略上有所不同。

德川家康領導的豐臣東軍由於自一開始便被貶為「賊軍」的劣勢，重點放在盡快回到上方，洗刷污名與奪回權力上，在指揮支戰區的戰局方面，均交由當地的盟友大名來自行處理，再由家康居中聯絡和指示。

雖然這樣容易導致他們為私利，多於為家康和豐臣東軍整體的利益奮戰，也使他們在戰況不利的時候，優先考慮自家的安全，私下與敵陣營進行談判。奧羽支戰區的最上義光和伊達政宗跟上杉景勝在八月暫時停戰便是一例。

問題是，這種方針卻誘使這些假公濟私的大名在條件許可和有優勢時，願意全力一戰。家康在八月開始廣發增封承諾的書信，便是看中了大名們的私心，藉他們的野心來達成目標，到了戰事勝利後再運用政治力量做出個別調整。

結果，各支戰區的大名高舉對豐臣政權和家康的忠義，同時公然發動利己戰爭，成功拖住、甚至打敗了該區的豐臣西軍，使他們無法完成豐臣西軍「大義之旗，各地開花」的總戰略，以及無法及時支援主戰場的主力軍。

反觀豐臣西軍的指揮命令在一開始時以毛利輝元和宇喜多秀家兩名「顧命」大名和豐臣三奉行的形式發出。個中的原因有二，一是因為豐臣西軍必須強調自己是維護秀吉遺制的正義之師，二是防止成員裡任何一人獨自行動，成為第二個德川家康。不過，由於豐臣西軍核心成員的戰力存在極大差距，石田三成、大谷吉繼和小西行長反抗家康之志最為堅定，但他們三人的領地不大，兵力又不多，可以動用的政治資本也十分有限。

何況，三成當時既已被免職，而大谷吉繼也頂多是不可或缺的骨幹分子，但不屬於豐臣政權的權力中心內的最核心成員；分屬一般大名的小西行長更是不在話下。

因此，他們要組織強大軍力，乘家康離開京坂時奮起反抗，就必須借助體制內可動用的強大軍力和政治資本。因此，誘使毛利輝元、宇喜多秀家和上杉景勝合謀，還有說服位處中樞的豐臣三奉行加盟自然是在一開始的計劃之中。

只是，三成、吉繼和行長三人，以及豐臣三奉行要控制年輕又飽受家臣騷動困擾的宇喜多秀家尚屬可行，老練且兵力雄厚的毛利輝元和遠在邊陲的上杉景勝卻不是省油的燈。

如我們「關原戰史編」裡所看到的，輝元加盟後的行動也越來越不受控制，在伊勢、四國的支戰區甚有藉機圖利為私之嫌，而且在加盟後，礙於保身護家的考慮，以及來自重臣們的壓力，輝元也不得不進行兩手準備，暗地裡尋求與德川家康無血和解。

即使三成等人察覺毛利家陽奉陰違的行動，但礙於實力相差太大，又別無強援，最終也只能寄望支戰的勝利，消減輝元對主戰的消極態度。

至於上杉景勝則因為距離關係，在奧羽自行應對，並不急於為總戰略努力，三成等人只能將行動權交由景勝自行判斷，而景勝也只能對盟友作口頭承諾，但仍然沒法做到南下關東的承諾。至此，遠在上方的豐臣西軍事實上已經無法掌控和指示上杉軍行動。奧羽戰事的打響同時也意味著豐臣西軍只能更加倚賴毛利和宇喜多兩家作為主力，對抗反攻的豐臣東軍。

到了主戰決戰前，各支戰區的聯絡、指示已由集團體制轉化為個別點對點的方式，靠各成員分別與各地盟友協調。這考驗各成員是否在內部不斷確認總體戰略，必要時作出方針調整，否則終將出現各自為政的局面。

隨著豐臣東軍的快速反擊，豐臣西軍首腦的聚焦點已經收窄在尾張、美濃前線上，而支戰區的戰況則任由該地的盟友自行負責。其中，負責四國、伊勢戰線的毛利家直至關原之戰主戰結束為止，輝元對四國、九州的指揮也沒有鬆懈，不管他是有心還是無意，這在一定程度上都削弱了他對主戰的關心度。這從主戰開戰前，輝元仍然認為決戰時機未至的樂觀態度便可窺知一二。

結果，隨著戰區的增加和戰線的延伸，以及軍力不平均的問題在舉兵後接踵而至，豐臣西軍也由集團體制切換到個別指揮的體制，削弱了他們集中精力應對豐臣東軍的反攻。

加上當時的通訊速度較慢等客觀惡劣條件的左右下，要將豐臣西軍首腦層的指示和戰略及時傳達到各地，持續從外線對豐臣東軍施加壓力越發困難。到了八月底，豐臣西軍已逐漸喪失了主動權，完全被豐臣東軍的前線攻擊所牽制，最終在半不情願的條件下在關原展開了決戰。

二、各懷鬼胎，情比利弱

在第一部的「關原戰史編」裡，筆者多次強調豐臣西軍和豐臣東軍的成員都有面從腹背，陽奉陰違的舉動，兩方成員都不是眾志成城的集合體。那麼，為什麼豐臣東軍可以勉強維持到最後，而豐臣西軍卻在關鍵時刻，陷入一連串倒戈和出賣之中呢？

前節提到，豐臣西軍高舉大旗時，的確是以守護秀賴為共同努力的目標。只是，在討伐家康的層面上，各成員的態度並不一致。

筆者多番提到，上自主帥的毛利輝元和遠在會津，首先遭到家康針對的上杉景勝均沒有跟家康交惡的前史，只是挾於當時的情勢和各種利害關係所迫，與德川家康對戰。

因此，毛利和上杉兩家除了書信上指認家康為大敵之外，在實際的戰事上均對德川家康採取消極的行動，盡力避免跟家康做直接正面的對抗。不僅是輝元、景勝，就算是看似對付家康的態度較為堅定的宇喜多秀家，也是一樣的態度。

雖然我們在史料上，可以確認秀家在豐臣西軍起事後，立即到祭祀豐臣秀吉的豐國神社舉行盛大的祭典，引來京都貴族們在各自的日記裡大書特書，顯示出他加盟豐臣西軍的決心和意志，眾人皆知。

然而，除此之外，我們便完全沒能看到秀家對家康抱有敵視之心。何況，戰敗並逃到薩摩國後，秀家還曾對獲得家康赦免抱過一絲希望，與同甘共苦的家臣、好友島津家約定事成後，定當報答。由此可見，這三名豐臣西軍的主力在決戰為止似乎均沒有堅定的決心，要與家康翻臉到底。

反觀豐臣東軍又如何呢？當然，豐臣東軍也絕非情比金堅的關係。只是，以下兩個因素，都促使他們堅持命運與共。

第一，除了長久以來，所謂家康的人間魅力和威望加持之外，前田利家死後發生的三成糾彈事件的結果未消豐臣東軍諸將的心頭之恨，如今豐臣西軍又挾豐臣秀賴和豐臣政權的名義起事，指名德川家康、長岡忠興為賊首。即使豐臣東軍的其他人尚未受牽連，仍有機會倒戈，加盟豐臣西軍，但當時眾人已遠離上方，消息不通，情勢難料，自然不敢貿然行事。

第二，如若眾人之中有人就此棄他人而去，尚不知會否從後遭到狙擊，而自朝鮮之役以來的交情，還有各人在秀吉生前的種種失意，或會因此失去了平反的機會，豐臣東軍各大名為了謀求自家今後發展，不論自主為利，還是被迫附從，也自然的成為同一根繩上的蚱蜢。

比起豐臣東軍諸將受形勢所挾，勢成一團，豐臣西軍首腦層在這種溫度差之下進行合作，行動上自然會慢慢產生落差和不協調，更遑論在各地的豐臣西軍大多只有實力不強的兵數，聽從首腦們的指示行事，一旦他們自身難保時，地方的盟友也會進退失據。

說到底，豐臣西軍的最大優勢是什麼呢？就是他們手上控制住象徵豐臣政權的大坂城和豐臣秀賴。豐臣西軍從始至終都是以打倒家康，拯救豐臣政權於傾倒之危，已示對秀吉的忠誠為號召，希望諸侯們感念太閤秀吉的恩德。

可是，這種想法恰恰是最大的矛盾所在。為什麼？秀吉不在的大坂城和豐臣秀賴對於諸大名而言，還有多少分量和意義呢？當時豐臣西軍與豐臣東軍雙方的陣營裡，除了豐臣秀吉一手培養的大名們，如加藤清正、福島正則、石田三成、小西行長、大谷吉繼等人外，其他非豐臣派系的大名均因為曾敗於秀吉軍下，為保家業才降服的。

如今，秀吉已死，豐臣政權對全國大名的控制力也因此削弱，各方諸侯視之為機會，力圖為家族再奪光榮，或者希望將時間撥回到投降秀吉之前，或者藉天下大亂之機漁利。

當年秀吉挾天子以令諸侯，自居為裁判天下紛爭的最高判官，下令禁止私戰，必須仰從豐臣政權裁決（即所謂的「總無事令」）。然而，判官秀吉已死，他的威信也隨之帶到黃泉地，對仍然活在俗世的諸大名而言，它不過是往日的回憶而已。綜觀各地的戰場，參與戰事的各方人馬都早已無視秀吉的禁令，各自肆意地在戰事期間擴大領地。豐臣東軍的伊達政宗、黑田如水、加藤清正自然不在話下，就連自視匡正豐臣政權的豐臣西軍主力．毛利輝元、上杉景勝也是殊途同歸。

比起一味召喚大名感念昔日秀吉恩情，呼籲共擊家康，德川家康拋出的利誘——增封、加賜領地則更為直接，更加直中各諸侯的要害。存在無限可能的利益和當年與自己擦身而過的擴張夢，均比起乏然無味的報恩大義更有吸引力。

總之，豐臣西軍起事的名目、大義名分，正正就是限制了他們進一步誘使眾諸侯積極加入陣營的主因，然而，豐臣西軍也不能為了勝利而否定了這個名目，在這個矛盾困擾之下，豐臣西軍又無法及時請出豐臣秀賴來作最後的王牌，便在關原之戰裡驟然而敗，滿盤皆輸。

三、各有隱憂，抗敵乏力

當日，豐臣西軍舉兵起事是靠著家康帶領一眾後來成為豐臣東軍的諸侯東征會津上杉家，乘上方空虛而動的。即便時機的選擇絕佳，但要確保能夠一擊打倒德川家康和豐臣東軍，或者迫使他們屈服就範，則必須有足夠軍事力量來實現，這是自不待言的必要條件。

然而，這個必要條件卻是豐臣西軍最大的隱憂。為什麼這樣說呢？當初，不論豐臣西軍和豐臣東軍兩方的大名們都因為曾隨征攻打朝鮮，直至秀吉死去方止。到關原之戰為止，才剛好經過兩年時間，雙方諸將的領地和兵民皆因為七年的侵略戰爭，早已疲憊不堪、領內農村也荒廢不已。

如今國內烽煙再起，各方再次調動兵馬對決，按理都不能持續太久。因此，在動員之力而言，豐臣東軍和豐臣西軍各有痛處，不相上下。即使兵力最大的德川家康沒有出兵朝鮮，整體戰力溫存，受到的影響最小，但結果上德川軍在整場關原之戰裡，起碼在主戰的戰況未明之前，未有發揮重大的作用，分隊的秀忠軍又遲到，錯過了主戰，所以豐臣西軍在這點上的失利之處並不算很多。

撇開動員能力之憂，論兵力牌面，豐臣西軍的諸侯們加起來，在表面上絕對足以抗衡，甚至輕易壓倒豐臣東軍。可是，就算不論日後出現的連番倒戈，豐臣西軍在起兵之初，除了毛利軍力量較足之外，其他主力均有內憂之患，無法全力以赴。

分屬副帥的宇喜多秀家受制於家臣騷亂，核心重臣人去樓空，即使我們無法準確得知當日關原之戰，宇喜多軍的作戰表現如何，但在那個以人、以家為核心，靠各個血緣、親族關係聯繫合力的時代，一眾重臣的離開，大大削弱宇喜多軍的戰力，倒是無容置疑的事實。

其次，核心成員的石田三成、大谷吉繼和小西行長本來就兵力不多，與對陣的豐臣東軍的同級別諸將相比，人數上均略有不足。再論島津義弘、長宗我部盛親和立花宗茂等西國諸侯本應也是足以信賴的戰力，但是島津義弘得不到自家支持，只靠自身的人脈和魅力從薩摩湊合兵力千餘人來應戰；立花宗茂、長宗我部盛親等人雖然多帶兵力來到現場，但前者困於支戰場，反者又毫無戰意，沒有參與戰鬥，無力影響左右主戰的成敗。

至於立花宗茂以外同樣趕到上方助戰的九州諸侯也算是有心有力，足以期待他們來彌補主力的缺失。只是，他們同樣被封堵在大津，無法及時趕來，即使他們趕來戰場，大津城之戰剛罷，戰力還剩多少，也不宜高估。況且，關原之戰起終匆促，宗茂等人最終也是無用武之地。

再看豐臣西軍最後的希望．毛利家。其主力分斷，毛利元康所率領的一支同樣被封在大津城，另一支由吉川廣家、毛利秀元等所率主力則決定棄戰不出，毛利軍在主戰場上似在而實不在，只要豐臣西軍不得優勢，他們便不成戰力。至於毛利軍其餘的戰力則分散在北九州和四國，自然遠火難救，不成助力。

除了戰力不高，戰意普遍低下的問題外，豐臣西軍還要面對豐臣東軍快速向西面突破和反攻，以及德川家康僅用數日，便火速從江戶西上會合的打擊，反觀自軍因近邊戰事拖延，友軍遲遲未能及時集結到來。

如「關原戰史編」所言，於九月十五日撤出大垣城的豐臣西軍被豐臣東軍掌握自軍軍情，追擊隨即而至。頃刻之間，前述的豐臣西軍的難題和憂患一舉噴破而出，再加上小早川秀秋、脇坂安治等人配合倒戈，如同奪去豐臣西軍手上最後一根稻草一樣，主戰場上的優勢盡失，大勢已去，結果在數小時之內，豐臣西軍便崩敗殆盡了。

終・關原之戰的歷史意義

慶長五年（一六〇〇）和曆九月十五日，被後世稱為「定奪天下命運」的關原之戰於一天之間便曲終人散，本書的主角——豐臣西軍意圖維護豐臣政權體制大敗而回。在本書裡，已經一一說明豐臣西軍的戰敗原因及其經過，乃至各個大名的末路。

那麼到了本書的最後，我們就來思考一下，這場發生在一代梟雄‧豐臣秀吉死後剛好兩年的大戰，究竟是一場怎樣的戰爭，對豐臣政權和當時、今後的日本又有什麼影響呢？

從結論而言，引發關原之戰的觸發點可分遠、中、近三個。第一個「遠」的觸發點就是豐臣秀吉的統一大業。豐臣秀吉於天正十八年（一五九〇）統一日本，親手結束了持續百年有餘的戰國亂世，帶領日本進入了「豐臣時代」，實現前所未有的偉大功業。

然而，本書已經提到，秀吉的統一是建立在否定、推倒各地大名地區統一戰爭和擴張戰爭的正當性，在其之上，硬銷自身的「天下靜謐」（＝天下安定）的主張，並用武力迫使全國上下接受，不得反對。

秀吉在統一後發動長達七年的侵略朝鮮戰爭，不僅勞民傷財，秀吉大部分精力都放在外面的侵略，以及內部的扶持秀賴工作，已無多餘的心力去建構政權體制，更沒有時間使諸侯安定下來，甘於當太平政權下的藩屬。因此，當秀吉死去，被秀吉壓著的各地諸侯藉此機會，假借守護政權的名義，行重推自己的擴張夢之實。

其次，「中」的觸發點是前田利家死後發生的「糾彈石田三成和豐臣奉行事件」。這對於前述的大部分全國諸侯而言，都屬於無關己身之事，但卻是意味著豐臣政權內部的深層矛盾已然爆發。七名武將無視體制，挑私怨向代表豐臣政權中樞的奉行們發動武力控訴，雖然最終未能成事，但其結果卻促成了後來的豐臣西軍與豐臣東軍的形成，豐臣政權分成兩派實行對抗的構圖於關原之戰前一年便基本形成完畢。

最後的「近」的觸發點當然是當年七月十七日，豐臣西軍借助《內府違規諸條》正式宣布舉兵起事，迫使遠在關東的德川家康和隨軍諸將集結起來對抗，至此，兩軍對決之勢已然避無可避，一觸即發。

從這個角度而言，關原之戰的爆發並非偶然，更不是突發而生的事件。其實是必然會出現，屬於秀吉天下統一後的「創傷性後遺症」。忘不掉曾經美夢的諸侯們與爭奪豐臣政權主導權的派閥將雙方的利益紐絡在一起，終於演變成一場撼動全日本的全方位大戰。

總而言之，關原之戰的本質就是為了收拾秀吉「完而不全」統一日本下的爛攤子。落在豐臣西軍和豐臣東軍兩方的命題是：怎樣落實並完成秀吉未完的大業？豐臣西軍選擇的是以維持現有體制為先，為此便要除掉德川家康這個「不安因子」；而豐臣東軍選擇的則是改造現有體制，希求強人政治，並由德川家康來領導「後秀吉時代」的日本。

九月十五日，關原決戰的結果決定了後者獲得命運女神的垂憐，德川家康在小心翼翼地架空豐臣政權的同時，將其架構和大半方針承繼過來，再在自己打造的「德川政權」品牌下，實現「脫胎換骨」的改造計畫。

「後關原時代」的豐臣．德川並立時期裡，新天下人．德川家康為了避免重蹈秀吉的覆轍，除了處心積慮地一步一步著手消滅秀吉不在的豐臣家外，他也必須從正面去處理前述的諸侯們「不羈之心」未已的問題。

關原之戰後，德川家康毫不留情地大量削減、處分加盟豐臣西軍的大名家族的領地，同時將曾經合作打倒豐臣西軍，但仍未對自己心服忠誠的盟友大名移轉到西日本，實行集中管理，同時又大量增加自身派系的力量，確保新生的「德川政權」擁有足夠的養分去成長，助德川家成為日本最大最強的家族。

不只如此，豐臣西軍的失敗根本來自於秀吉的種種施政失當，最終使難得到手的和平和天下統治權一併帶上黃泉路。篡奪天下的德川家康看在眼裡，深明秀吉的失誤，利用建立明文法度和嚴苛制度，防止大名們再次抱有重燃野心之夢的機會，而不是單靠自身和子孫個人的權威和人望去締造更長久的和平。

我們無須為豐臣西軍的失敗感到可惜，回看此後的歷史發展，我們可以這樣看：由豐臣西軍起兵而引起的關原之戰，實際上是協助修正了秀吉統一天下後犯下的連番錯誤，而且不知不覺間為日本達致真正、徹底的和平盡了一分力，只是很諷刺的是，他們同時也將自己的身家性命、榮華富貴也攤上了。這種誤打誤撞，與原意相悖的結果，在數千年人類歷史裡時有發生，也正是歷史引人入勝之處。

（筆者註：有關關原之戰後到豐臣政權完全滅亡的經過，敬請期待本系列的續作：《豐臣秀賴與大坂之陣》；至於德川家康開創的江戶時代的歷史，敬請留意筆者另一個系列：《武士之歷史——江戶時代史》）

後記

本書是筆者的第四本單著，也是本系列《敗者的戰國史》的第二部作品。有別於先前的《明智光秀與本能寺之變》，本作的重點放在重整這場影響日本國運走向的大戰之前因、經過和各戰場的情況，同時反省了前作在寫作行文上略嫌繁複、枯燥的問題，盡量在本書裡以更為通俗又不失專業的情況下，還原和分析豐臣西軍的失敗問題。

關原之戰分為廣義與狹義兩個側面，是因為整場大場分為多個戰場，互有影響，密切關聯。本書分成兩部讓各位讀者既可以站在豐臣西軍的角度，大致掌握關原之戰的情況和結果，又能在第二部的個別分析裡，對豐臣西軍的成員有更多的了解之餘，釋除以往受影視作品、小說和遊戲影響而生的誤解。如各位讀者讀畢本書，對關原之戰有新的體會和看法，那麼本書的使命便算達到了。

無容置疑的是，這場關原之戰實在有太多的精彩之處。但筆者認為，當中最為叫人著迷的，莫過於看完整場戰事後，便會深深感覺到這場大戰「不到最後，誰都不知道誰能笑到最後」之歎。

豐臣西軍和豐臣東軍各為自己的「正義」而戰，為了勝利，無所不用其極，各種勸說、引誘、威脅、欺瞞和強迫手段一一用上，但最終勝利者也只能有一個。

就本書考察所得，機關算盡的豐臣西軍終究落得慘敗的下場，歷史再一次告訴我們人類歷史裡，「一加一不一定等於二」、「不是正義來定勝負，而是勝負來定正義」的鐵理。命運女神總是「猶抱琵琶半遮面」，笑看著俗世裡的爭鬥，勝與敗總是一線之差，沒有人能夠穩操勝券，這些無不叫人感到無限唏噓。

無論如何，豐臣西軍的落敗之因自有說法，筆者也已在本書裡，綜合各種可信的史料，得出自己的看法，自然十分期待各位讀畢本書的讀者朋友可以給予意見和討論賜教的機會。

開始寫作本書時，筆者已經獲得了日本國立一橋大學的博士學位。眼下，自己即將前赴中國山東大學負責日本史的教學工作和壬辰丁酉戰爭（萬曆援朝戰爭／文祿慶長之役）的研究工作。

從一名立志研究日本史的留學生，一轉而成為教導學子日本史的大學教員、研究員，肩負起「傳道」「授業」「解惑」的使命，將自己所學授予下一代的「人師」，同時作為研究學者，參與相關的前線學術研究，促進兩岸四地對日本史的研究和認識。這是筆者少時立志以來的願望，有幸早日獲得圓夢的機會，實在感慨無量。

即便如此，筆者力圖在學術研究和科普之間取得平衡，向中文世界科普日本史的初心於今依然不變，今後筆者亦將繼續努力管理時間，平衡工作、寫作和家庭生活，繼續擔負這個使命。

初心不渝，使命必成。

二〇一九年九月十五日

寫於濟南大明湖畔

胡煒權

關原之戰關係年表

（以下日期皆為和曆）

慶長三年（一五九八）

- 八月十八日：豐臣秀吉於伏見城病死
- 八月二十二日：豐臣「五大名」（所謂的「五大老」）指令「五奉行」派出使者到朝鮮，命令當地的諸大名撤兵回日本
- 九月三日：「五大名」和「五奉行」向秀賴提交誓詞，「五大名」與「五奉行」交換誓詞
- 十一月二十日：侵略朝鮮的諸大名完成撤退回國的行動

慶長四年（一五九九）

- 一月十日：秀賴從伏見城移到大坂城
- 一月十九日：利家等「四大名」、「五奉行」譴責家康與政宗、正則等人私結姻親
- 一月二十九日：京坂傳出石田三成意圖襲擊家康，未起而事敗
- 二月十二日：家康與利家、奉行等交換誓詞，達成和解
- 閏三月三日：前田利家病死
- 閏三月四日：豐臣七將襲擊增田長盛、長束正家、石田三成（一說包括前田玄以），三人逃至伏見城
- 閏三月九日：德川家康判處三成回佐和山城幽禁，不得過問政事
- 九月：上杉景勝回會津
- 九月二十八日：德川家康進入大坂城西之丸

慶長五年（一六〇〇）

- 二月：上杉景勝下令領內築城
- 四月一日：德川家康通過西笑承兌，要求上杉景勝上洛，上杉之臣直江兼續寫信回應
- 五月底：前田利長送生母・芳春院到江戶作人質，向家康投降
- 六月十六日：德川家康從大坂到伏見
- 六月十八日：德川家康從伏見率兵出征會津
- 七月十一日：石田三成、大谷吉繼舉兵
- 七月十二日：增田長盛向家康通告石田三成、大谷吉繼舉兵
- 七月十六日：蜂須賀家政寫信勸阻毛利家不要加入反家康陣營
- 七月十七日：輝元進入大坂城，豐臣奉行向大名發送《內府違規諸條》
- 七月十八日：丹波、但馬的西軍攻擊丹後田邊城
- 七月十九日：宇喜多秀家、小西行長、小早川秀秋等豐臣西軍包圍伏見城
- 七月二十四日：家康到達下野國小山
- 七月二十五日：豐臣東軍決定轉向西方討伐三成等人，同日，伊達軍攻陷白石城

- 七月二十九日：石田三成離開佐和山，進入大坂城。同日，阿波德島城（蜂須賀家居城）陷落
- 八月一日：伏見城陷落，大谷吉繼率兵赴北陸
- 八月四日：德川家康離開小山
- 八月五日：德川家康回到江戶；同日，西軍主力前往伊勢，攻略安濃津城
- 八月十一日：石田三成進入大垣城
- 八月十九日：德川家康使者村越茂助到達清洲城
- 八月二十一日：清洲城的東軍開始向岐阜推進
- 八月二十三日：岐阜城陷落
- 八月二十四日：豐臣東軍到達美濃赤坂，同日，秀忠離開宇都宮，開始西上，同日，豐臣西軍鍋島勝茂攻陷松坂城
- 八月二十五日：安濃津城陷落，富田信高、分部光嘉開城投降
- 九月一日：德川家康率兵離開江戶
- 九月二日：德川秀忠到達信濃小諸，要求真田昌幸投降，同日，大谷吉繼從越前回到美濃，於關原山中村佈陣
- 九月三日：京極高次倒戈東軍，回大津城死守

- 九月六日前後：德川秀忠包圍上田城
- 九月九日：德川秀忠放棄上田，回到小諸，火速西上
- 九月十一日：德川家康到達清洲
- 九月十二日：立花親成（宗茂）、毛利（久留米）秀包等攻擊大津城
- 九月十三日：後陽成天皇綸旨送達田邊城，長岡幽齋開城投降，同日，黑田如水於立石（石垣原）之戰大破大友義統
- 九月十四日：德川家康抵赤坂，於美濃岡山設營，同日夜，西軍主力離開大垣城，到達關原佈陣，同日，京極高次接受木食應其的斡旋，答應大津城開城
- 九月十五日：關原之戰起，同日中午結束，豐臣西軍敗北。同日，大津城開城
- 九月十七日：大垣城陷落
- 九月十八日：佐和山城陷落
- 九月十九日：加藤清正攻宇土城（十月二十日開城），同日，小西行長於伊吹山中被捕
- 九月二十二日：石田三成於伊吹山中被捕
- 九月二十四日：安國寺惠瓊於京都被捕
- 九月二十五日：毛利輝元率兵離開大坂城

- 九月二十七日：德川家康進入大坂城
- 九月三十日：池田輝政攻擊水口城，長束正家自殺，同日，上杉景勝、伊達政宗、最上義光接豐臣西軍敗報，景勝命令直江兼續從最上領撤退
- 十月一日：石田三成、安國寺惠瓊、小西行長於京都六條河原被斬首
- 十月：毛利輝元被減封防、長兩國，長宗我部盛親被改易

慶長六年（一六〇一）

- 三月：上杉景勝上京，向豐臣秀賴、德川家康請罪
- 四月：佐竹義重覲見德川家康，佐竹家請罪
- 八月十六日：上杉被減封至米澤

慶長七年（一六〇二）

- 四月十一日：德川家康保證島津家領地
- 七月二十七日：佐竹義宣轉封秋田

慶長八年（一六〇三）

- 二月十二日：家康任征夷大將軍
- 四月二十二日：秀賴任內大臣
- 八月，島津忠恆（家久）獲得德川家康赦免
- 九月：宇喜多秀家被流放到八丈島

主要參考資料

《大日本古文書（二）淺野家文書》
《大日本古文書（三）伊達家文書》
《大日本古文書（五）相良家文書》
《大日本古文書（八）毛利家文書》
《大日本古文書（九）吉川家文書》
《大日本古文書（十六）島津家文書》
《上杉家御年譜——景勝公》
《萩藩閥閱錄》一至五
《加賀藩史料》一、二
《鹿兒島縣史料・薩藩舊記雜錄》後編・四
《黑田家文書》第一卷
《佐賀縣近世史料》第一篇第一、二卷
《彥根市史》史料編

《山形縣史》資料編十五
《宮崎縣史》史料編近世一
《信濃史料》第十八卷
《仙台市史》資料編一
《岡山縣史》第二十卷
《新潟縣史》資料編四、五、七
《山口縣史》史料編中世三、四
《毛利家文庫——譜錄》
《柳川市史》史料編五
《新修宇土市史》資料編三
《新修熊本市史》史料編三
《德川家康文書の研究》中村孝也
《新修德川家康文書の研究》德川義宣

國家圖書館出版品預行編目(CIP)資料

豐臣西軍與關原之戰:「正義之師」的敗北之謎／胡煒權著. -- 初版. -- 新北市:遠足文化,2019.11
面； 公分
ISBN 978-986-508-044-0 (平裝)
1.豐臣時代 2.戰役 3.日本史

120 108016721

敗者的戰國史02
豐臣西軍與關原之戰
「正義之師」的敗北之謎

作者——胡煒權
執行長——陳蕙慧
校對——渣 渣
行銷總監——陳雅雯
行銷企劃——尹子麟、余一霞、張宜倩
封面設計——霧室
封面圖片——落合芳幾 太平記英雄傳 小西 津守行長／Alamy
排版——簡單瑛設

出版者——遠足文化事業股份有限公司(讀書共和國出版集團)
地址——231 新北市新店區民權路 108-2 號 9 樓
電話——(02)2218-1417
傳真——(02)2218-1142
電郵——service@bookrep.com.tw
郵撥帳號——19504465
客服專線——0800-221-029
網址——http://www.bookrep.com.tw
Facebook——https://www.facebook.com/saikounippon/
法律顧問——華洋法律事務所 蘇文生律師
印製——呈靖彩藝有限公司

初版一刷 西元 2019 年 11 月
初版五刷 西元 2023 年 12 月
Printed in Taiwan